知识产权保护与创新发展

陈丽莉　著

中国商务出版社

·北京·

图书在版编目（CIP）数据

知识产权保护与创新发展 / 陈丽莉著 . -- 北京：

中国商务出版社 , 2025. 6. -- ISBN 978-7-5103-5741-1

Ⅰ . D923.404

中国国家版本馆 CIP 数据核字第 2025Q2G286 号

知识产权保护与创新发展

陈丽莉　著

出版发行： 中国商务出版社有限公司

地　　址： 北京市东城区安定门外大街东后巷 28 号　　**邮　　编：** 100710

网　　址： http://www.cctpress.com

联系电话： 010-64515150（发行部）　　　010-64212247（总编室）

010-64515210（事业部）　　　010-64248236（印制部）

责任编辑： 孟宪鑫

排　　版： 北京嘉年华文图文制作有限责任公司

印　　刷： 北京九州迅驰传媒文化有限公司

开　　本： 710 毫米 × 1000 毫米　1/16

印　　张： 17.25　　　　　　　　　　　**字　　数：** 246 千字

版　　次： 2025 年 6 月第 1 版　　　　　　**印　　次：** 2025 年 6 月第 1 次印刷

书　　号： ISBN 978-7-5103-5741-1

定　　价： 79.00 元

前　言

在当今知识经济蓬勃发展的时代，知识产权是国家核心竞争力的重要组成部分，是推动经济社会持续健康发展的关键要素。随着全球科技竞争的日益激烈，创新能力的比拼愈发凸显其重要性，而知识产权作为创新成果的重要保护形式，其地位和作用愈发不可替代。无论是国家层面的战略部署，还是企业层面的市场竞争，知识产权都扮演着举足轻重的角色。因此，深入研究和探讨知识产权保护与创新发展的相关问题，不仅具有理论价值，更具有紧迫的现实意义。

本书正是在这样的背景下应运而生。它旨在系统梳理知识产权的基础概念、法律制度、管理与运营、侵权与维权、国际化趋势，以及与创新体系建设的内在联系等，全面剖析知识产权保护在创新驱动发展战略中的核心地位和作用。通过本书的阐述，读者可以清晰地看到知识产权保护如何激发创新活力、维护市场秩序、提升国际竞争力、促进文化繁荣和构筑企业竞争优势。

本书从基础概念入手，逐步深入到法律制度的解析，再到管理与运营的策略探讨，以及侵权与维权的实务操作，最后延伸至国际化趋势和创新体系建设的宏观视野。每一章节都紧密围绕知识产权保护与创新发展的主题，既有理论阐述，又有实践指导，力求为读者提供一个全面、深入、系统的知识框架。

本书直接或间接地汲取、借鉴许多学者的成功经验与学术成果。

在此，向一切给予本书提供借鉴与帮助的学者表示最诚挚的谢意。由于时间仓促和编写经验不足，书中错误和疏漏在所难免，敬请读者批评指正。

本著作是2021年度黑龙江省省属本科高校基本科研业务费科研项目：优化营商环境背景下民营企业法治建设路径研究——以黑龙江为例（项目编号:2021-KYYWE-E012）研究成果。

目　录

第一章
知识产权基础概念

第一节　知识产权的定义与范畴

一、知识产权的定义

知识产权在现代社会中被广泛提及，它不仅是法律领域的重要概念，更是推动创新发展和经济社会进步的关键因素。

从本质属性看，知识产权是一种基于智力创造性劳动成果所产生的专有权利。这种权利并非自然生成，而是由国家法律所赋予，旨在保护创作者、发明者等智力劳动者的合法权益。与有形财产不同，知识产权的客体是无形的精神财富，如文学、艺术和科学作品，发明创造，以及商标、商业秘密等。这些精神财富虽然不具备物理形态，但却具有极高的价值和使用价值，能够为社会带来巨大的经济和文化效益。因此，知识产权的保护不仅关乎个人的利益，更关乎整个社会的创新能力和发展动力。

知识产权的本质属性还体现在其专有性上。专有性意味着知识产权的权利人对其智力成果享有独占的、排他的权利。未经权利人许可，他人不得擅自使用、复制、传播或销售这些智力成果。这种专有性为权利人提供了稳定的预期和回报，激励他们不断投入时间和精力进行创新活动。同时，专有性也确保了智力成果的独特性和稀缺性，从而维护了市场秩序和公平竞争。

二、知识产权的范畴

知识产权范畴广泛，涵盖多个领域和不同类型的创造性成果。为全面理解知识产权的范畴，我们可以从以下四个方面进行深入分析。

（一）著作权

著作权是知识产权的重要组成部分，主要保护文学、艺术和科学领域内具有独创性并能以一定形式表现的智力成果。这包括书籍、文章、音乐、戏剧、绘画、雕塑、电影作品及计算机软件等。著作权赋予创作者一系列权利，如复制权、发行权、表演权、展示权及改编权等，确保创作者能够控制其作品的传播和使用方式，并从中获得经济回报。

除了传统的著作权，随着数字技术和互联网的发展，与著作权相关的权利也在不断扩展。例如，网络传播权使得创作者能够控制其作品在网络上的传播，防止未经授权的复制和分发。此外，邻接权也是著作权相关权利的重要部分，它保护那些虽然不直接创作作品，但在作品的传播过程中发挥重要作用的主体，如表演者、录音录像制作者和广播组织等的权利。

著作权的保护不仅促进了文化艺术的繁荣，还鼓励了创新和知识的传播。通过确保创作者能够从其作品中获得合理的经济回报，著作权制度激发了更多人的创作热情，推动了文化多样性和社会进步。

（二）专利权

专利权是知识产权的另一大支柱权利，主要保护发明创造。发明创造包括发明、实用新型和外观设计三种类型。发明专利保护的是对产品、方法或者其改进所提出的新的技术方案，具有突出的实质性特点和显著的进步。实用新型专利则保护产品的形状、构造或者其结合所提出的适于实用的新的技术方案。外观设计专利保护的是对产品的整体或者局部的形状、图案或者其结合以及色彩与形状、图案的结合所作出的富有美感并适于工业应用的新设计。

专利权的授予为发明者提供了独占实施其发明的权利，防止他人未经授权而制造、使用、销售或进口其专利产品。这种独占性不仅激励了发明者进行技术创新，还促进了技术的传播和应用。通过专利制度，发明者能够将其技术成果转化为实际的生产力，推动科技进步和经济发展。

同时，专利权也是国际技术合作和竞争的重要工具。各国通过专利制度保护本国的技术创新成果，同时也通过国际专利合作条约等机制促进全球技术的交流和共享。

（三）商标权

商标权是知识产权中保护商业标识的重要组成部分。商标是区别商品或服务来源的标志，包括文字、图形、字母、数字、颜色组合及声音等。商标权赋予商标所有者独占使用其商标的权利，防止他人未经授权而使用相同或相似的商标，造成消费者混淆。

商标权的保护对于维护市场秩序和消费者利益具有重要意义。一个知名的商标往往代表着高品质的产品或服务，能够吸引消费者的信任和忠诚。通过商标权保护，企业能够维护其品牌形象和声誉，防止他人冒用其商标进行不正当竞争。

此外，商标权也是企业国际化发展的重要保障。在全球化的背景下，企业需要在不同国家和地区注册其商标，以确保其品牌在全球范围内的独占性和一致性。

（四）其他知识产权类型

除了著作权、专利权和商标权，知识产权范畴还包括其他多种类型的创造性成果。例如，商业秘密是不为公众所知悉、具有商业价值并经权利人采取相应保密措施的技术信息、经营信息等商业信息。商业秘密的保护对于维护企业的竞争优势和市场份额具有重要意义。

此外，地理标志也是知识产权的重要组成部分。地理标志是指标示某商品来源于某地区，该商品的特定质量、信誉或者其他特征，主要由该地区的自然因素或者人文因素所决定的标志。地理标志的保护有助于促进地方特色产业的发展和乡村振兴。

同时，随着科技的不断进步和新兴领域的涌现，新的知识产权类型也在不断出现。例如，集成电路布图设计专有权、植物新品种权等，这些新的知识产权类型为创新者提供了更加全面和细致的保护。

综上所述，知识产权范畴广泛且不断扩展，涵盖了著作权、专利权、商标权及其他多种类型的创造性成果。这些知识产权类型的保护不仅促进了创新和知识的传播，还推动了经济社会的持续发展和进步。

第二节　知识产权的法律特征

知识产权作为一种特殊的民事权利，其法律特征在多个维度上展现了其独特性和复杂性。这些特征不仅界定了知识产权与其他民事权利的区别，也为其法律保护提供了理论基础。

一、无形性：知识产权的本质属性

知识产权的首要特征是其客体属于无形财产，这是与有形财产所有权相区别的最根本标志。知识产权所保护的客体，如文学、艺术和科学作品，商标，专利等，都是一种没有形体的精神财富，它们不占据物理空间，无法被直接感知或触摸。这种无形性使得知识产权的确认与保护需要依赖于法律上的直接具体规定。

无形财产权的概念强调了知识产权的非物质性，它揭示了知识产权作为一种权利的本质。与有形财产不同，知识产权的价值并不体现在其物理形态上，而是体现在其所承载的智力成果上。这些智力成果是人类创造性劳动的产物，它们以思想、信息、技术等形式存在，并通过法律的保护获得了独占性的权利。

知识产权的无形性还体现在其权利的行使方式上。由于知识产权的客体是无形的，因此其权利的行使并不依赖于对客体的物理占有，而是依赖于对客体的使用、许可、转让等行为。这些行为虽然不涉及对客体的物理接触，但却能够产生法律上的效果，如产生收益、形成竞争优势等。

此外，知识产权的无形性还使得其在侵权认定和救济方面具有特殊性。由于知识产权的客体是无形的，因此侵权行为往往难以被直接发现，且侵权行为的后果也难以量化。这就需要法律在侵权认定和救济方面提供更为细致和具体的规定，以确保知识产权得到充分的保护。

二、专有性：知识产权的排他性权利

知识产权具有专有性，即知识产权为权利主体所专有。这种专有性体现在两个方面。一方面，同一智力成果之上不能有两项以上完全相同的知识产权并存；另一方面，权利主体依法享有独占使用智力成果的权利，没有法律规定或未经权利人许可，任何人不得擅自使用权利人的智力成果。

专有性是知识产权的核心特征之一，它体现了法律对知识产权权利人独占智力成果的保护。这种保护不仅是对权利人创新劳动成果的认可，也是对创新激励机制的维护。通过赋予权利人独占使用智力成果的权利，法律鼓励更多的人投身于创新活动，推动了社会的进步和发展。

知识产权的专有性还体现在其权利的行使方式上。权利人可以根据自己的意愿和市场需求，对智力成果进行使用、许可、转让等行为，以实现其经济利益。这种权利的行使方式体现了权利人对智力成果的自主支配权，也体现了市场经济的自由竞争原则。

然而，知识产权的专有性并不是绝对的。在某些情况下，法律会基于对公共利益的考虑，对知识产权的行使进行一定的限制。例如，为了促进知识的传播和共享，法律可能规定在某些情况下可以对知识产权进行合理使用或强制许可。这些限制虽然削弱了知识产权的专有性，但却有助于平衡权利人与社会公众之间的利益关系，促进社会的整体进步。

三、地域性：知识产权的空间效力限制

知识产权具有地域性，即依据一国法律所取得的知识产权仅在该国范围内有效，在其他国家不发生效力。这是知识产权与有形财产权的一个重要区别。有形财产权往往具有普遍的效力，无论财产位于何处，其所有权人都享有相应的权利。

地域性的特征源于知识产权的法律渊源。知识产权是由各国法律所授予的，其保护范围和方式等都需要由法律明确规定。因此，一项知识产权只在其产生的特定国家或地区的领域内有效，其他国家没有必须给予保护的义务。这种地域性的限制使得知识产权在国际间的保护变得复杂而重要。

地域性对跨国经营的企业或个人来说尤为重要。他们需要在不同国家分别申请和保护其知识产权，以确保在全球范围内都能得到充分的保护。这要求他们在申请知识产权时，必须了解并遵守各国的法律法规和程序要求，以确保申请的顺利进行和权利的有效获得。

地域性还使得知识产权在国际间的交流与合作变得重要而必要。为了促进知识产权在国际间的保护与传播，各国之间签订了一系列国际条约和协定，如《保护工业产权巴黎公约》《保护文学和艺术作品伯尔尼公约》等。这些国际条约和协定规定了知识产权在国际间的保护原则、程序和方式等，为知识产权的国际保护提供了法律基础。

四、时间性：知识产权的有限保护期限

知识产权具有时间性，即法律对知识产权的保护规定一定保护期限，

知识产权只在法定期限内有效。期限届满后，该知识产权即成为整个社会的共同财富，任何人均可以自由利用。这一特征旨在平衡知识产权权利人的利益与社会公共利益。

时间性的特征体现了法律对知识产权保护的有限性。与有形财产权不同，知识产权的保护并不是永久的。法律为知识产权设定了一定的保护期限，以鼓励创新活动的持续进行和知识的广泛传播。这种有限保护期限的设定既保障了创造者的收益回报期，又确保了人类知识遗产的持续积累与传播。

不同的知识产权类型具有不同的保护期限。例如，发明专利的保护期限通常为20年，实用新型和外观设计的保护期限则相对较短。著作权的保护期限则根据作者的身份和作品类型而有所不同。商标权则可以通过续展实现长期保护，但每次续展都有一定的期限限制。

时间性的特征还使得知识产权的行使和管理变得复杂而重要。权利人需要在保护期限内充分行使其权利，以实现其经济利益。同时，他们还需要关注保护期限的届满时间，以便在期限届满前采取相应的措施，如续展、转让或许可等，以延续其权利的有效期。

第三节 知识产权的历史沿革

知识产权制度的发展是一部人类智慧与创造力保护的历史，它随着社会的进步和科技的革新而不断演变。从古代的萌芽与探索，到近代的形成与发展，再到现代的完善与挑战，知识产权制度始终在适应时代的需求，保护创新者的权益，推动社会的文明进步。

一、古代知识产权的萌芽与探索

古代社会虽然未形成现代意义上的知识产权制度，但出现了对智力成果保护的萌芽。在早期的农业社会和手工艺时代，人们开始意识到某些独特的技艺、配方或设计具有价值，并试图通过秘密保持或家族传承的方式来保护这些智力成果。例如，古代中国的瓷器制作技艺、丝绸纺织技术，以及欧洲的酿酒工艺等，都是通过家族或行会的秘密传承来保持其独特性和竞争优势。

随着商业的发展，一些城市开始出现对商品标记的保护。例如，古代罗马法中就有关于商标保护的规定，禁止他人使用相同的标记来混淆商品来源。这种对商品标记的保护，可以视为商标权的雏形。此外，古代社会还通过行会制度、师徒关系等方式，对技艺的传承和使用进行规范，以确保技艺的纯正和独特。

在古代，虽然对智力成果的保护主要依赖于道德、习俗和行会规则等非正式制度，但这些探索为后来知识产权制度的形成奠定了基础。它们反映了人类对智力成果价值的认识，以及对保护这些成果免受侵犯的需求。

古代社会对智力成果的保护还体现在对文学、艺术作品的珍视上。许多古代文明都留下了丰富的文学、艺术遗产，这些作品不仅在当时受到人们的喜爱和推崇，而且被后世视为宝贵的文化遗产。虽然古代没有明确的著作权制度，但通过对作品的传抄、刻印、传颂等方式，人们实际上在维护着作者的权益和作品的独特性。

二、工业革命以来知识产权制度的形成与发展

17世纪以来，欧洲各国纷纷出台专利法规，以保护发明人的权益，鼓励技术创新。例如，英国在1624年颁布了《垄断法规》，被认为是世界上第一部具有现代意义的专利法。这部法规的颁布，标志着专利制度的确立，为后来的知识产权制度奠定了基础。

在著作权方面，随着印刷术的普及和出版业的兴起，对文学、艺术作品的保护需求日益迫切。18世纪末和19世纪初，欧洲各国开始制定著作权

法，以保护作者的权益。这些法律不仅规定了著作权的归属、保护期限和侵权责任等内容，还确立了著作权作为一种独立民事权利的地位。

近代知识产权制度的形成与发展，与工业革命的推动密不可分。工业革命带来了生产力的巨大飞跃，也催生了大量的技术创新和发明创造。为了保护这些创新成果，鼓励更多的发明创造，各国纷纷加强知识产权立法，完善知识产权制度。同时，国际间的交流与合作也推动了知识产权制度的国际化进程。例如，1883年签订的《保护工业产权巴黎公约》和1886年签订的《保护文学和艺术作品伯尔尼公约》，为知识产权的国际保护提供了重要的法律基础。

近代知识产权制度的发展还体现在对商标权的保护上。随着商品经济的繁荣和市场竞争的加剧，商标作为商品来源的标识，其重要性日益凸显。各国纷纷制定商标法，对商标的注册、使用和保护进行规范。商标权的保护不仅有助于维护市场秩序和消费者权益，还促进了品牌的形成和发展。

三、现代知识产权制度的完善与挑战

进入20世纪以后，知识产权制度得到了进一步的完善和发展。随着科技的进步和全球化进程的加速，知识产权的保护范围不断扩大，保护力度不断加强。例如，在专利制度方面，除了传统的发明专利，还出现了实用新型专利、外观设计专利等新的专利类型，以满足不同领域的技术创新需求。

在著作权方面，随着数字技术和互联网的普及，作品的传播和使用方式发生了巨大变化。为了适应这种变化，各国纷纷修订著作权法，加强对网络环境下著作权的保护，如规定了网络服务提供商的侵权责任、数字版权管理等内容，以保护作者的权益和作品的独特性。

现代知识产权制度的完善还体现在国际合作的加强上。世界贸易组织（WTO）的《与贸易有关的知识产权协定》（TRIPS）的签订，标志着知识产权国际保护进入了一个新的阶段。该协定规定了知识产权保护的最低标准，要求各成员国加强知识产权立法和执法力度，提高知识产权保护水平。

然而，现代知识产权制度也面临着诸多挑战。第一，随着科技的飞速发展，新的智力成果不断涌现，如人工智能生成的作品、基因编辑技术等，这些新的智力成果给传统知识产权制度带来了挑战。第二，在全球化背景下，知识产权的跨国侵权和纠纷日益增多，给知识产权的保护和执法带来了困难。第三，知识产权的滥用问题也日益凸显，如专利流氓的恶意诉讼、商标抢注等行为，严重扰乱了市场秩序，损害了创新者的权益。

第四节　知识产权的社会功能

知识产权制度作为现代法律体系的重要组成部分，不仅是对智力成果的法律保护，更是推动社会进步、促进经济发展、激发文化繁荣的重要制度工具。其社会功能体现在多个维度，深刻影响着科技创新、经济增长、文化繁荣及社会整体进步。

一、知识产权对科技创新的推动作用

知识产权制度为科技创新提供了强大的法律保障和激励机制，是推动科技进步的核心动力之一。首先，专利制度作为知识产权的重要组成部分，通过赋予发明人一定期限的独占权，使其能够从创新成果中获得经济回报，从而激发科研人员的创新热情。这种经济激励促使更多的资源投入到研发活动中，加速了新技术的产生和应用。

其次，知识产权制度为科技创新提供了明确的权利边界，降低了创新过程中的不确定性。科研人员在进行研发时，能够清楚地知道哪些技术领域已经被他人占据，从而避免重复劳动，提高创新效率。同时，知识产权的公示性也使得技术信息得以广泛传播，促进了技术的交流和合作，进一步推动了科技创新的发展。

再次，知识产权制度通过保护创新成果，鼓励了科研人员的持续创新。在专利保护制度下，发明人能够放心地将新技术推向市场，而不用担心被他人模仿或抄袭。这种保护机制为科研人员提供了稳定的创新环境，使得他们能够专注于技术研发，不断推出新的创新成果。

最后，知识产权制度促进了国际间的科技交流与合作。通过国际专利申请和跨国技术许可等方式，各国科研人员能够共享创新成果，共同推动科技进步。这种国际间的交流与合作不仅加速了技术的传播和应用，还促进了全球科技资源的优化配置，提高了全球科技创新的整体水平。

二、知识产权对经济发展的促进作用

知识产权制度对经济发展的促进作用体现在多个方面。首先，知识产权作为无形资产，是企业核心竞争力的重要组成部分。拥有自主知识产权的企业能够在市场竞争中占据优势地位，获得更高的市场份额和利润回报。这种竞争优势不仅有助于企业的长期发展，还推动了整个行业的升级和转型。

其次，知识产权制度促进了技术的商业化应用。通过专利许可、技术转让等方式，创新成果能够迅速转化为生产力，推动产业升级和经济增长。同时，知识产权的质押融资等功能也为企业提供了更多的融资渠道，缓解了企业的资金压力，促进了企业的创新和发展。

再次，知识产权制度推动了新兴产业的崛起和发展。在高新技术领域，如人工智能、生物科技、新能源等，知识产权的保护尤为重要。这些领域的技术创新速度快、投入大、风险高，如果没有知识产权的保护，创新者的积极性将受到严重打击，而知识产权制度的存在，为这些新兴产业的发展提供了法律保障和激励机制，促进了新技术的研发和应用，推动了新兴产业的快速发展。

最后，知识产权制度促进了国际贸易的发展。在全球化背景下，知识产权已成为国际贸易的重要议题。拥有自主知识产权的产品和服务在国际市场上更具竞争力，能够获得更高的附加值和利润回报。同时，知识产权的保护也促进了国际间的技术交流与合作，推动了全球产业链的整合和优化，提高了全球经济的整体效益。

三、知识产权对文化繁荣的支撑作用

知识产权制度对文化繁荣的支撑作用不容忽视。首先，著作权制度保护了文学、艺术和科学作品创作者的权益，激发了他们的创作热情。在著作权的保护下，创作者能够放心地将自己的作品推向市场，获得经济回报和社会认可。这种保护机制为创作者提供了稳定的创作环境，促进了文化作品的多样化和繁荣。

其次，知识产权制度促进了文化产业的快速发展。随着文化市场的不断扩大和消费者需求的日益多样化，文化产业已成为国民经济的重要支柱之一，而知识产权的保护为文化产业的发展提供了法律保障和激励机制。通过版权交易、衍生品开发等方式，文化作品能够迅速转化为商业价值，推动文化产业的升级和转型。

再次，知识产权制度促进了传统文化的传承和创新。在保护传统文化的同时，知识产权制度也鼓励了对传统文化的创新和发展。通过现代科技手段对传统文化进行再创作和再传播，不仅丰富了传统文化的内涵和形式，还提高了传统文化的传播效率和影响力。这种传承与创新的结合，使得传统文化能够不断适应时代的需求，保持其活力和魅力。

最后，知识产权制度促进了国际间的文化交流与合作。通过国际版权保护和文化产品贸易等方式，各国文化能够相互借鉴、相互融合，共同推动人类文明的进步。这种国际间的文化交流与合作不仅丰富了人们的文化生活，还促进了不同文化之间的理解和尊重，为构建人类命运共同体提供了文化基础。

四、知识产权对社会进步的积极影响

知识产权制度对社会进步的积极影响体现在多个层面。首先，知识产权制度促进了知识的传播和共享。通过专利文献、学术著作等公开渠道，创新成果能够迅速传播到社会各个领域，为公众所利用和借鉴。这种知识的传播和共享不仅提高了整个社会的知识水平，还促进了技术的普及和应用，推动了社会进步。

其次，知识产权制度提高了社会的创新能力和竞争力。在知识产权的保护下，创新者能够放心地进行研发和创新活动，不用担心成果被他人窃取或模仿。这种保护机制激发了全社会的创新活力，提高了社会的整体创新能力和竞争力。同时，知识产权制度还促进了创新资源的优化配置，使得创新成果能够更快地转化为生产力，推动社会经济的发展。

再次，知识产权制度促进了社会的公平与正义。通过保护创新者的权益，知识产权制度确保了创新者能够获得与其贡献相匹配的回报，从而体现出社会对创新劳动的尊重和认可。这种公平与正义的体现不仅激发了创新者的积极性，还促进了社会的和谐与稳定。

最后，知识产权制度推动了社会的可持续发展。在环境保护、资源利用等领域，知识产权的保护促进了新技术的研发和应用，有助于解决人类面临的共同挑战。例如，通过专利保护鼓励清洁能源技术的研发和推广，有助于减少环境污染和缓解能源压力，推动社会的可持续发展。

| 第二章 |

知识产权保护的重要性

第一节　创新驱动发展的战略地位

一、创新驱动与知识产权保护的内在联系

创新驱动与知识产权保护之间存在着深刻的内在联系，二者相辅相成，共同推动经济社会的发展。创新驱动发展战略强调以创新为核心动力，通过技术创新、管理创新、制度创新等多种方式，提升国家竞争力和社会福祉，而知识产权保护则是创新驱动的重要保障，为创新活动提供法律框架和制度支持，确保创新成果能够得到合理的回报和有效的利用。

从本质上看，创新驱动依赖于知识产权的创造、运用和保护。创新活动往往伴随着新知识、新技术、新产品的产生，这些创新成果是知识产权的重要客体。通过专利、商标、著作权等知识产权制度的保护，创新者能够对其创新成果享有独占权，从而鼓励其投入更多的资源和精力进行创新。同时，知识产权保护也为创新成果的转化和应用提供了法律保障，促进了技术的传播和扩散，推动了产业升级和经济发展。

此外，创新驱动与知识产权保护在目标上也是一致的。创新驱动旨在通过创新活动提升国家竞争力和社会福祉，而知识产权保护则是为了实现

这一目标的重要手段。通过加强知识产权保护，可以激发创新者的积极性和创造力，推动创新活动的持续开展，进而实现经济社会的可持续发展。

创新驱动与知识产权保护的内在联系，还体现在二者相互促进、共同发展的关系上。一方面，创新驱动为知识产权保护提出了新的需求和挑战，推动了知识产权制度的不断完善和发展。另一方面，知识产权保护的加强也为创新驱动提供了更加有力的支撑和保障，促进了创新活动的蓬勃开展。

因此，深入理解和把握创新驱动与知识产权保护的内在联系，对于实施创新驱动发展战略、加强知识产权保护具有重要意义。只有充分发挥知识产权保护的制度优势，才能为创新驱动提供更加坚实的法律保障和制度支撑，推动经济社会持续健康发展。

二、知识产权保护对创新激励的强化作用

知识产权保护对创新激励具有显著的强化作用，是激发创新活力、推动创新发展的重要保障。在创新活动中，创新者往往面临着巨大的风险和不确定性，需要投入大量的时间、精力和资金，而知识产权保护则为创新者提供了一种有效的风险分担机制，通过赋予创新者对其创新成果的独占权，使其能够从创新活动中获得合理的经济回报，从而激发创新者的积极性和创造力。

首先，知识产权保护为创新者提供了经济激励。在知识产权制度的保护下，创新者可以通过专利许可、技术转让等方式将其创新成果转化为实际的经济利益。这种经济激励不仅使创新者能够收回其创新成本，还能够获得额外的收益，从而鼓励其继续投入创新活动。同时，知识产权保护也为创新者提供了一种市场竞争优势，使其能够在市场上获得更高的份额和利润，进一步强化了创新激励的效果。

其次，知识产权保护为创新者提供了法律保障。在创新活动中，创新

者往往面临着被侵权、被抄袭的风险，而知识产权保护则为创新者提供了一种有效的法律武器，使其能够维护自己的合法权益。通过专利、商标、著作权等知识产权制度的保护，创新者可以对其创新成果享有独占权，防止他人未经授权而使用、复制或销售其创新成果。这种法律保障不仅增强了创新者的信心，也为其创新活动提供了更加稳定的环境。

最后，知识产权保护还能够促进创新资源的优化配置。在知识产权制度的保护下，创新者能够更加积极地投入创新活动，推动创新资源的有效配置和利用。同时，知识产权保护也能够促进技术的传播和扩散，使得更多的企业和个人能够受益于创新成果，从而推动整个社会的创新发展。

综上所述，知识产权保护对创新激励具有显著的强化作用。通过提供经济激励、法律保障和促进创新资源的优化配置，知识产权保护能够激发创新者的积极性和创造力，推动创新活动的持续开展，为经济社会的可持续发展注入强大动力。

三、创新驱动发展战略下的知识产权保护策略

在创新驱动发展战略下，加强知识产权保护是推动创新发展的重要保障。为了充分发挥知识产权保护的制度优势，需要制定和实施一系列有效的知识产权保护策略。

首先，应完善知识产权法律法规体系。随着科技的不断进步和创新活动的日益频繁，知识产权法律法规需要不断更新和完善，以适应新的形势和需求。应加强对新兴领域知识产权的保护，如人工智能、大数据、生物技术等，确保创新成果能够得到充分的法律保障。同时，还应加强知识产权法律法规的执行力度，严厉打击侵权行为，维护市场秩序和公平竞争。

其次，应加强知识产权创造和运用能力。创新驱动发展战略强调以创新为核心动力，而知识产权的创造和运用则是创新活动的重要环节。应鼓

励企业和个人积极投入创新活动，加强知识产权的创造和积累。同时，还应推动知识产权的转化和应用，促进创新成果的商业化和产业化，实现创新价值的最大化。

再次，应加强知识产权管理和服务。知识产权管理和服务是知识产权保护的重要支撑，对于提高知识产权保护效率和质量具有重要意义。应建立健全知识产权管理和服务体系，加强知识产权的审查、授权、维护和管理等工作。同时，还应加强知识产权服务机构的建设和发展，为创新者提供更加便捷、高效的知识产权服务。

最后，应加强国际交流与合作。在全球化背景下，知识产权保护已经成为国际竞争与合作的重要领域。应加强与国际组织和其他国家的交流与合作，共同推动知识产权保护的国际化和标准化。通过参与国际知识产权规则的制定和修订，提升我国在国际知识产权领域的话语权和影响力，为创新驱动发展战略提供更加有力的国际支撑。

综上所述，在创新驱动发展战略下，加强知识产权保护需要制定和实施一系列有效的策略。通过完善法律法规体系、加强创造和运用能力、加强管理和服务以及加强国际交流与合作等措施，可以充分发挥知识产权保护的制度优势，为创新驱动发展战略提供更加坚实的法律保障和制度支撑。

四、知识产权保护在创新生态中的关键作用

知识产权保护在创新生态中扮演着至关重要的角色，是维护创新生态健康、促进创新活动持续开展的重要保障。创新生态是一个复杂的系统，包括创新主体、创新资源、创新环境等多个方面，而知识产权保护则是连接这些方面的重要纽带。

首先，知识产权保护为创新主体提供了稳定的预期和回报。在创新生态中，创新主体是创新活动的核心力量，包括企业、科研机构、高校等。

这些创新主体在投入大量资源进行创新活动时，往往面临着巨大的风险和不确定性，而知识产权保护则为创新主体提供了一种稳定的预期和回报机制，使其能够从创新活动中获得合理的经济利益。这种稳定的预期和回报不仅激发了创新主体的积极性和创造力，也为其持续投入创新活动提供了动力。

其次，知识产权保护促进了创新资源的优化配置。在创新生态中，创新资源是有限的，如何合理配置和利用这些资源是创新活动成功的关键。知识产权保护通过赋予创新者对其创新成果的独占权，使得创新资源能够更加有效地配置和利用。一方面，知识产权保护鼓励创新者积极投入创新活动，推动创新资源的有效积累和利用；另一方面，知识产权保护也促进了技术的传播和扩散，使更多的企业和个人能够受益于创新成果，从而实现创新资源的共享和优化配置。

再次，知识产权保护营造了良好的创新环境。在创新生态中，创新环境是创新活动的重要支撑，包括政策环境、市场环境、文化环境等多个方面。知识产权保护通过打击侵权行为、维护市场秩序和公平竞争，为创新活动营造了一个良好的法律环境。同时，知识产权保护也促进了创新文化的形成和发展，鼓励人们勇于探索、敢于创新，为创新活动提供了强大的精神动力。

最后，知识产权保护推动了创新生态的国际化发展。在全球化背景下，创新活动已经超越了国界，成为国际竞争与合作的重要领域。知识产权保护作为国际通行规则，对于推动创新生态的国际化发展具有重要意义。通过加强国际交流与合作，共同推动知识产权保护的国际化和标准化，可以促进创新资源的全球配置和利用，推动创新活动的跨国开展和合作，为构建全球创新生态贡献重要力量。

综上所述，知识产权保护在创新生态中扮演着至关重要的角色。通过为创新主体提供稳定的预期和回报、促进创新资源的优化配置、营造良好的创新环境以及推动创新生态的国际化发展等措施，知识产权保护为创新活动的持续开展提供了有力的支撑和保障，推动了创新生态的健康发展和经济社会的持续进步。

第二节　知识产权保护与创新激励

一、知识产权保护对创新者权益的保障

知识产权保护是维护创新者权益的重要法律手段，它为创新者提供了对其创新成果的独占权和排他权，从而确保了创新者能够从其创新活动中获得应有的回报。在知识经济时代，创新是推动社会进步和经济发展的核心动力，而创新者的权益保障则是激发创新活力、促进创新持续开展的基础。

知识产权保护通过专利权、商标权、著作权等法律制度，为创新者提供了全面的权益保障。专利制度赋予了创新者对其发明创造的独占实施权，防止他人未经授权而制造、使用、销售或进口其专利产品，从而保护了创新者的技术成果不被非法侵占。商标制度则保护了创新者的商业标识，防止他人冒用其商标进行不正当竞争，维护了创新者的品牌形象和市场地位。著作权制度则保护了创新者的文学、艺术和科学作品，确保了创新者能够从其创作中获得经济收益和精神满足。

除了直接的权益保护，知识产权保护还为创新者提供了一种市场竞争优势。在激烈的市场竞争中，拥有自主知识产权的创新者往往能够凭借其独特的技术或品牌优势，获得更高的市场份额和利润。这种市场竞争优势不仅激励了创新者继续投入创新活动，也吸引了更多的资源和人才向创新领域集聚，进一步推动了创新的发展。

此外，知识产权保护还促进了创新文化的形成和发展。当创新者的

权益得到充分保障时，他们会更加积极地投入创新活动，勇于探索未知领域，敢于尝试新的技术和方法。这种创新文化的形成和发展，不仅提升了整个社会的创新能力和水平，也为经济社会的可持续发展注入了强大动力。

在全球化背景下，知识产权保护对创新者权益的保障还具有国际意义。通过参与国际知识产权规则的制定和修订，加强与国际组织和其他国家的交流与合作，可以为创新者提供更加广阔的国际市场和更多的国际合作机会。同时，也可以借鉴国际先进经验，不断完善我国的知识产权保护制度，提升我国在全球知识产权领域的话语权和影响力。

综上所述，知识产权保护对创新者权益的保障是激发创新活力、促进创新持续开展的重要基础。通过全面的权益保护、市场竞争优势的提供、创新文化的促进以及国际合作的加强，知识产权保护为创新者创造了一个更加公平、公正、有序的创新环境，推动了创新活动的蓬勃开展。

二、知识产权保护对创新投入的激励效应

知识产权保护对创新投入具有显著的激励效应，它能够为创新者提供一种稳定的预期和回报机制，从而鼓励其增加对创新活动的投入。在创新过程中，创新者往往需要投入大量的时间、精力和资金，而知识产权保护则为这些投入提供了一种有效的风险分担和收益保障机制。

首先，知识产权保护为创新者提供了一种排他性的权利，使其能够独占其创新成果的市场价值。这种排他性权利不仅防止了他人对创新成果的非法侵占和模仿，也为创新者提供了一种市场竞争优势。在市场竞争中，拥有自主知识产权的创新者往往能够获得更高的利润和市场份额，从而实现了创新投入的有效回报。这种回报机制不仅激励了创新者继续投入创新活动，也吸引了更多的资本和人才向创新领域流动，进一步促进了创新投入的增加。

其次，知识产权保护降低了创新活动的风险。在创新过程中，创新者往往面临着技术失败、市场接受度低等多种风险，而知识产权保护则为创新者提供了一种法律保障，使其能够在创新失败时减少损失，并在创新成功时获得更大的收益。这种风险降低机制使得创新者更加愿意尝试新的技术和方法，勇于探索未知领域，从而推动了创新活动的深入开展。

再次，知识产权保护促进了创新资源的优化配置。在知识产权制度的保护下，创新者能够更加积极地投入创新活动，推动创新资源的有效积累和利用。同时，知识产权保护也促进了技术的传播和扩散，使得更多的企业和个人能够受益于创新成果，从而实现创新资源的共享和优化配置。这种优化配置不仅提高了创新效率，也降低了创新成本，进一步激励了创新投入的增加。

最后，知识产权保护提升了创新者的社会地位和声誉。当创新者的创新成果得到知识产权的保护时，他们的社会地位和声誉也会得到相应的提升。这种提升不仅增强了创新者的自信心和成就感，也为其带来了更多的社会认可和尊重。这种社会认可和尊重进一步激励了创新者投入更多的资源和精力进行创新活动，形成了良性循环。

综上所述，知识产权保护对创新投入具有显著的激励效应。通过提供排他性权利、降低创新风险、促进创新资源优化配置以及提升创新者社会地位和声誉等多种方式，知识产权保护为创新者创造了一个更加有利的环境和条件，鼓励其增加对创新活动的投入，推动了创新活动的持续开展和深入发展。

三、知识产权保护对创新成果转化的促进作用

知识产权保护对创新成果转化具有重要的促进作用，它能够为创新成果的商业化和产业化提供有力的法律保障和市场环境。在创新活动中，创新成果的转化是实现创新价值的关键环节，而知识产权保护则是推动这一

环节顺利进行的重要保障。

首先，知识产权保护为创新成果提供了明确的权属界定。在创新成果转化过程中，明确的权属界定是保障各方利益、促进合作的基础。通过专利、商标等知识产权制度的保护，创新成果的权属关系得到了清晰界定，使得创新者能够合法地拥有和控制其创新成果，为后续的转化工作提供坚实的法律基础。

其次，知识产权保护促进了创新成果的市场交易。在知识产权制度的保护下，创新成果可以作为一种商品在市场上进行交易。这种市场交易不仅为创新者提供了实现创新价值的机会，也促进了创新成果的快速传播和扩散。同时，市场交易还形成了创新成果的价格机制，使得创新成果的价值能够得到更加合理的体现和评估。

再次，知识产权保护推动了创新成果的产业化进程。在产业化过程中，创新成果需要经历从实验室到市场的多个阶段，而知识产权保护则为这些阶段提供了必要的法律保障和市场支持。例如，在技术研发阶段，专利保护可以防止技术被非法侵占和模仿；在产品推广阶段，商标保护可以维护产品的品牌形象和市场地位；在产业化合作中，知识产权的明晰权属可以促进各方之间的合作和信任。

最后，知识产权保护提升了创新成果转化的效率和质量。在知识产权制度的保护下，创新者可以更加积极地投入创新成果的转化工作，推动创新成果的快速应用和推广。同时，知识产权保护也促进了创新成果转化的规范化、标准化和专业化，提高了转化的效率和质量。这种效率和质量的提升不仅使得创新成果能够更快地实现其商业价值，也推动了整个产业的技术进步和升级。

综上所述，知识产权保护对创新成果转化具有重要的促进作用。通过提供明确的权属界定、促进市场交易、推动产业化进程以及提升转化效率和质量等多种方式，知识产权保护为创新成果的转化创造了一个更加有利的环境和条件，推动了创新成果的商业化和产业化进程，实现了创新价值的最大化。

四、创新激励视角下的知识产权保护优化

从创新激励的视角来看，知识产权保护需要进行不断的优化和完善，以更好地激发创新活力、促进创新活动的持续开展。在知识经济时代，创新是推动社会进步和经济发展的核心动力，而知识产权保护则是保障创新活动顺利进行的重要法律手段。

首先，应加强对新兴领域知识产权的保护。随着科技的不断进步和创新活动的日益频繁，新兴领域的知识产权保护需求日益凸显。例如，在人工智能、大数据、生物技术等新兴领域，创新成果往往具有高度的复杂性和不确定性，需要更加灵活和有效的知识产权保护方式。因此，应加强对这些新兴领域知识产权的研究和保护力度，制定更加符合其特点的知识产权保护政策和措施。

其次，应提高知识产权保护的效率和质量。在创新活动中，时间就是生命，效率就是效益。因此，应优化知识产权审查、授权和维护的流程，提高审查效率和质量，缩短审查周期，降低审查成本。同时，还应加强对知识产权侵权行为的打击力度，提高侵权成本，形成有效的威慑机制，保护创新者的合法权益。

再次，应加强知识产权保护的国际交流与合作。在全球化背景下，创新活动已经超越了国界，成为国际竞争与合作的重要领域。因此，应积极参与国际知识产权规则的制定和修订，加强与国际组织和其他国家的交流与合作，共同推动知识产权保护的国际化和标准化。通过国际交流与合作，可以借鉴国际先进经验，完善我国的知识识产权保护制度，提升我国在全球知识产权领域的话语权和影响力。

最后，应注重知识产权保护与创新激励的协同作用。知识产权保护和

创新激励是相互促进、相辅相成的。在优化知识产权保护的同时，应注重与创新激励政策的协同配合，形成政策合力。例如，可以通过税收优惠、资金扶持等方式鼓励创新者积极投入创新活动，并通过知识产权保护为其创新成果提供法律保障和市场环境。这种协同作用可以进一步激发创新活力，推动创新活动的持续开展。

综上所述，从创新激励的视角来看，知识产权保护需要进行不断的优化和完善。通过加强对新兴领域知识产权的保护、提高知识产权保护的效率和质量、加强国际交流与合作以及注重与创新激励的协同作用等多种方式，可以进一步提升知识产权保护的水平和效果，为创新活动提供更加有力的法律保障和市场环境，推动经济社会的持续健康发展。

第三节　知识产权保护与市场秩序

知识产权保护作为现代市场经济体系的重要基石，对市场秩序的维护、公平竞争环境的营造以及市场主体的创新激励具有不可替代的作用。

一、知识产权保护对市场公平竞争的维护

知识产权保护是维护市场公平竞争的核心机制之一。在市场经济中，公平竞争是资源配置效率和社会福利最大化的基础。知识产权制度通过赋予创新者对其智力成果的独占权，确保了创新者能够从其创新活动中获得合理的经济回报，从而鼓励了更多的市场主体投身于创新活动。这种独占权的存在，有效防止了其他市场主体通过不正当手段模仿或抄袭创新成果，维护了市场的公平竞争环境。

具体而言，知识产权保护通过专利权、商标权、著作权等法律手段，为创新成果提供了明确的权利边界。任何未经授权的使用、复制或销售行为都将构成侵权，受到法律的制裁。这种法律保障使得创新者能够放心地

将新技术、新产品推向市场，而不用担心被他人恶意竞争所侵蚀。同时，知识产权保护还促进了技术的公开和传播，使得其他市场主体能够在合法的前提下，借鉴和创新已有的技术成果，进一步推动了市场的公平竞争和技术进步。

此外，知识产权保护还通过防止市场垄断行为，维护了市场的公平竞争。在知识产权的授予和行使过程中，法律对权利人的权利进行了必要的限制，以防止其滥用知识产权形成市场垄断。例如，反垄断法规定了知识产权滥用的禁止性条款，对权利人利用知识产权进行排他性交易、限制竞争等行为进行了规制。这种限制确保了市场的开放性和竞争性，使得更多的市场主体能够参与到市场竞争中来，共同推动市场的繁荣和发展。

二、知识产权保护对假冒伪劣行为的打击

知识产权保护是打击假冒伪劣行为的有力武器。假冒伪劣行为不仅损害了消费者的利益，破坏了市场的公平竞争环境，还严重阻碍了创新活动的持续进行。知识产权保护通过法律手段，对假冒伪劣行为进行严厉的打击和制裁，维护了市场的正常秩序。

在知识产权制度下，任何未经授权使用他人知识产权的行为都将构成侵权，受到法律的追究。对于假冒伪劣产品，知识产权权利人可以通过法律途径追究侵权者的法律责任，要求其停止侵权行为、赔偿经济损失等。这种法律制裁机制使得侵权者不敢轻易涉足假冒伪劣领域，从而有效遏制了假冒伪劣行为的泛滥。

同时，知识产权保护还促进了市场监管的加强。为了有效打击假冒伪劣行为，政府和市场监管部门加强了知识产权执法力度，提高了执法效率和准确性。通过建立健全的知识产权监管体系，加强对市场主体的日常监管和专项整治，及时发现和查处假冒伪劣行为，维护了市场的正常秩序和消费者的合法权益。

此外，知识产权保护还通过提高消费者的知识产权意识，增强了其对假冒伪劣产品的辨识能力。通过宣传和教育活动，消费者逐渐认识到知识产权的重要性，学会了如何识别假冒伪劣产品，并主动抵制和举报侵权行为。这种消费者监督机制的形成，进一步增强了知识产权保护的效果，促进了市场的健康发展。

三、知识产权保护对市场主体创新的引导

知识产权保护对市场主体的创新活动具有显著的引导作用。在知识产权制度的保障下，创新者能够从其创新成果中获得合理的经济回报，从而激发其持续创新的积极性。这种经济激励机制使得更多的市场主体愿意投身于创新活动，推动了技术的不断进步和产业的升级转型。

具体而言，知识产权保护通过专利制度等手段，为创新者提供了独占性的市场优势。在专利保护期内，创新者能够独占其创新成果的市场收益，从而获得了创新活动的直接经济回报。这种回报机制不仅鼓励了创新者继续投入研发活动，还吸引了更多的市场主体参与到创新竞争中来，形成了良好的创新氛围和竞争环境。

同时，知识产权保护还通过促进技术交流与合作，推动了创新资源的优化配置。在知识产权的保护下，创新者能够放心地与其他市场主体进行交流与合作，共同推动技术的研发和应用。这种交流与合作不仅提高了创新效率，还促进了技术的跨领域融合和创新，为市场的持续发展注入了新的活力。

此外，知识产权保护还通过引导创新方向，促进了市场的结构优化和升级。在知识产权制度的引导下，市场主体更加注重技术创新和产品质量提升，推动了市场从低附加值向高附加值转变。这种转变不仅提高了市场的整体竞争力，还满足了消费者日益多样化的需求，促进了市场的繁荣发展。

四、市场秩序视角下的知识产权保护强化

从市场秩序的视角来看，强化知识产权保护是维护市场正常秩序、促进市场健康发展的必然要求。随着市场经济的不断发展和全球化进程的加速，知识产权保护面临着越来越多的挑战和机遇。为了有效应对这些挑战和机遇，必须进一步强化知识产权保护力度，完善知识产权制度。

具体而言，强化知识产权保护需要从多个方面入手。首先，要加强知识产权立法工作，完善知识产权法律法规体系。通过制定更加完善、更加严格的知识产权法律法规，为知识产权保护提供有力的法律保障。其次，要加强知识产权执法力度，提高执法效率和准确性。通过建立健全的知识产权执法机制，加强对市场主体的日常监管和专项整治，及时发现和查处侵权行为，维护市场的正常秩序。

同时，还要加强知识产权宣传教育力度，提高市场主体的知识产权意识。通过宣传和教育活动，使市场主体充分认识到知识产权的重要性，自觉遵守知识产权法律法规，形成尊重知识、崇尚创新、诚信守法的市场氛围。此外，还要加强国际交流与合作，共同打击跨国知识产权侵权行为，维护全球市场的正常秩序。

在强化知识产权保护的过程中，还要注重平衡各方利益。一方面要保护创新者的合法权益，鼓励其持续创新；另一方面要防止知识产权的滥用行为，维护市场的公平竞争环境。通过建立健全的知识产权利益平衡机制，实现创新者利益、消费者利益和社会公共利益的有机统一，促进市场的持续健康发展。

第四节　知识产权保护与国际竞争力

知识产权保护作为现代国际经济体系中的重要组成部分，对国际

贸易、国际投资环境、国际技术转移以及国家整体国际竞争力具有深远影响。

一、知识产权保护对国际贸易的影响

知识产权保护对国际贸易的影响是多方面的，它不仅是国际贸易规则的重要组成部分，也是促进国际贸易健康发展的重要保障。在全球化背景下，国际贸易的规模和范围不断扩大，知识产权保护的重要性日益凸显。

首先，知识产权保护为国际贸易提供了明确的规则和标准。通过国际条约和协定，如《与贸易有关的知识产权协定》，各国在知识产权保护方面达成了共识，为国际贸易的顺利进行提供了法律保障。这些规则和标准确保了各国在贸易过程中能够尊重和保护彼此的知识产权，避免了因知识产权侵权纠纷而引发的贸易冲突和障碍。

其次，知识产权保护促进了国际贸易的公平和效率。在知识产权得到有效保护的情况下，创新者能够放心地将新技术、新产品推向国际市场，而不用担心被他人模仿或抄袭。这种保护机制鼓励了更多的创新活动，提高了产品的技术含量和附加值，从而增强了产品的国际竞争力。同时，知识产权保护还促进了国际贸易的分工和合作，使得各国能够根据自身优势进行专业化生产，提高了国际贸易的整体效率。

最后，知识产权保护影响了国际贸易的结构和流向。随着知识经济的发展，知识产权密集型产品在国际贸易中的比重不断增加。这些产品往往具有更高的技术含量和附加值，对知识产权保护的要求也更高。因此，知识产权保护水平较高的国家往往能够吸引更多的知识产权密集型产品贸易和投资，从而优化了国际贸易的结构和流向。

二、知识产权保护对国际投资环境的塑造

知识产权保护对国际投资环境的塑造具有关键作用。在全球化背景

下，国际投资成为推动经济增长和技术进步的重要力量，而知识产权保护作为国际投资环境的重要组成部分，直接影响着投资者的投资决策和投资效益。

首先，知识产权保护为国际投资提供了稳定的法律环境。在知识产权保护水平较高的国家，投资者能够放心地进行技术创新和研发活动，而不用担心其知识产权被侵犯或盗用。这种稳定的法律环境降低了投资者的风险成本，提高了投资回报率，从而吸引了更多的国际投资。

其次，知识产权保护促进了国际投资的技术溢出效应。当投资者在知识产权保护水平较高的国家进行投资时，他们往往会带来先进的技术和管理经验。这些技术和管理经验通过技术溢出效应，能够带动当地企业的技术创新和产业升级，从而提高整个国家的国际竞争力。

最后，知识产权保护影响了国际投资的流向和结构。投资者往往倾向于选择知识产权保护水平较高的国家进行投资，以降低风险并提高投资效益。因此，知识产权保护水平较高的国家往往能够吸引更多的国际直接投资，并优化投资结构，推动经济的持续健康发展。

三、知识产权保护对国际技术转移的促进

知识产权保护对国际技术转移的促进作用不容忽视。在全球化背景下，国际技术转移成为推动技术创新和产业升级的重要途径，而知识产权保护作为国际技术转移的重要保障，直接影响着技术转移的效果和效率。

首先，知识产权保护为国际技术转移提供了法律保障。通过专利、商标等知识产权制度，技术转移方能够确保其技术的独占性和排他性，从而避免了技术被他人非法使用或盗用。这种法律保障使得技术转移方能够放心地将技术推向国际市场，促进了技术的跨国流动和共享。

其次，知识产权保护促进了国际技术转移的交流与合作。在知识产权保护的基础上，技术转移方和受让方能够建立起稳定的合作关系，共同推

动技术的研发和应用。这种交流与合作不仅提高了技术的转移效率，还促进了技术的创新和发展，推动了全球技术的进步和产业升级。

最后，知识产权保护影响了国际技术转移的方式和渠道。随着知识产权制度的不断完善和国际合作的加强，国际技术转移的方式和渠道日益多样化。例如，通过技术许可、技术合作、跨国并购等方式，技术能够更快速、更有效地转移到需要的地方，促进了全球资源的优化配置和技术的普及应用。

四、提升国际竞争力视角下的知识产权保护策略

从提升国际竞争力的视角来看，加强知识产权保护是必然选择。在全球化背景下，国际竞争日益激烈，知识产权保护成为国家提升国际竞争力的重要手段。

首先，要加强知识产权立法和执法力度。通过完善知识产权法律法规体系，提高执法效率和准确性，确保知识产权得到有效保护。同时，要加强国际交流与合作，共同打击跨国知识产权侵权行为，维护全球市场的正常秩序。

其次，要推动知识产权的创造和运用。通过鼓励创新活动、提高自主创新能力，推动知识产权的创造和积累。同时，要加强知识产权的转化和运用，促进知识产权与产业、科技、金融等领域的深度融合，提高知识产权的经济价值和社会效益。

再次，要加强知识产权人才培养和引进。通过建立健全的知识产权人才培养体系，培养一批高素质、专业化的知识产权人才。同时，要积极引进国外先进的知识产权人才和技术，提高国家整体的知识产权保护水平和国际竞争力。

最后，要优化知识产权保护环境。通过加强知识产权宣传教育、提高公众知识产权意识等方式，营造良好的知识产权保护氛围。同时，要加强

知识产权服务体系建设，为创新者和投资者提供便捷、高效的知识产权服务，促进知识产权的创造、运用和保护。

综上所述，知识产权保护对国际贸易、国际投资环境、国际技术转移以及国家整体国际竞争力具有深远影响。从提升国际竞争力的视角来看，加强知识产权保护是必然选择。通过加强知识产权立法和执法力度、推动知识产权的创造和运用、加强知识产权人才培养和引进以及优化知识产权保护环境等措施，能够有效提升国家的国际竞争力，推动经济的持续健康发展。

第五节　知识产权保护与文化繁荣

知识产权保护与文化繁荣之间存在着紧密而深刻的联系。在全球化与信息化交织的时代背景下，文化作为国家和民族的精神标识，其繁荣不仅关乎民族精神的传承与弘扬，更是国家软实力的重要体现，而知识产权保护，作为激发文化创新活力、保障文化创作者权益、促进文化多样性与文化遗产传承的关键机制，对文化繁荣起到了不可或缺的支撑作用。

一、知识产权保护对文化创意产业的支持

文化创意产业作为文化繁荣的重要载体，其蓬勃发展离不开知识产权保护的坚实支持。知识产权制度通过赋予文化创意作品以独占性的法律地位，为创作者提供了经济激励与创作动力，从而推动了文化创意产业的持续繁荣。

首先，知识产权保护确保了文化创意作品的原创性与独特性。在知识产权制度的保障下，创作者能够放心地进行创作，不用担心其作品被他人抄袭或模仿。这种法律保障激发了创作者的创作热情，促使他们不断挖掘新的创意元素，推动文化创意产业的创新发展。

其次，知识产权保护促进了文化创意产业的商业化运作。通过专利权、商标权、著作权等知识产权的转让、许可等机制，文化创意作品能够迅速转化为商业价值，实现文化资源的优化配置。这不仅为创作者带来了可观的经济回报，也推动了文化创意产业的规模化、产业化发展。

最后，知识产权保护促进了文化创意产业的国际交流与合作。在全球化背景下，文化创意产业的国际竞争日益激烈。通过加强知识产权保护，各国能够建立起更加公平、透明的市场环境，促进文化创意作品的跨国流通与交易。这种国际交流与合作不仅拓宽了文化创意产业的发展空间，也提升了文化产业的国际竞争力。

二、知识产权保护对文化遗产传承的保障

文化遗产是民族历史与文化的瑰宝，其传承对于维护民族身份、促进文化认同具有重要意义。知识产权保护在文化遗产传承中发挥了不可替代的作用，为文化遗产的可持续利用提供了法律保障。

首先，知识产权保护确保了文化遗产的原创性与完整性。通过著作权等知识产权制度，文化遗产的创作者或传承者能够对其作品享有独占性的权利，防止他人非法复制、篡改或利用。这种法律保障有助于维护文化遗产的原创性与完整性，确保其历史价值与文化意义的真实传承。

其次，知识产权保护促进了文化遗产的商业化开发与利用。在知识产权制度的框架下，文化遗产可以通过合理的商业化运作实现其经济价值与社会价值的双重提升。例如，通过开发文化遗产相关的旅游产品、文化创意产品等，不仅能够为传承者带来经济收益，也能够增强公众对文化遗产的认知与保护意识。

最后，知识产权保护促进了文化遗产的国际交流与合作。通过加强国际间的知识产权保护合作，各国能够共同打击文化遗产的非法交易与盗窃行为，维护文化遗产的全球安全与秩序。同时，国际间的文化遗产交流

与合作也有助于推动不同文化之间的理解与尊重，促进人类文明的共同进步。

三、知识产权保护对文化多样性的维护

文化多样性是人类社会的基本特征之一，它体现了不同民族、不同地域文化的独特性与丰富性。知识产权保护在维护文化多样性方面发挥了重要作用，为各种文化的交流与融合提供了法律保障。

首先，知识产权保护确保了各种文化的独立性与自主性。在知识产权制度的保障下，不同文化能够保持其独特的语言、艺术、习俗等文化元素，避免被其他文化同化或侵蚀。这种法律保障有助于维护文化的多样性，促进各种文化的平等交流与对话。

其次，知识产权保护促进了文化创新的多样性。通过保护创作者的权益，知识产权制度激发了创作者的创作热情与创新能力，促使他们不断探索新的文化表达形式与创作手法。这种文化创新的多样性不仅丰富了人类的文化宝库，也为文化产业的繁荣发展提供了源源不断的动力。

最后，知识产权保护促进了文化多样性的国际传播与交流。通过加强国际间的知识产权保护合作，各国能够共同推动不同文化之间的交流与融合，增进相互理解与尊重。这种国际传播与交流不仅有助于提升各国文化的国际影响力，也为构建人类命运共同体提供了文化基础。

四、文化繁荣视角下的知识产权保护创新

在文化繁荣的视角下，知识产权保护需要不断创新与完善，以适应文化产业发展的新需求与新挑战。

首先，加强知识产权保护的法律法规建设。随着文化产业的快速发展与新技术的不断涌现，知识产权保护面临着越来越多的新情况与新问题。因此，需要不断加强知识产权保护的法律法规建设，完善相关法律制度与

政策措施，为文化产业的繁荣发展提供更加坚实的法律保障。

其次，推动知识产权保护的技术创新与应用。利用大数据、人工智能等新技术手段，提高知识产权保护的效率与准确性。例如，通过区块链技术实现知识产权的溯源与追踪，防止侵权行为的发生；利用人工智能技术进行侵权监测与预警，及时发现并处理侵权行为。

再次，加强知识产权保护的国际交流与合作。在全球化背景下，文化产业的国际竞争日益激烈。因此，需要加强国际间的知识产权保护交流与合作，共同打击跨国侵权行为，维护全球文化市场的秩序与公平。同时，通过国际间的经验分享与技术交流，不断提升各国知识产权保护的水平与能力。

最后，注重知识产权保护与文化创新的协同发展。知识产权保护不仅是为了保护创作者的权益，更是为了激发文化创新的活力与潜力。因此，在加强知识产权保护的同时，需要注重与文化创新的协同发展，为创作者提供更加宽松、自由的创作环境，推动文化产业的持续繁荣与发展。

综上所述，知识产权保护与文化繁荣之间存在着紧密而深刻的联系。通过加强知识产权保护的创新与完善，为文化产业的繁荣发展提供更加坚实的法律保障与技术支撑，推动文化多样性的维护与文化遗产的传承，共同促进人类文明的进步与发展。

第六节　知识产权保护与企业竞争优势

一、知识产权保护对企业技术创新的保护

（一）知识产权保护为企业技术创新提供法律保障

知识产权保护是企业技术创新的重要法律保障，它为企业创新成果提供了独占性和排他性的权利，确保企业在市场竞争中能够合法地拥有和

控制其技术成果。在知识产权法律体系的保护下，企业可以安心地进行技术研发和创新活动，不必担心其成果被他人非法侵占或模仿。这种法律保障不仅激发了企业的创新热情，也为其技术创新提供了稳定的预期和回报机制。

具体而言，专利制度赋予了企业对其发明创造的独占实施权，使得企业能够在一定期限内独占市场，获取超额利润。这种独占性权利鼓励企业加大研发投入，勇于探索未知领域，推动技术进步和产业升级。同时，商标制度保护了企业的商业标识，防止他人冒用其品牌进行不正当竞争，维护了企业的市场形象和声誉。著作权制度则保护了企业的文学、艺术和科学作品，确保了企业能够从其创作中获得经济收益和精神满足。

此外，知识产权保护还通过法律手段打击侵权行为，维护了市场秩序和公平竞争。当创新成果受到侵权时，企业可以通过法律途径追究侵权者的法律责任，获得经济赔偿和声誉恢复。这种法律救济机制不仅保护了企业的合法权益，也警示了其他潜在侵权者，形成了有效的威慑力。

（二）知识产权保护促进企业技术创新资源的优化配置

知识产权保护在促进企业技术创新资源的优化配置方面发挥着重要作用。在知识产权制度的引导下，企业能够更加合理地配置和利用其创新资源，提高创新效率和效益。

首先，知识产权保护鼓励企业加大研发投入，推动技术创新。由于知识产权的独占性和排他性，企业能够从其创新成果中获得更高的回报，从而激发了其加大研发投入的积极性。这种投入不仅促进了企业自身的技术进步，也推动了整个行业的技术升级和产业发展。

其次，知识产权保护促进了创新资源的共享和合作。在知识产权制度的保护下，企业可以通过技术许可、转让等方式将其创新成果转化为实际的经济利益，同时也为其他企业提供了技术借鉴和合作的机会。这种共享和合作不仅提高了创新资源的利用效率，也促进了企业之间的技术交流与合作，推动了整个创新生态的良性发展。

最后，知识产权保护还引导企业注重创新质量而非数量。由于知识产权的获得需要满足一定的条件和标准，企业在进行技术创新时更加注重创新的质量和实用性，而非简单地追求数量。这种注重质量的创新导向有助于提升企业的核心竞争力和市场地位。

（三）知识产权保护增强企业技术创新的市场竞争力

知识产权保护能够显著增强企业技术创新的市场竞争力。在激烈的市场竞争中，拥有自主知识产权的企业往往能够获得更高的市场份额和利润，从而占据市场优势地位。

首先，知识产权保护为企业提供了市场竞争的"护城河"。由于知识产权的独占性和排他性，其他企业难以模仿或替代拥有知识产权的企业的产品或服务。这种"护城河"效应使得企业在市场竞争中能够保持领先地位，获取持续的经济利益。

其次，知识产权保护提升了企业的品牌形象和声誉。当企业的创新成果受到知识产权的保护时，其品牌形象和声誉也会得到相应的提升。这种提升不仅增强了消费者的信任和忠诚度，也为企业带来了更多的商业机会和合作伙伴。

最后，知识产权保护还促进了企业的国际化发展。在全球化背景下，拥有自主知识产权的企业更容易获得国际市场的认可与接受，从而拓展其国际业务。这种国际化发展不仅提升了企业的国际竞争力，也为其带来了更多的经济收益和发展空间。

（四）知识产权保护激发企业技术创新的持续动力

知识产权保护能够激发企业技术创新的持续动力。在知识产权制度的激励下，企业能够不断地进行技术创新和升级，保持其市场竞争力和行业领先地位。

首先，知识产权保护为企业提供了持续创新的激励机制。由于知识产权的独占性和排他性，企业能够从其创新成果中获得长期的经济利益。这种经济利益驱动着企业不断地进行技术创新和升级，以获取更多的回报。

其次，知识产权保护促进了企业创新文化的形成和发展。当企业的创新成果受到知识产权的保护时，其创新文化和氛围也会得到相应的提升。这种创新文化不仅激发了员工的创新热情和创造力，也吸引了更多的优秀人才加入企业，为企业的持续创新提供了有力的人才保障。

最后，知识产权保护还鼓励企业勇于探索未知领域和承担创新风险。由于知识产权的保护，企业在进行技术创新时不必担心其成果被他人非法侵占或模仿，从而更加敢于尝试新的技术和方法。这种勇于探索和创新的精神是推动企业持续发展的重要动力。

二、知识产权保护对企业品牌价值的提升

（一）知识产权保护构建企业品牌的法律屏障

知识产权保护是企业品牌构建中不可或缺的法律屏障，它为企业的品牌资产提供了强有力的法律保障。在激烈的市场竞争中，品牌不仅是企业产品或服务的标识，更是企业信誉、文化和市场地位的象征，而知识产权保护，特别是商标制度的运用，能够确保企业品牌的独特性和排他性，防止他人非法使用或模仿，从而维护品牌的独立性和市场价值。

具体而言，商标作为品牌的核心要素，通过注册获得法律保护后，企业可以独占该商标的使用权，禁止他人在相同或类似商品上使用与其注册商标相同或近似的标识。这种法律屏障不仅保护了企业的品牌资产不被侵蚀，也为企业树立了明确的市场边界，使得消费者能够清晰地识别和选择企业的产品或服务。同时，当企业的品牌权益受到侵害时，可以通过法律途径追究侵权者的责任，获得经济赔偿和声誉恢复，进一步强化了品牌保护的法律效力。

此外，知识产权保护还促进了企业品牌形象的塑造与维护。在知识

产权制度的规范下，企业更加注重品牌形象的塑造与维护，通过提升产品质量、优化服务体验、加强品牌宣传等方式，不断提升品牌的知名度和美誉度。这种品牌形象的塑造与维护不仅增强了消费者对品牌的信任和忠诚度，也为企业带来了更多的商业机会与市场份额。

（二）知识产权保护增强企业品牌的差异化竞争优势

知识产权保护能够显著增强企业品牌的差异化竞争优势。在市场竞争日益激烈的今天，品牌差异化是企业获取竞争优势的关键，而知识产权保护，特别是专利和商业秘密的保护，能够确保企业独特的技术、设计或经营策略不被他人模仿或泄露，从而保持了品牌的独特性和创新性。

一方面，专利保护为企业提供了技术创新的独占权。通过申请专利，企业可以将其独特的技术或设计转化为法律上的独占权，防止他人非法使用或模仿。这种独占权不仅保护了企业的技术创新成果，也为企业带来了市场竞争上的优势。例如，拥有核心专利技术的企业往往能够在市场上获得更高的定价权和利润空间，从而提升品牌的整体价值。

另一方面，商业秘密保护确保了企业独特经营策略或客户信息的安全。商业秘密是企业的重要无形资产，它包含了企业的独特经营策略、客户信息、技术诀窍等关键信息。通过加强商业秘密保护，企业可以防止这些信息被泄露或滥用，从而保持了品牌的独特性和竞争优势。这种保护不仅有助于企业维护其市场地位，也为企业带来了更多的商业机会和合作伙伴。

（三）知识产权保护促进企业品牌的国际化拓展

知识产权保护在促进企业品牌的国际化拓展方面发挥着重要作用。在全球化背景下，企业品牌的国际化拓展是提升品牌价值和市场影响力的重要途径，而知识产权保护，特别是国际商标和专利的申请与保护，能够为企业品牌的国际化拓展提供有力的法律支持。

首先，国际商标注册能够确保企业在国际市场上的品牌权益。通过在国际商标组织或相关国家申请商标注册，企业可以获得在国际市场上的商标专用权，防止他人非法使用或模仿其品牌。这种保护不仅有助于企业维护其品牌在国际市场上的独立性和市场价值，也为企业拓展国际市场提供了有力的法律保障。

其次，国际专利申请能够保护企业的技术创新成果在国际市场上的独占权。通过申请国际专利，企业可以将其独特的技术或设计转化为国际法律上的独占权，防止他人在国际市场上非法使用或模仿。这种保护不仅有助于企业维护其技术创新成果在国际市场上的竞争优势，也为企业带来了更多的国际商业机会和合作伙伴。

最后，知识产权保护还促进了企业品牌在国际市场上的知名度和美誉度的提升。当企业的品牌在国际市场上受到知识产权的保护时，其品牌形象和声誉也会得到相应的提升。这种提升不仅增强了国际消费者对品牌的信任和忠诚度，也为企业带来了更多的国际市场份额和利润。

（四）知识产权保护激发企业品牌创新的持续动力

知识产权保护能够激发企业品牌创新的持续动力。在知识产权制度的激励下，企业能够不断地进行品牌创新，提升品牌的竞争力和市场价值。

首先，知识产权保护为企业提供了品牌创新的激励机制。由于知识产权的独占性和排他性，企业能够从其品牌创新成果中获得长期的经济利益。这种经济利益驱动着企业不断进行品牌创新，以满足消费者日益多样化的需求和市场变化。例如，企业可以通过推出新产品、新服务或新品牌形象等方式进行品牌创新，从而提升品牌的吸引力和竞争力。

其次，知识产权保护促进了企业品牌创新文化的形成和发展。当企业的品牌创新成果受到知识产权的保护时，其创新文化和氛围也会得到相应的提升。这种创新文化不仅激发了员工的创新热情和创造力，也吸引了更多的优秀人才加入企业，为企业的品牌创新提供了有力的人才保障。同时，这种创新文化还有助于企业形成持续创新的机制和文化氛围，推动企业的品牌创新不断向前发展。

最后，知识产权保护还鼓励企业勇于探索未知领域和承担创新风险。由于知识产权的保护，企业在进行品牌创新时不必担心其成果被他人非法侵占或模仿，从而更加敢于尝试新的品牌策略、新的市场定位或新的品牌形象。这种勇于探索和创新的精神是推动企业品牌持续创新的重要动力。

三、知识产权保护对企业市场地位的巩固

（一）知识产权保护筑牢企业市场壁垒

知识产权保护是企业筑牢市场壁垒、巩固市场地位的重要手段。在激烈的市场竞争中，企业要想保持领先地位，必须拥有独特的技术、产品或服务，而知识产权保护正是确保这些独特资源不被他人非法侵占或模仿的关键。通过专利权、商标权、著作权等知识产权制度的运用，企业能够构建起一道坚实的法律屏障，防止竞争对手的侵权行为，从而维护自身的市场优势和利润空间。

具体而言，专利保护为企业提供了技术创新的独占权。企业通过研发新技术、新产品并申请专利，可以获得在一定期限内独占市场的权利。这种独占权不仅阻止了竞争对手的模仿和抄袭，还为企业带来了超额利润和市场份额。同时，专利保护也鼓励企业持续投入研发，推动技术进步和产业升级，进一步巩固企业的市场地位。

商标保护则是企业品牌形象和市场声誉的重要保障。商标作为企业的标识，承载着企业的信誉和消费者的信任。通过商标注册和保护，企业能够防止他人冒用其品牌进行不正当竞争，维护品牌的独立性和市场价值。这种保护不仅有助于企业树立良好的品牌形象，还增强了消费者对品牌的忠诚度和认可度，从而巩固了企业的市场地位。

此外，著作权保护对于企业的文化创意、软件、数据库等无形资产同样具有重要意义。通过著作权保护，企业能够防止他人非法复制、传播或

使用其作品，确保企业的创意成果得到应有的回报。这种保护不仅激发了企业的创新活力，也提升了企业的市场竞争力和市场地位。

（二）知识产权保护促进企业市场扩张

知识产权保护在促进企业市场扩张方面发挥着重要作用。在全球化背景下，企业要想实现跨地区、跨国界的市场扩张，必须拥有强大的知识产权实力作为支撑。通过知识产权的布局和保护，企业能够打破地域限制，拓展市场空间，实现更广泛的市场覆盖。

一方面，知识产权保护为企业提供了市场进入的"通行证"。在国际贸易和投资中，许多国家和地区都设置了严格的知识产权保护门槛。企业只有拥有自主知识产权，才能满足这些门槛要求，顺利进入目标市场。例如，拥有核心专利技术的企业往往能够更容易地获得国际市场的认可和接受，从而拓展其国际业务。

另一方面，知识产权保护促进了企业市场扩张的效率和效益。通过知识产权的许可、转让等方式，企业能够将其创新成果转化为实际的经济利益，同时也为其他企业提供了技术借鉴和合作的机会。这种共享和合作不仅提高了创新资源的利用效率，也促进了企业之间的技术合作与交流，推动了整个行业的进步与发展。对于扩张中的企业来说，这种合作与交流能够加速其市场适应能力和创新能力，提升市场扩张的效率和效益。

（三）知识产权保护增强企业市场议价能力

知识产权保护能够显著增强企业的市场议价能力。在市场竞争中，拥有自主知识产权的企业往往能够占据更有利的谈判地位，获得更高的定价权和利润空间。这是因为知识产权的独占性和排他性使得其他企业难以模仿或替代拥有知识产权的企业的产品或服务，从而赋予了这些企业更强的市场议价能力。

具体而言，当企业拥有核心专利或独特技术时，它可以在与供应商、客户或合作伙伴的谈判中占据主动地位。例如，在采购原材料或零部件时，拥有专利技术的企业可以要求供应商提供更优惠的价格或更优质的服务；在销售产品或服务时，拥有独特技术的企业可以制定更高的价格策略，获取更高的利润。这种市场议价能力的提升不仅有助于企业巩固其市场地位，还为企业带来了更多的经济利益和发展空间。

此外，知识产权保护还促进了企业市场议价能力的持续提升。随着企业不断投入研发和创新，其知识产权实力将不断增强，从而进一步提升其市场议价能力。这种提升不仅有助于企业在市场竞争中保持领先地位，还为企业实现可持续发展提供了有力保障。

（四）知识产权保护维护企业市场信誉与形象

知识产权保护在维护企业市场信誉与形象方面发挥着重要作用。在市场竞争中，企业的信誉和形象是其最宝贵的无形资产之一，而知识产权保护正是确保企业信誉和形象不受损害的关键。

首先，知识产权保护防止了企业创新成果被非法侵占或模仿。当企业的创新成果受到知识产权的保护时，其市场信誉和形象也会得到相应的提升。这是因为消费者往往更倾向于选择那些拥有自主知识产权、注重创新的企业。这种选择不仅体现了消费者对品牌的信任和认可，也为企业带来了更多的市场份额和利润。

其次，知识产权保护促进了企业诚信经营和品牌建设。在知识产权制度的规范下，企业更加注重诚信经营和品牌建设，通过提升产品质量、优化服务体验、加强品牌宣传等方式，不断提升品牌的知名度和美誉度。这种诚信经营和品牌建设不仅有助于企业树立良好的市场形象，还增强了消费者对品牌的忠诚度和认可度，从而巩固了企业的市场地位。

最后，知识产权保护还为企业提供了应对市场危机的有力武器。当面临市场危机或侵权行为时，企业可以通过知识产权的法律手段来维护自身的合法权益和声誉。这种法律救济机制不仅有助于企业恢复市场信心，还为其后续的市场拓展和品牌建设提供了有力保障。

四、企业竞争优势视角下的知识产权保护策略

（一）强化知识产权意识，构建企业创新文化

在企业竞争优势的视角下，强化知识产权意识是构建企业创新文化的基石。知识产权不仅是企业技术创新成果的法律保障，更是企业核心竞争力的重要组成部分。因此，企业必须将知识产权意识融入企业文化之中，使之成为企业全体员工的共同价值观和行为准则。

首先，企业应通过培训、宣传等方式，提高员工对知识产权重要性的认识。让员工明白，知识产权是企业创新成果的体现，也是企业获取市场竞争优势的关键。只有充分保护和利用知识产权，企业才能在激烈的市场竞争中立于不败之地。

其次，企业应营造鼓励创新的文化氛围。在知识产权制度的保护下，员工可以更加放心地进行技术创新和研发活动，不用担心其成果被他人非法侵占或模仿。这种文化氛围能够激发员工的创新热情和创造力，推动企业的技术进步和产业升级。

最后，企业还应建立知识产权奖励机制。对于在知识产权创造、运用和保护方面做出突出贡献的员工或团队，企业应给予相应的奖励和表彰。这种奖励机制不仅能够激励员工积极参与知识产权工作，还能够提升企业的整体创新能力和竞争力。

（二）完善知识产权管理体系，提升保护效率

完善的知识产权管理体系是企业提升知识产权保护效率的关键。企业应建立一套科学、规范、高效的知识产权管理制度，确保知识产权的创造、运用、保护和管理等各个环节都能够得到有效的控制和监督。

首先，企业应明确知识产权管理的职责和权限。设立专门的知识产权管理部门或岗位，负责知识产权的申请、维护、监控和侵权处理等工作。同时，明确各部门在知识产权管理中的职责和协作关系，形成合力，共同

推进知识产权管理工作。

其次，企业应加强对知识产权管理流程的优化。通过简化申请流程、提高审查效率、加强维护管理等方式，可以降低知识产权管理的成本和风险。同时，利用信息化手段建立知识产权管理数据库，实现知识产权信息的集中存储和共享，提高管理效率和决策水平。

最后，企业还应加强对知识产权管理人员的培训和教育。通过提高知识产权管理人员的专业素质和业务能力，可以使其更好地胜任知识产权管理工作。同时，鼓励知识产权管理人员积极参与行业交流和合作，了解最新的知识产权政策和动态，为企业制定更加科学、合理的知识产权保护策略提供有力支持。

（三）加强知识产权运用，实现价值最大化

加强知识产权运用是企业实现知识产权价值最大化的重要途径。企业应将知识产权作为一种战略资源，通过许可、转让、质押等方式，将其转化为实际的经济利益和市场竞争力。

首先，企业应积极探索知识产权的许可和转让模式，通过与其他企业合作，实现知识产权的共享和互利共赢。例如，企业可以将自己的专利技术许可给其他企业使用，获取许可费用；或者将自己的知识产权转让给其他企业，实现资产的优化配置和价值的最大化。

其次，企业应加强对知识产权的质押融资，利用知识产权作为抵押物，向金融机构申请贷款或融资支持。这种融资方式能够为企业提供更多的资金来源和融资渠道，支持企业的研发和创新活动。

最后，企业还应注重知识产权的品牌建设，通过加强品牌宣传和推广，提高品牌的知名度和美誉度。同时，利用知识产权的保护机制，维护品牌的独立性和市场价值。这种品牌建设不仅能够提升企业的市场竞争力，还能够为企业带来更多的商业机会和利润。

（四）强化知识产权风险防控，保障企业稳健发展

强化知识产权风险防控是企业保障稳健发展的重要保障。在知识产权领域，企业面临着诸多风险和挑战，如侵权纠纷、技术泄露、市场竞争等。因此，企业必须加强对知识产权风险的防控和管理，确保企业的稳健发展。

首先，企业应建立完善的知识产权风险预警机制，通过对市场、技术、法律等方面的监测和分析，及时发现潜在的知识产权风险，并采取相应的措施进行防范和应对。例如，加强对竞争对手的知识产权动态监测，及时发现可能的侵权行为；加强对技术研发过程中的保密管理，防止技术泄露等。

其次，企业应加强对知识产权侵权纠纷的处理能力。当发生知识产权侵权纠纷时，企业应迅速响应，积极应对。通过法律手段维护自己的合法权益，同时寻求和解或合作的可能性，降低纠纷对企业的影响和损失。

最后，企业还应加强对知识产权风险的评估和管理，定期对知识产权风险进行评估和分析，制定相应的风险应对策略和措施。同时，加强对知识产权风险管理的监督和检查，确保各项措施得到有效执行和落实。这种风险防控机制能够为企业提供更加稳健的发展环境，保障企业的长期利益和可持续发展。

| 第三章 |
知识产权法律制度

第一节　专利法律制度

一、专利权的授予条件与程序

（一）专利权的授予条件

专利权是国家依法授予发明创造者或其权利继受人在一定期限内对其发明创造所享有的独占性权利。为了鼓励创新、保护发明创造者的合法权益，并促进科学技术的进步和经济社会的发展，各国均通过立法对专利权的授予设定了严格的条件。在我国，根据《中华人民共和国专利法》的相关规定，专利权的授予条件主要包括新颖性、创造性和实用性三个方面。

1. 新颖性

新颖性是专利权授予的首要条件，它要求申请专利的发明或实用新型在申请日以前不属于现有技术。所谓现有技术，是指申请日以前在国内外为公众所知的技术。这包括在国内外出版物上公开发表过、在国内公开使用过或者以其他方式为公众所知的技术，也包括他人就同样的发明或实用新型在申请日以前向国务院专利行政部门提出过申请并记载在申请日以后公布的专利申请文件中的技术。

新颖性的判断标准相对客观，主要依赖于对现有技术的检索和对比。如果申请专利的发明或实用新型与现有技术完全相同，或者虽然有所不同但属于现有技术的简单组合或变换，那么该发明或实用新型就不具备新颖性，不能被授予专利权。

需要注意的是，新颖性的判断有一个时间节点，即申请日。在申请日以后公开的技术信息，即使与申请专利的发明或实用新型相同或相似，也不影响该发明或实用新型的新颖性。此外，还有一些特殊情况下的公开，如在中国政府主办或承认的国际展览会上首次展出、在规定的学术会议或技术会议上首次发表等，在申请日以前六个月内发生的，不视为丧失新颖性。

2. 创造性

创造性是专利权授予的核心条件，它要求申请专利的发明或实用新型与现有技术相比具有突出的实质性特点和显著的进步。对于发明而言，这种突出的实质性特点和显著的进步要求更高，必须是通过创造性思维活动的结果，不能是现有技术通过简单的分析、归纳、推理就能够自然获得的结果。

创造性的判断相对主观，需要综合考虑技术领域、技术难题、技术解决方案的复杂性等多个因素。通常，创造性要求发明或实用新型在技术方案上有所创新，能够解决现有技术中存在的问题，或者提供比现有技术更为优越的技术方案。

在实际操作中，创造性的判断往往依赖于专利审查员的专业知识和经验。审查员会对比申请专利的发明或实用新型与现有技术，评估其是否具有突出的实质性特点和显著的进步。如果审查员认为该发明或实用新型缺乏创造性，那么该申请就可能被拒绝授予专利权。

3. 实用性

实用性是专利权授予的基础条件，它要求申请专利的发明或实用新型能够制造或使用，并且能够产生积极效果。实用性要求发明或实用新型具有可实施性，即能够在产业上制造或使用，并且能够带来经济或社会效益。

实用性的判断相对直观，主要关注发明或实用新型的实际应用价值和可行性。如果一项发明或实用新型虽然具有新颖性和创造性，但无法制造或使用，或者制造或使用后无法产生积极效果，那么该发明或实用新型就不具备实用性，不能被授予专利权。

实用性的要求体现了专利制度对技术创新与实际应用相结合的重视。它鼓励发明创造者将技术创新转化为实际生产力，推动经济社会的发展。

（二）专利权的授予程序

专利权的授予程序是指从专利申请到专利权授予的一系列法定步骤和流程。在我国，根据《中华人民共和国专利法》及相关法规的规定，专利权的授予程序主要包括以下几个环节。

1. 专利申请

专利申请是专利权授予程序的起点。申请人需要向国务院专利行政部门提交专利申请文件，包括请求书、说明书及其摘要和权利要求书等。这些文件应当清楚地描述发明或实用新型的技术方案、技术特征及请求保护的范围等。

专利申请的提交方式可以是纸件申请或电子申请。随着信息化技术的发展，电子申请逐渐成为主流方式。申请人可以通过国家知识产权局的官方网站或指定的专利电子申请系统进行在线提交。

2. 初步审查

国务院专利行政部门收到专利申请文件后，会进行初步审查。初步审查的主要目的是检查申请文件是否符合形式要求，如文件是否齐全、格式是否规范、内容是否清晰等。对于发明专利申请，初步审查还包括对申请是否符合《中华人民共和国专利法》及其实施细则关于发明专利申请的规定进行审查。

如果初步审查发现申请文件存在缺陷或不符合规定，国务院专利行政部门会通知申请人在规定的期限内补正或陈述意见。如果申请人逾期不答复或补正后仍不符合规定，该申请将被视为撤回。

3. 公布与实质审查（仅针对发明专利）

对于发明专利申请，国务院专利行政部门经初步审查认为符合要求的，自申请日起满十八个月即行公布。公布的内容包括发明的名称、申请人、申请日、摘要等。公布的目的在于让公众了解该发明的内容，并促进技术的交流与传播。

公布后，发明专利申请将进入实质审查阶段。实质审查是专利审查的核心环节，它要求审查员对发明申请进行全面、深入的审查，评估其是否具备新颖性、创造性和实用性。实质审查通常包括技术检索、对比分析、审查意见通知等多个步骤。

如果实质审查发现发明申请不符合《中华人民共和国专利法》的规定，国务院专利行政部门会通知申请人在规定的期限内陈述意见或修改申请文件。如果申请人逾期不答复或修改后仍不符合规定，该申请将被驳回。

4. 授权与公告

经过初步审查（对于实用新型和外观设计专利申请）或实质审查（对于发明专利申请）后，如果认为申请符合《中华人民共和国专利法》的规定，国务院专利行政部门将作出授予专利权的决定，并颁发专利证书。同时，国务院专利行政部门还会将授予专利权的决定予以登记和公告。

公告是专利权授予程序的最后环节，它标志着专利权的正式产生。公告的内容包括专利权的类型、专利号、发明名称、专利权人、授权公告日等。公告后，任何人都可以查阅该专利的相关信息，了解专利权的归属和保护范围。

专利权自公告之日起生效。专利权人自专利权生效之日起享有专利法规定的各项权利，包括制造、使用、许诺销售、销售、进口其专利产品及使用其专利方法等。同时，专利权人也应当承担相应的义务，如缴纳年费、维护专利的有效性等。

二、专利权的保护范围与限制

（一）专利权的保护范围

专利权的保护范围是指专利权法律效力所涉及的发明创造的范围，它界定了专利权人能够依法享有的独占性权利边界。在我国，专利权的保护范围主要依据专利法及其实施细则，以及专利申请文件中的权利要求书来确定。

1. 权利要求书的核心作用

权利要求书是专利申请文件中的关键组成部分，其功能是明确界定专利权的保护范围。根据专利法规定，发明或实用新型专利权的保护范围以权利要求的内容为准，说明书及附图仅用于解释权利要求。权利要求书通过技术特征的具体描述，划定了专利权人主张的权利边界。这种以权利要求为核心的界定方式，既保证了专利权范围的明确性，又通过说明书和附图的辅助解释功能，增强了权利要求的可操作性。

2. 不同类型专利的保护范围差异

发明专利权的保护范围通常覆盖产品、方法及其改进方案，其技术特征描述较为抽象且保护层级复杂。例如，一项关于新型材料制备方法的发明专利，其保护范围可能涵盖该方法的全部步骤组合及其直接应用的产品。实用新型专利权的保护范围则聚焦于产品的形状、构造或组合改进，技术特征描述更为具体。例如，一种改进型机械零件的结构设计，其保护范围严格限定于该零件的物理形态特征。外观设计专利权的保护范围以产品外观的视觉特征为核心，包括形状、图案、色彩及其组合，但不涉及产品功能或技术性能。

3. 解释权利要求的原则与方法

在司法实践中，权利要求的解释需遵循折衷原则，即结合权利要求的字面含义、说明书及附图、专利审查档案等文件进行综合判断。当权利要求存在歧义时，需通过内部证据（如说明书实施例）和外部证据（如所属领域技术人员的通常理解）进行澄清。例如，对于一项涉及"弹性连接件"的权利要求，需结合说明书对弹性材料的具体描述、连接方式的示意图以及本领域技术人员的常规认知，确定该术语的准确含义。这种解释方法既维护了权利要求的公示性，又避免了因语言局限性导致的保护范围模糊。

4. 等同原则对保护范围的扩展

等同原则作为权利要求解释的补充机制，允许将虽未直接落入字面范围，但在技术手段、功能和效果上实质相同的实施方式纳入保护范围。例如，若专利权利要求记载"通过螺栓固定"，而实际产品使用"具有相同固定功能的卡扣结构"，在技术手段、功能和效果无实质性差异时，可依据等同原则认定侵权。该原则的适用需严格遵循"三基本"标准（基本相同手段、基本相同功能、基本相同效果）和"显而易见性"判断，防止过度扩张专利权范围。

（二）专利权的限制

专利权作为一种独占性权利，其行使必须与社会公共利益相平衡。为防止专利权滥用、促进技术创新和知识传播，专利法对专利权设定了多重限制机制。

1. 时间限制：专利权的有效期限

专利权的时间限制通过法定保护期限实现。在中国，发明专利权保护期限为20年，实用新型专利权为10年，外观设计专利权为15年，均自申请日起计算。这一期限设置既保障了专利权人收回研发成本并获得合理收益，又避免了技术垄断的长期存在。例如，一项医药发明专利在20年保护期届满后，其他企业可自由使用该技术生产仿制药，促进药品价格竞争和医疗可及性。

2. 权利用尽原则：首次销售后的权利限制

权利用尽原则规定，专利权人制造、进口或经其许可制造的专利产品，首次合法投放市场后，其独占权即告用尽。后续购买者对该产品的使用、许诺销售、销售等行为不再受专利权人控制。例如，消费者合法购买专利手机后，可自由转售或赠送，无须专利权人再次授权。该原则通过限制专利权人对已流通产品的控制，维护了商品自由流通的市场秩序。

3. 强制许可制度：公共利益优先的例外

强制许可制度允许在特定情形下，国务院专利行政部门依法许可他人实施专利权。其适用情形包括：专利权人未充分实施专利、国家出现紧急状态或非常情况、为公共健康目的制造出口专利药品等。例如，在突发公共卫生事件期间，政府可强制许可生产专利抗疫药品，以平抑药价、保障供应。强制许可的实施需遵循法定程序，被许可人需支付合理费用，且实施范围严格限定于公共利益需求。

4. 先用权抗辩：善意使用者的权利保障

先用权抗辩规定，在专利申请日前已制造相同产品、使用相同方法或做好使用准备的主体，可在原有范围内继续实施该技术。例如，某企业在他人专利申请日前已研发并小规模生产某产品，在专利授权后仍可维持原有生产规模。该制度通过保护善意使用者的既得利益，避免了专利权对在先合法行为的追溯限制，维护了公平竞争的市场环境。

5. 临时过境权与 Bolar 例外：特定情形的权利豁免

临时过境权允许外国交通工具临时通过中国领陆、领水、领空时，为交通工具自身需要而在其装置中使用专利技术的行为不视为侵权。Bolar 例外则规定，为提供行政审批所需信息而制造、使用、进口专利药品或医疗器械的行为，不视为侵犯专利权。这些例外规定通过平衡专利权保护与特定公共利益需求，促进了国际贸易和技术研发活动。

专利权的保护范围与限制共同构成了专利制度的法律框架。前者通过明确权利边界激励创新，后者通过合理限制保障公共利益。二者在动态平衡中实现专利制度的核心目标：既保护发明创造者的合法权益，又推动科学技术的进步和社会经济的发展。这种制度设计既体现了对智力劳动成果的尊重，又避免了因权利过度扩张导致的市场垄断和知识传播障碍。

三、专利侵权行为的认定与救济

（一）专利侵权行为的认定

专利侵权行为的认定是专利法实施中的核心环节，其目的在于明确行为是否未经专利权人许可，实施了受专利法保护的技术方案或设计。在中国，专利侵权行为的认定主要依据《中华人民共和国专利法》及相关司法解释，通过严格比对被控侵权技术方案与专利权利要求的内容，判断是否存在相同或等同的技术特征。

1. 侵权行为的基本类型

专利侵权行为主要包括直接侵权和间接侵权两种类型。直接侵权是指行为人未经专利权人许可，直接实施了专利权利要求所保护的技术方案或设计。例如，制造、使用、许诺销售、销售或进口专利产品，或者使用专利方法以及使用、许诺销售、销售或进口依照专利方法直接获得的产品。间接侵权则是指行为人虽未直接实施专利，但通过提供专门用于实施专利的零部件、工具或技术支持，诱导或帮助他人实施侵权行为。例如，明知他人将使用其提供的零部件制造侵权产品，仍故意提供该零部件的行为。

2. 技术特征的比对标准

在认定侵权行为时，需要将被控侵权技术方案或设计与专利权利要求的技术特征进行逐一比对。若被控侵权技术方案包含了权利要求记载的全部技术特征，则构成相同侵权。例如，若专利权利要求记载"一种包含A、B、C三个部件的机械装置"，而被控侵权产品也包含完全相同的A、B、C部件，则构成相同侵权。若被控侵权技术方案虽未完全复制权利要求的技术特征，但其技术手段、功能和效果与权利要求基本相同，且本领域普通技术人员无须创造性劳动即可联想到，则构成等同侵权。

3. 等同原则的适用条件

等同原则的适用需满足"三基本"标准，即被控侵权技术方案与专利权利要求在技术手段、功能和效果上基本相同，且这种替换对本领域普通技术人员而言是显而易见的。例如，若专利权利要求记载"通过螺栓固定连接件"，而被控侵权产品使用"通过卡扣固定连接件"，若二者在固定效果、操作方式及行业通用性上无实质性差异，且卡扣固定方式属于本领域常规技术手段，则可认定构成等同侵权。等同原则的适用须严格限制，避免过度扩张专利权范围，损害公众利益。

4. 禁止反悔原则的约束

禁止反悔原则是指专利权人在专利审查或无效宣告程序中，为获得专利授权而放弃的技术方案或技术特征，在侵权诉讼中不得再行主张。例如，专利权人在审查过程中为克服新颖性或创造性缺陷，明确限定了权利要求的保护范围，则在后续侵权诉讼中，不得将已放弃的技术方案重新纳入保护范围。该原则通过约束专利权人的权利行使，维护了专利审查程序的严肃性和专利权的稳定性。

5. 先用权抗辩的适用规则

先用权抗辩允许在专利申请日前已制造相同产品、使用相同方法或做好使用准备的主体，在原有范围内继续实施该技术。例如，某企业在他人专利申请日前已研发并小规模生产某产品，在专利授权后仍可维持原有生产规模。先用权抗辩的适用须满足"先使用"和"原有范围"两个条件，即使用行为必须发生在专利申请日前，且实施范围不得超出申请日前的规模。该制度通过保护善意使用者的既得利益，平衡了专利权人与在先使用者的权益。

（二）专利侵权行为的救济

专利侵权行为的救济旨在通过法律手段制止侵权行为，恢复专利权人的合法权益，并维护专利制度的权威性和有效性。在中国，专利侵权的救济方式主要包括民事救济、行政救济和刑事救济三种途径。

1. 民事救济：停止侵权与损害赔偿

民事救济是专利侵权救济的主要方式，包括停止侵权行为和赔偿损失。专利权人可向法院提起民事诉讼，请求判令侵权人立即停止制造、使用、许诺销售、销售或进口侵权产品，以及停止使用侵权方法或依照该方法直接获得的产品。例如，若某企业未经许可生产专利产品，专利权人可请求法院责令其停止生产并销毁侵权产品。损害赔偿的计算方式包括实际损失、侵权人获利及法定赔偿。实际损失是指专利权人因侵权所减少的销售收入或利润；侵权人获利是指侵权人因侵权所获得的非法收益；法定赔偿则是在实际损失或侵权人获利难以确定时，由法院根据侵权行为的情节判决一定数额的赔偿。

2. 行政救济：行政处罚与行政裁决

行政救济是指专利权人向专利行政管理部门请求处理专利侵权纠纷。专利行政管理部门可根据专利权人的请求，对侵权行为进行调查取证，并作出责令停止侵权、没收违法所得、罚款等行政处罚决定。例如，若某企业涉嫌制造侵权产品，专利行政管理部门可依法扣押侵权产品并处罚款。此外，专利行政管理部门还可对专利侵权纠纷进行行政裁决，认定侵权行为是否成立，并作出相应的处理决定。行政救济具有程序简便、效率高的特点，能够及时制止侵权行为，维护市场秩序。

3. 刑事救济：刑事责任追究

刑事救济是指对构成犯罪的专利侵权行为，依法追究刑事责任。《中华人民共和国刑法》第二百一十六条规定，假冒他人专利，情节严重的，处三年以下有期徒刑或者拘役，并处或者单处罚金。刑事责任的追究须满足"假冒专利"和"情节严重"两个条件。例如，若某企业未经许可大量生产并销售假冒专利产品，且非法经营数额巨大，则可能构成假冒专利罪。刑事救济通过严厉打击专利犯罪行为，维护了专利制度的严肃性和专利权人的合法权益。

4. 临时措施与证据保全

在专利侵权诉讼中，专利权人可向法院申请采取临时措施，如诉前责令停止侵权、诉前财产保全和证据保全。诉前责令停止侵权允许专利权人在起诉前请求法院责令侵权人立即停止侵权行为，防止损失扩大。例如，若某企业即将大量出口侵权产品，专利权人可申请法院在起诉前责令其停止出口。诉前财产保全和证据保全则分别用于防止侵权人转移财产和销毁证据，保障后续诉讼的顺利进行。

5. 和解与调解的替代性纠纷解决机制

和解与调解是专利侵权纠纷的替代性解决方式。专利权人与侵权人可通过协商达成和解协议，约定停止侵权行为、赔偿损失或支付专利许可费等事项。例如，双方可约定侵权人支付一定数额的赔偿后，专利权人不再追究其侵权责任。调解则是由第三方中立机构或人员协助双方达成和解。和解与调解具有灵活性高、成本低的优点，能够快速解决纠纷，维护双方合作关系。

专利侵权行为的认定与救济共同构成了专利法实施的重要保障。通过明确侵权行为的认定标准，专利权人能够有效维护自身权益；通过多元化的救济途径，侵权行为能够得到及时制止和纠正。这种制度设计既保护了发明创造者的合法权益，又促进了技术创新和知识传播，为专利制度的健康发展提供了有力支撑。

四、专利法律制度的完善与发展

（一）专利法律制度的国际化协调

在经济全球化背景下，专利法律制度的国际化协调成为必然趋势。随着跨国技术交易与创新合作的日益频繁，各国专利制度之间的差异可能阻碍技术传播与创新效率。为解决这一问题，国际社会通过缔结多边条约与区域协定，推动专利法律制度的趋同化发展。例如，《专利合作条约》（PCT）为申请人提供了统一的国际申请程序，使其能够在多个国家或地区同步寻求专利保护，大幅简化了跨国专利申请流程。此外，《与贸易有关的知识产权协定》通过设定最低保护标准，要求 WTO 成员在专利授权条件、权利范围及执法程序等方面遵循共同规则，促进了全球专利法律制度的规范化。

国际化协调的核心在于平衡各国利益差异。发达国家通常主张强化专利权保护力度，以维护其技术优势；而发展中经济体则更关注技术转移与公共利益。例如，在药品专利领域，发展中经济体通过推动《TRIPS 与公共健康多哈宣言》的实施，争取在公共健康危机时对专利药品的强制许可权，以保障基本药物的可及性。这种利益平衡机制要求国际规则既尊重各国主权，又通过灵活条款兼顾不同发展阶段国家的需求。

为进一步提升国际化协调效率，各国正探索建立统一的专利分类体系与检索数据库。世界知识产权组织（WIPO）推动的"国际专利分类（IPC）"项目，旨在整合不同国家的专利文献分类标准，实现跨语言、跨法域的专利信息互通。这种技术标准化不仅降低了专利检索成本，也为跨国专利纠纷的解决提供了统一的技术依据。

（二）新兴技术领域的专利制度适应性调整

人工智能、基因编辑、量子计算等新兴技术的快速发展，对传统专利制度提出了全新挑战。以人工智能为例，其生成的技术方案是否具备"创造性"，以及算法本身的可专利性边界，已成为国际争议焦点。为应对这些挑战，各国纷纷调整专利审查标准。例如，美国专利及商标局（USPTO）通过发布《人工智能辅助发明的发明人指南》，明确将算法训练数据、模型架构等要素纳入专利保护范围，同时要求申请人证明技术方案对人类创新活动的实质性贡献。

在基因编辑领域，专利制度需平衡技术创新与伦理风险。欧盟通过《基因编辑技术专利指南》，将涉及人类胚胎基因修改的发明排除在专利保护之外，同时允许对非人类生物体的基因编辑技术授予专利权。这种差异化保护策略既鼓励了生物技术创新，又防范了可能的社会伦理风险。

量子计算技术的专利保护则面临"实用性"审查难题。由于量子计算机尚未实现商业化应用，其专利申请往往因缺乏实际验证数据而被驳回。为此，中国国家知识产权局试点实施"早期公开、延迟审查"制度，允许申请人在提交初步实验数据后即可获得临时保护，待技术成熟度提高后再完成实质审查。这种弹性审查机制有效促进了前沿技术的早期专利布局。

（三）专利质量与审查效率的优化路径

专利质量直接影响创新激励效果与市场竞争秩序。为提升专利质量，各国正构建多维度的审查质量保障体系。日本特许厅推行的"审查员能力认证制度"，通过定期考核与案例研讨，确保审查员准确理解技术前沿与法律标准。同时，引入"第三方意见提交机制"，允许公众在专利授权前对申请文件提出异议，增强审查的公开性与透明度。

审查效率的优化则依赖于技术手段的革新。韩国知识产权局开发的"AI辅助审查系统"，通过自然语言处理技术自动比对现有技术文献，将审查周期缩短30%以上。中国推行的"专利审查高速路（PPH）"项目，允许申请人在首次提交国获得积极审查意见后，直接在其他参与国获得快速审查通道，显著降低了跨国专利申请的时间成本。

此外，专利分类体系的动态调整也是提升审查效率的关键。欧洲专利局（EPO）每五年更新一次欧洲专利分类（ECLA），及时纳入新兴技术领域的细分类别，使审查员能够更精准地分配案件。这种分类体系的与时俱进，有效避免了因技术迭代导致的审查滞后问题。

（四）专利保护与公共利益平衡机制的强化

专利制度的本质在于平衡专利权人利益与社会公共利益。为防止专利垄断阻碍技术创新，各国普遍建立了专利强制许可制度。印度在应对公共卫生危机时，多次对跨国药企的专利药品实施强制许可，允许本土企业生产仿制药，使艾滋病、癌症等救命药价格大幅下降。这种制度设计既保障了公众健康权，又通过合理补偿机制维护了专利权人的基本权益。

在标准必要专利领域，公平、合理、无歧视原则的适用成为焦点。美国联邦贸易委员会（FTC）通过发布《标准必要专利许可指南》，要求专利权人在参与标准制定时承诺以 FRAND 条款许可其专利，防止其利用标准必要地位索取过高许可费。欧盟则通过《数字市场法案》，对持有大量标准必要专利的科技巨头实施反垄断监管，确保其许可行为符合市场竞争规则。

为促进技术传播与创新合作，专利开放许可制度逐渐普及。德国《专利法》规定，专利权人可自愿声明以普通许可条件向不特定主体开放专利许可，任何第三方只需支付固定费用即可获得实施权。这种制度降低了专利许可的谈判成本，加速了技术成果的产业化进程。同时，各国通过建立专利信息公共服务平台，免费或低价提供专利检索与分析工具，进一步提升了技术信息的可获取性。

专利法律制度的完善与发展是一个持续动态的过程。通过国际化协调、新兴技术适应性调整、审查效率优化及利益平衡机制强化，专利制度能够更好地服务于技术创新与社会发展。这种制度演进既需要法律文本的修订，更依赖于审查实践、司法裁判与国际合作的协同推进，最终实现专利权人利益、技术创新动力与公共福祉的有机统一。

第二节　商标法律制度

一、商标的注册与保护原则

（一）商标注册原则：自愿与强制相结合，确保市场规范

商标注册是企业获取商标专用权、保护自身品牌权益的法定程序。在商标注册原则中，自愿注册与强制注册相结合是核心要义。自愿注册原则赋予企业自主决定是否申请商标注册的权利，这一原则尊重了市场主体的自由选择，鼓励企业根据自身经营策略和市场需求灵活决策。对于大多数商品和服务，企业可以根据实际情况选择是否注册商标，未注册的商标虽可使用，但无法享受专用权保护。

然而，自愿注册原则并非绝对。在某些特定领域，如烟草制品，法律强制要求必须注册商标。这一强制注册原则旨在保障公共健康和市场秩序，确保消费者能够清晰识别商品来源，避免假冒伪劣产品流入市场。强制注册与自愿注册相结合，既体现了市场经济的自由竞争原则，又维护了特定行业的市场规范和消费者权益。

（二）申请在先原则：保障公平竞争，激发创新活力

申请在先原则是商标注册中的重要原则。当两个或两个以上的申请人在同一种商品或类似商品上，以相同或近似的商标申请注册时，商标局将初步审定并公告申请在先的商标。这一原则确保了商标注册的公平性和有序性，避免了因申请时间差异导致的权益纠纷。

申请在先原则不仅保护了先申请者的合法权益，还激发了企业的创新活力。企业为了在市场竞争中占据有利地位，会积极投入研发和创新，设计出具有独特性和显著性的商标，并尽早提出注册申请。这种竞争机制促进了商标资源的优化配置和有效利用，推动了市场的繁荣和发展。

（三）使用在先原则：尊重市场实际，防止恶意抢注

在商标注册过程中，使用在先原则是对申请在先原则的重要补充。当两个或两个以上的申请人在同一天就相同或近似的商标提出注册申请时，商标局将初步审定并公告使用在先的商标。这一原则体现了对商标实际使用情况的尊重，防止恶意抢注行为的发生。

使用在先原则有助于维护市场秩序和公平竞争环境。它确保了那些已经在实际经营中使用并具有一定市场影响力的商标能够获得注册保护，避免了因申请时间巧合而导致的权益损失。同时，这一原则也警示企业要注重商标的实际使用和市场推广，而不仅仅是追求注册数量。

（四）诚实信用原则：维护市场秩序，促进诚信经营

诚实信用原则是商标注册与保护中的基本原则之一。它要求申请人在商标注册过程中必须遵守诚实信用的原则，不得损害他人合法权益或进行不正当竞争行为。这一原则体现了商标法的立法宗旨和价值取向，即保护商标权人的合法权益，维护市场秩序和公平竞争环境。

诚实信用原则要求申请人在申请注册商标时，必须如实提供相关信息和材料，不得隐瞒或虚构事实。同时，申请人在使用商标过程中也应遵守诚实信用的原则，不得进行虚假宣传或误导消费者。对于违反诚实信用原则的行为，法律将给予相应的制裁和处罚，以维护市场秩序和公平竞争环境。

在商标注册与保护过程中，诚实信用原则还促进了企业之间的诚信经营和合作。企业只有遵守诚实信用的原则，才能赢得消费者的信任和市场的认可，实现可持续发展。因此，企业应树立正确的商标观念，加强自律意识，共同维护良好的市场秩序和公平竞争环境。

二、商标权的取得、行使与限制

（一）商标权的取得：法定程序与实质要件相结合

商标权的取得是商标法律制度的核心内容之一，它关乎企业品牌权益

的确认与保护。商标权的取得并非随意为之，而是需要遵循法定的程序并满足实质要件。

从法定程序来看，商标权的取得通常包括申请、审查、核准注册和公告等步骤。申请人需向商标局提交商标注册申请，并附上相关证明文件和商标图样。商标局在收到申请后，会进行形式审查和实质审查。形式审查主要检查申请文件的完整性和规范性，而实质审查则是对商标的可注册性进行评估，包括是否具有显著性、是否与他人在先权利冲突等。经过审查，若商标符合注册条件，商标局将核准注册并予以公告，申请人即取得商标专用权。

实质要件方面，商标权的取得要求商标必须具备显著性、合法性和非功能性等特征。显著性是指商标能够区分商品或服务来源的特性，这是商标的基本功能。合法性要求商标不得违反法律法规的禁止性规定，不得损害公共利益或他人合法权益。非功能性则是指商标不得仅由商品自身的性质产生的形状、为获得技术效果而需有的商品形状或使商品具有实质性价值的形状所构成。这些实质要件确保了商标的独特性和可识别性，为商标权的取得提供了坚实的基础。

此外，商标权的取得还可以通过商标转让、继承等方式实现。商标转让是指商标注册人将其注册商标专用权转让给他人的行为，这有助于商标的流通和利用。继承则是指商标注册人死亡后，其商标专用权依法由其继承人继承。这些方式都体现了商标权作为一种财产权的可转让性和可继承性。

（二）商标权的行使：自主使用与许可使用并存

商标权的行使是商标权人实现其商标权益的重要途径。商标权人可以通过自主使用和许可使用两种方式行使其商标权。

自主使用是指商标权人自行将其注册商标使用于商品或服务上，以标识商品或服务的来源。这是商标权人最基本的权利，也是商标权存在的基础。通过自主使用，商标权人能够建立自己的品牌形象，提高商品或服务的知名度和美誉度，从而获取市场竞争优势。

许可使用则是指商标权人通过签订商标使用许可合同，将其注册商标许可给他人使用。许可使用分为独占许可、排他许可和普通许可三种类型。独占许可是指被许可人在合同约定的地域和期限内，独占性地使用该注册商标，商标权人不得再许可他人使用；排他许可是指被许可人在合同约定的地域和期限内，排他性地使用该注册商标，但商标权人仍可自行使用；普通许可则是指被许可人在合同约定的地域和期限内，可以使用该注册商标，但商标权人仍可自行使用并许可他人使用。许可使用有助于商标权人扩大其商标的使用范围和市场影响力，同时获取额外的经济收益。

在行使商标权时，商标权人应遵守法律法规的规定，不得侵犯他人的合法权益。同时，商标权人还应注重商标的维护和管理，确保商标的显著性和独特性不受损害。例如，商标权人应定期监测市场，防止他人未经许可使用其商标；对于侵权行为，商标权人应及时采取法律措施进行维权。

（三）商标权的限制：合理使用与权利用尽原则

商标权的限制是商标法律制度中的重要内容，它体现了商标权人利益与社会公共利益的平衡。商标权的限制主要包括合理使用和权利用尽原则。

合理使用是指他人在特定情况下，可以不经商标权人许可而使用其注册商标，且不构成侵权。合理使用的情形通常包括描述性使用、指示性使用等。描述性使用是指使用他人注册商标中的描述性词汇来描述自己的商品或服务特性；指示性使用则是指使用他人注册商标来指示自己的商品或服务来源或用途。合理使用原则有助于维护市场的公平竞争和消费者的知情权，避免商标权人过度垄断商标资源。

权利用尽原则是指商标权人将其注册商标使用于商品上并投入市场后，即丧失了对该商品上商标的控制权。他人可以自由地转售、使用或处置该商品，而无须再次获得商标权人的许可。权利用尽原则有助于促进商品的流通和市场的繁荣，避免商标权人通过控制商品流通来限制市场竞争。

此外，商标权的限制还包括在先使用、善意使用等情形。在先使用是指他人在商标权人申请商标注册前已经在相同或类似商品上使用相同或近似的商标，且具有一定市场影响力。在这种情况下，在先使用人可以在原有范围内继续使用其商标，但不得扩大使用范围或损害商标权人的合法权益。善意使用则是指他人在不知情的情况下使用了与注册商标相同或近似的商标，且没有造成混淆或误认。在这种情况下，善意使用人不构成侵权，但应停止使用并避免再次发生类似情况。

三、商标侵权行为的判定与处罚

（一）商标侵权行为的判定标准与要素

商标侵权行为的判定是商标法律制度中的核心环节，它直接关系到商标权人的合法权益能否得到有效保护，以及市场竞争秩序能否得以维护。商标侵权行为的判定标准与要素，主要围绕商标权的保护范围、侵权行为的构成要件以及混淆可能性的判断等方面展开。

首先，商标权的保护范围是判定商标侵权行为的基础。商标权作为一种知识产权，其保护范围由商标法明确规定，主要包括注册商标所核定使用的商品或服务类别，以及商标图样所确定的标识范围。在判定商标侵权行为时，必须确定被控侵权商品或服务是否落入商标权人注册商标所核定使用的商品或服务类别范围内。如果落入该范围，则进一步比较被控侵权标识与注册商标标识是否相同或近似，以及是否容易导致混淆。

其次，侵权行为的构成要件是判定商标侵权的关键。一般来说，商标侵权行为需要满足以下构成要件：一是存在未经商标权人许可的使用行为；二是该使用行为发生在商业活动中；三是该使用行为足以导致消费者混淆或误认商品或服务的来源。其中，未经许可的使用行为是商标侵权的核心要素，它直接侵犯了商标权人的专用权；商业活动中的使用行为则限定了侵权行为的范围，排除了非商业性使用行为；而足以导致消费者混淆或误认则强调了侵权行为的危害性，即必须达到可能影响消费者购买决策的程度。

最后，在判定商标侵权行为时，还需要特别注意混淆可能性的判断。混淆可能性是指消费者在购买商品或服务时，由于被控侵权标识与注册商标标识相同或近似，而可能产生对商品或服务来源的误认。混淆可能性的判断需要综合考虑多种因素，如商标的知名度、显著性、使用历史、市场范围等，以及被控侵权标识的使用方式、使用范围、使用频率等。如果综合考虑这些因素后，认为存在混淆可能性，则可以判定为商标侵权行为。

此外，商标侵权行为的判定还需要考虑一些特殊情况。例如，对于驰名商标的保护范围可以适当扩大，即使被控侵权商品或服务未落入注册商标所核定使用的商品或服务类别范围内，但如果驰名商标具有较高的知名度，且被控侵权标识的使用足以导致消费者混淆或误认，则仍然可以判定为商标侵权行为。另外，对于反向假冒行为，即未经商标权人许可，将其注册商标去除后换上自己商标再将商品投入市场的行为，也构成商标侵权。

在判定商标侵权行为时，还需要遵循一定的法律原则。例如，遵循诚实信用原则，要求被控侵权人在使用标识时应当遵循诚实信用的商业道德，不得恶意攀附他人商标声誉或误导消费者；遵循利益平衡原则，既要保护商标权人的合法权益，又要防止商标权人滥用权利损害他人或社会公共利益。

（二）商标侵权行为的处罚措施与法律责任

商标侵权行为的处罚措施与法律责任是商标法律制度中的重要组成部分，它对于遏制商标侵权行为、维护市场竞争秩序具有重要意义。商标侵权行为的处罚措施主要包括民事责任、行政责任和刑事责任三个方面。

民事责任是商标侵权行为的主要处罚措施之一。商标权人可以通过民事诉讼途径要求侵权人承担停止侵权、消除影响、赔偿损失等民事责任。停止侵权是指要求侵权人立即停止使用被控侵权标识的行为，防止侵权行为进一步扩大。消除影响则是指要求侵权人采取措施消除因侵权行为给商标权人造成的不良影响，如发布声明、赔礼道歉等。赔偿损失则是商标权人最为关注的民事责任形式，要求侵权人因其侵权行为给商标权人造成的经济损失进行赔偿。赔偿数额的计算通常考虑商标权人的实际损失、侵权人的违法所得以及商标许可使用费的倍数等因素。

行政责任也是商标侵权行为的重要处罚措施之一。对于商标侵权行为，商标行政管理部门可以依法采取责令立即停止侵权行为、没收、销毁侵权商品和主要用于制造侵权商品、伪造注册商标标识的工具、罚款等行政处罚措施。这些行政处罚措施旨在迅速制止侵权行为，维护市场秩序和商标权人的合法权益。同时，行政责任还可以对侵权人形成一定的威慑力，防止其再次实施侵权行为。

刑事责任是商标侵权行为最为严厉的处罚措施。对于构成犯罪的商标侵权行为，如假冒注册商标罪、销售假冒注册商标的商品罪等，依法追究刑事责任。刑事责任的承担方式主要包括有期徒刑、拘役、罚金等。刑事责任的追究不仅体现了法律对商标侵权行为的严厉打击态度，也维护了社会的公平正义和市场经济秩序。

在追究商标侵权行为的法律责任时，还需要注意以下几点。一是要遵循法定程序，确保处罚措施的合法性和公正性。无论是民事责任、行政责任还是刑事责任，都必须依法进行，遵循法定的程序和证据规则。二是要注重证据收集和运用，确保处罚措施有充分的事实依据。商标侵权行为的判定和处罚必须建立在充分、确凿的证据基础之上，防止因证据不足而导致处罚不当或错案发生。三是要加强部门协作和配合，形成打击商标侵权行为的合力。商标侵权行为的处罚涉及多个部门和领域，需要各部门之间加强协作和配合，共同打击商标侵权行为。

此外，为了更有效地遏制商标侵权行为的发生，还可以采取一些辅助性措施。例如，加强商标宣传教育，提高公众对商标权的认识和保护意识；建立商标侵权举报奖励制度，鼓励公众积极举报商标侵权行为；加强商标监管力度，完善商标监管机制等。这些辅助性措施可以与处罚措施相结合，形成全方位、多层次的商标保护体系。

四、商标法律制度的国际协调与趋同

（一）国际商标法律制度的形成与发展

国际商标法律制度的形成与发展，是全球化背景下商标保护需求不断增长的必然结果。随着国际贸易的日益频繁和跨国公司的不断涌现，商标作为区分商品和服务来源的重要标识，其国际保护问题愈发凸显。在此背景下，国际商标法律制度应运而生，并逐步发展完善。

国际商标法律制度的形成，始于一系列国际条约的签订。这些条约旨在通过统一商标保护规则，促进国际贸易的自由化和便利化。例如，《保护工业产权巴黎公约》作为最早的国际商标保护条约，确立了商标独立保护原则和国民待遇原则，为各国商标法律制度的协调奠定了基础。此后，《商标国际注册马德里协定》及其议定书、《商标注册用商品和服务国际分类尼斯协定》等国际条约的相继签订，进一步推动了国际商标法律制度的体系化和规范化。

在发展过程中，国际商标法律制度不断适应新的国际经济形势和商标保护需求。一方面，随着电子商务的兴起，国际商标法律制度开始关注网络环境下的商标保护问题，如域名抢注、网络侵权等。另一方面，随着商标价值的不断提升，国际商标法律制度也加强了对驰名商标的保护力度，防止其被恶意抢注或侵权。

国际商标法律制度的形成与发展，不仅促进了国际贸易的繁荣和发展，也提升了各国商标法律制度的水平和质量。通过借鉴国际先进经验，各国可以不断完善自己的商标法律制度，提高商标保护效率和质量。

（二）国际商标法律制度的协调机制

国际商标法律制度的协调机制，是实现各国商标法律制度趋同的重要途径。这一机制主要通过国际条约、国际组织以及国际合作等方式来实现。

国际条约是国际商标法律制度协调的基础。各国通过签订国际条约，承诺遵守共同的商标保护规则和标准。这些条约不仅规定了商标保护的基本原则和制度，还设立了商标国际注册的程序和机制，为商标权人提供了更加便捷和高效的国际保护途径。

国际组织在国际商标法律制度的协调中发挥着重要作用。例如，世界知识产权组织（WIPO）作为国际商标保护的重要机构，致力于推动各国商标法律制度的协调和统一。WIPO通过制定国际条约、提供技术援助和培训等方式，帮助各国提升商标保护水平，促进国际商标法律制度的趋同。

国际合作也是实现国际商标法律制度协调的重要手段。各国可以通过双边或多边合作，共同打击跨国商标侵权行为，维护国际商标市场秩序。例如，各国可以建立商标侵权信息共享机制，加强执法合作，提高打击跨国商标侵权的效率和效果。

国际商标法律制度的协调机制，有助于减少各国商标法律制度之间的差异和冲突，提高商标保护的国际化和标准化水平。同时，这一机制也有助于增强各国在商标保护领域的交流与合作，共同应对全球商标保护挑战。

（三）国际商标法律制度的趋同表现

国际商标法律制度的趋同表现，主要体现在商标保护原则、商标注册程序、商标侵权判定以及商标权利用尽等方面。

在商标保护原则方面，各国普遍遵循商标独立保护原则和国民待遇原则。这些原则确保了商标权人在不同国家都能获得平等的保护，防止了因法律制度差异而导致的保护不公。

在商标注册程序方面，各国逐渐采用了国际通行的商标注册制度和程序。例如，许多国家都加入了《商标国际注册马德里协定》及其议定书，通过国际注册程序获得商标权。这种趋同的注册程序，为商标权人提供了更加便捷和高效的国际保护途径。

在商标侵权判定方面，各国逐渐形成了统一的侵权判定标准和原则。例如，各国普遍采用混淆可能性作为判定商标侵权的关键要素，防止了因判定标准差异而导致的保护漏洞。

在商标权利用尽方面，各国也逐渐形成了相似的原则和规则。例如，许多国家都承认商标权利用尽原则，即商标权人一旦将商品投入市场，就无权再控制该商品的进一步流通。这种趋同的权利用尽原则，有助于促进商品的自由流通和市场的繁荣。

（四）国际商标法律制度趋同的挑战与应对

尽管国际商标法律制度趋同的趋势日益明显，但这一过程中也面临着诸多挑战。这些挑战主要包括法律制度差异、文化差异、执法难度以及国际竞争压力等。

法律制度差异是国际商标法律制度趋同面临的主要挑战之一。不同国家的商标法律制度在保护范围、注册程序、侵权判定等方面存在差异，这些差异可能导致商标权人在不同国家获得不同的保护水平。为了应对这一挑战，各国需要加强法律制度的协调与统一，减少差异和冲突。

文化差异也是国际商标法律制度趋同需要考虑的因素之一。不同国家的文化背景、消费习惯和价值观念存在差异，这些差异可能影响商标的认知和保护。为了应对这一挑战，各国需要加强文化交流与理解，尊重彼此的文化差异，并在商标法律制度中充分考虑这些因素。

执法难度是国际商标法律制度趋同面临的另一个挑战。跨国商标侵权行为的打击需要各国之间密切合作和协调，但由于执法资源、执法水平以及法律程序等方面的差异，执法难度往往较大。为了应对这一挑战，各国需要加强执法交流与合作，建立有效的执法协作机制，提高打击跨国商标侵权的效率和效果。

国际竞争压力也是推动国际商标法律制度趋同的重要动力之一。在全球化背景下，各国之间的商标竞争日益激烈。为了提升本国商标保护水平，增强国际竞争力，各国需要不断借鉴国际先进经验，完善自己的商标法律制度。同时，国际竞争压力也促使各国加强在商标保护领域的交流与合作，共同推动国际商标法律制度的趋同与发展。

第三节　著作权法律制度

一、著作权的产生与保护期限

（一）著作权的自动产生原则

著作权，作为知识产权的重要组成部分，其产生方式具有独特性。根据《中华人民共和国著作权法》的规定，中国公民、法人或者非法人组织的作品，不论是否发表，均自作品创作完成之日起自动产生著作权。这一原则，即著作权的自动产生原则，是著作权法的基本原则之一。它意味着，只要作品是作者独立创作完成的，具有独创性，那么该作品在创作完成的那一刻起，作者就依法享有了著作权，无须经过任何登记或注册手续。

自动产生原则的确立，体现了对作者创作成果的尊重和保护。它使得作者在完成作品创作后，能够立即获得法律上的保护，无须担心因未及时登记或注册而失去著作权。这种保护是全面的，涵盖了著作人身权和著作财产权两个方面。著作人身权包括发表权、署名权、修改权和保护作品完整权等，这些权利与作者的人身紧密相连，具有不可转让性，而著作财产权则包括复制权、发行权、出租权、展览权、表演权、放映权、广播权、信息网络传播权、摄制权、改编权、翻译权、汇编权等，这些权利允许作者通过许可他人使用其作品而获得经济报酬。

（二）著作权保护期限的设定依据

著作权的保护期限，是指著作权人对其作品享有的专有权利的存续期间。这一期限的设定，既需要考虑对作者创作成果的充分保护，又需要平衡社会公众对作品的合理需求。根据《中华人民共和国著作权法》的规定，不同类型的作品，其保护期限有所不同。

对于公民的作品，其著作财产权的保护期为作者终生及其死亡后五十年，截止于作者死亡后第五十年的12月31日。这一规定体现了对作者创作成果的尊重和保护，同时也考虑了作品在社会中的传播和利用。在作者有生之年，其享有对作品的完全控制权，可以自主决定作品的发表、使用等事项，而在作者去世后，其著作财产权仍然受到保护，以确保作者的遗产得到合理继承和利用。

对于法人或者非法人组织的作品，以及著作权（署名权除外）由法人或者非法人组织享有的职务作品，其著作财产权的保护期为五十年，截止于作品创作完成后第五十年的12月31日。这一规定主要考虑到法人或非法人组织作为创作主体的特殊性，以及职务作品在创作过程中的组织性和计划性。

（三）保护期限的延长与限制

在特定情况下，著作权的保护期限可能会得到延长或限制。例如，对于合作作品，其著作财产权的保护期截止于最后死亡的作者死亡后第五十年的12月31日。这一规定体现了对合作创作成果的尊重和保护，同时也考虑了合作作者之间的权益平衡。

然而，并非所有作品都能享受无期限的保护。根据《中华人民共和国著作权法》的规定，作者的署名权、修改权、保护作品完整权的保护期不受限制。这意味着，即使作品的著作财产权已经到期，作者仍然享有对其作品的署名权、修改权和保护作品完整权。这一规定体现了对作者人身权利的尊重和保护，同时也确保了作品的真实性和完整性。

此外，对于某些特定类型的作品，如电影作品和以类似摄制电影的方法创作的作品、摄影作品等，其著作财产权的保护期也有特殊规定。这些规定主要考虑到这些作品的创作特点和传播方式，以确保其得到合理的保护和利用。

（四）保护期限与公共利益的关系

著作权的保护期限与公共利益之间存在着密切的联系。一方面，保护期限的设定需要充分考虑对作者创作成果的尊重和保护，以激发作者的创作热情和创新活力。另一方面，保护期限也需要平衡社会公众对作品的合理需求，以促进文化的传播和发展。

过长的保护期限可能会导致作品被垄断，限制社会公众对作品的获取和利用，而过短的保护期限则可能无法充分保护作者的创作成果，影响其创作积极性和创新动力。因此，在制定著作权保护期限时，需要综合考虑多种因素，以实现作者权益与社会公众利益的平衡。

在实践中，各国都会根据自身的国情和文化传统来设定著作权的保护期限。同时，随着国际交流的日益频繁和全球化的不断深入，各国也在不断探索和完善著作权的国际保护机制，以促进文化的跨国传播和交流。

二、著作权的权利内容与限制

（一）著作权的权利内容

著作权作为知识产权的重要组成部分，其权利内容广泛且细致，涵盖了著作人身权和著作财产权两大方面。著作人身权是作者基于作品创作所享有的与人身紧密相连的权利，具有不可转让性和永久性。其中，发表权是作者决定作品是否公之于众的权利，这一权利体现了作者对作品首次披露的控制力。署名权则赋予作者在作品上署名的权利，以表明作者身份，这是作者名誉权和荣誉权的重要体现。修改权允许作者对其作品进行修改或授权他人修改，确保作品能够反映作者的最新创作意图。保护作品完整权则禁止他人歪曲、篡改作品，维护了作品的完整性和作者的创作尊严。

著作财产权则是作者通过许可他人使用其作品而获得经济报酬的权利。这些权利包括复制权，即以印刷、复印、拓印、录音、录像、翻录、翻拍、数字化等方式将作品制作一份或多份的权利。发行权是指作者以出售或者赠予方式向公众提供作品的原件或者复制件的权利。出租权允许作者有偿许可他人临时使用视听作品、计算机软件的原件或者复制件。展览权则是指作者公开陈列美术作品、摄影作品的原件或者复制件的权利。

表演权是著作权中的一项重要财产权，它赋予作者公开表演作品，以及用各种手段公开播送作品的表演的权利。放映权则是指作者通过放映机、幻灯机等技术设备公开再现美术、摄影、视听作品等的权利。广播权允许作者以有线或者无线方式公开传播或者转播作品，以及通过扩音器或者其他传送符号、声音、图像的类似工具向公众传播广播的作品的权利。信息网络传播权则是适应数字化时代需求而设立的权利，它允许作者以有线或者无线方式向公众提供，使公众可以在其选定的时间和地点获得作品的权利。

此外，著作财产权还包括摄制权、改编权、翻译权和汇编权等。摄制权是指作者以摄制视听作品的方法将作品固定在载体上的权利。改编权则允许作者改变作品，创作出具有独创性的新作品的权利。翻译权是指作者将作品从一种语言文字转换成另一种语言文字的权利。汇编权则是指作者将作品或者作品的片段通过选择或者编排，汇集成新作品的权利。

（二）著作权的限制

尽管著作权赋予了作者广泛的权利，但为了防止权利的滥用和促进文化的传播与发展，《中华人民共和国著作权法》也对这些权利进行了一定的限制。这些限制主要体现在合理使用和法定许可两个方面。

合理使用是指在特定情况下，使用他人受著作权保护的作品可以不经著作权人许可，不向其支付报酬，但应当指明作者姓名或者名称、作品名称，并且不得影响该作品的正常使用，也不得不合理地损害著作权人的合法权益。合理使用的情形包括：为个人学习、研究或者欣赏，使用他人已经发表的作品；为介绍、评论某一作品或者说明某一问题，在作品中适当引用他人已经发表的作品；为报道新闻，在报纸、期刊、广播电台、电视台等媒体中不可避免地再现或者引用已经发表的作品等。

法定许可则是指在特定情况下，使用他人受著作权保护的作品可以不经著作权人许可，但应当按照规定向著作权人支付报酬。法定许可的情形包括为实施九年制义务教育和国家教育规划而编写出版教科书，除作者事先声明不许使用的外，可以不经著作权人许可，在教科书中汇编已经发表的作品片段或者短小的文字作品、音乐作品或者单幅的美术作品、摄影作品、图形作品，但应当按照规定向著作权人支付报酬，指明作者姓名或者名称、作品名称，并且不得侵犯著作权人依照《中华人民共和国著作权法》享有的其他权利。此外，报纸、期刊、广播电台、电视台等媒体刊登或者播放其他报纸、期刊、广播电台、电视台等媒体已经发表的关于政治、经济、宗教问题的时事性文章，以及报纸、期刊、广播电台、电视台等媒体刊登或者播放在公众集会上发表的讲话，但作者声明不许刊登、播放的除外，也可以不经著作权人许可，但应当支付报酬。

著作权的限制还体现在著作权的保护期限上。如前所述，著作权的保护期限是有限的，一旦超过保护期限，作品就进入公有领域，任何人都可以自由使用。这一规定既体现了对作者创作成果的尊重和保护，又促进了文化的传播和发展。

三、著作权侵权行为的类型与责任

（一）著作权侵权行为的类型

著作权侵权行为是指未经著作权人许可，擅自实施受《中华人民共和国著作权法》保护的行为，从而侵害了著作权人的合法权益。根据侵权行为的性质和方式，著作权侵权行为可分为直接侵权与间接侵权两大类。

直接侵权行为是最常见的著作权侵权类型，其表现为行为人直接实施了受著作权控制的行为，而未获得著作权人的授权。具体包括但不限于：未经著作权人许可复制、发行、出租、展览、表演、放映、广播、信息网络传播作品等行为。例如，未经作者同意擅自出版其书籍、复制其音乐作品、在网络平台上传其影视作品等，均属于直接侵权行为。直接侵权行为直接损害了著作权人的经济利益和精神权利，是《中华人民共和国著作权法》重点打击的对象。

间接侵权行为则是指行为人虽未直接实施受著作权控制的行为，但通过提供便利条件或诱导、帮助他人实施侵权行为，从而间接侵害了著作权人的权益。间接侵权行为主要包括教唆侵权和帮助侵权。教唆侵权是指故意诱导、怂恿他人实施侵权行为；帮助侵权则是指为他人实施侵权行为提供实质性帮助，如提供侵权工具、场所、技术等。例如，网站运营者明知用户上传的内容侵犯他人著作权，却未采取必要措施予以制止或删除，就可能构成帮助侵权。

此外，根据侵权行为的对象不同，著作权侵权行为还可细分为对著作人身权的侵权和对著作财产权的侵权。对著作人身权的侵权主要表现为侵犯作者的署名权、修改权、保护作品完整权等，如擅自篡改作品内容、歪曲作品原意、未署作者姓名等。对著作财产权的侵权则主要表现为未经著作权人许可擅自使用作品获取经济利益，如盗版书籍、非法复制软件、未经授权的网络传播等。

（二）著作权侵权责任的构成要件

著作权侵权责任的构成要件是判断行为人是否应承担侵权责任的标准。一般来说，著作权侵权责任的构成要件包括以下四个方面。

一是存在侵权行为，即行为人实施了受《中华人民共和国著作权法》控制的行为，且该行为未经著作权人许可。这是认定侵权责任的基础，没有侵权行为，就谈不上侵权责任。

二是造成损害后果，即侵权行为给著作权人造成了实际损害，包括经济损失和精神损害。经济损失可表现为著作权人因侵权行为而减少的收入或增加的支出；精神损害则可表现为著作权人名誉权、荣誉权等受到侵害。损害后果是认定侵权责任的必要条件，没有损害后果，即使存在侵权行为，也不构成侵权责任。

三是侵权行为与损害后果之间存在因果关系，即损害后果是由侵权行为直接导致的，没有侵权行为，就不会发生损害后果。因果关系的认定是判断侵权责任归属的关键，只有确定了因果关系，才能准确地将责任归咎于行为人。

四是行为人主观上存在过错，即行为人在实施侵权行为时，明知或应知其行为会侵害著作权人的权益，却仍然实施该行为。过错包括故意和过失两种形态，故意是指行为人明知其行为会侵害他人权益而仍然实施；过失则是指行为人因疏忽大意或过于自信而实施了侵权行为。在著作权侵权案件中，过错是认定侵权责任的重要主观要件。

（三）著作权侵权责任的承担方式

著作权侵权责任的承担方式主要包括民事责任、行政责任和刑事责任三种。

民事责任是著作权侵权责任的主要承担方式，包括停止侵害、消除影响、赔礼道歉、赔偿损失等。停止侵害是指责令行为人立即停止实施侵权行为；消除影响是指责令行为人采取措施消除因其侵权行为给著作权人造成的不良影响；赔礼道歉是指责令行为人向著作权人公开道歉，以恢复其名誉；赔偿损失则是指责令行为人赔偿著作权人因侵权行为所遭受的经济损失和精神损害。

行政责任是指著作权行政管理部门对侵权行为人给予的行政处罚，包括警告、罚款、没收违法所得、没收侵权制品、责令停止侵权行为等。行政责任主要适用于侵权行为情节较轻、未构成犯罪的情况。

刑事责任是指对严重侵犯著作权的行为人依法追究刑事责任。根据《中华人民共和国刑法》的规定，以营利为目的，未经著作权人许可，复制发行其文字作品、音乐、电影、电视、录像作品、计算机软件及其他作品，违法所得数额较大或者有其他严重情节的，构成侵犯著作权罪。刑事责任是著作权侵权责任中最严厉的一种承担方式，只适用于侵权行为情节严重、构成犯罪的情况。

（四）著作权侵权责任的免责事由

著作权侵权责任的免责事由是指在特定情况下，即使行为人实施了侵权行为，也不承担侵权责任的事由。免责事由的设定旨在平衡著作权人的权益和社会公共利益，促进文化的传播和发展。

常见的著作权侵权责任的免责事由包括合理使用和法定许可。如前所述，合理使用是指在特定情况下，使用他人受著作权保护的作品可以不经著作权人许可，不向其支付报酬；法定许可则是指在特定情况下，使用他人受著作权保护的作品可以不经著作权人许可，但应当按照规定向著作权人支付报酬。

此外，还有一些其他免责事由，如权利用尽原则、非商业性使用、个人学习研究等。权利用尽原则是指著作权人将其作品投放市场后，对该作品的发行权即告用尽，他人再次销售该作品不构成侵权；非商业性使用是指行为人使用他人作品并非出于商业目的，如为个人兴趣而复制、传播作品等；个人学习研究则是指行为人使用他人作品是为了个人学习、研究之目的，且未对著作权人的权益造成实质性损害。这些免责事由的适用需严格符合法律规定的条件，以确保不损害著作权人的合法权益。

四、数字时代著作权法律制度面临的挑战与应对

（一）数字时代对著作权法律制度的冲击

随着数字技术的迅猛发展，人类社会已经全面进入数字时代。这一时代变革对著作权法律制度带来了前所未有的冲击。数字技术使得作品的创作、传播和利用方式发生了根本性变化，作品的复制、发行、传播变得前所未有的便捷和迅速。然而，这种便捷性也带来了著作权侵权行为的泛滥。在数字网络环境下，侵权行为往往具有隐蔽性、广泛性和跨地域性等特点，给著作权的保护带来了巨大挑战。

一方面，数字技术的广泛应用使得作品可以被无限次地复制和传播，这极大地增加了著作权人控制其作品使用的难度。传统的著作权保护模式，如通过物理手段控制作品的复制和传播，在数字时代已经显得力不从心。另一方面，数字平台的兴起使得作品的传播渠道更加多元化，但同时也为侵权行为提供了温床。一些数字平台为了吸引流量和用户，往往对侵权行为睁一只眼闭一只眼，甚至主动诱导和纵容侵权行为的发生。

此外，数字时代还催生了大量新型作品形式，如短视频、网络直播、虚拟现实作品等。这些新型作品形式的出现，对著作权法律制度的适用提出了新的问题和挑战。例如，短视频的二次创作是否构成侵权？网络直播中的音乐作品使用如何界定合理使用范围？虚拟现实作品中的著作权归属如何确定？这些问题都需要著作权法律制度作出及时和有效的回应。

（二）著作权法律制度在数字时代的适应性调整

面对数字时代的挑战，著作权法律制度必须进行适应性调整，以适应新的社会环境和技术发展。这种调整不仅体现在立法层面，也体现在司法

实践和法律解释上。

在立法层面，各国纷纷修订著作权法，以适应数字时代的发展需求。例如，《中华人民共和国著作权法》在修订过程中，就充分考虑了数字时代的特点，对作品的定义、著作权的保护范围、侵权行为的认定等方面进行了完善。同时，各国还通过制定专门的数字版权法规或规章，对数字环境下的著作权保护进行细化和规范。

在司法实践和法律解释上，法院和法官也积极应对数字时代的挑战，通过司法判例和法律解释来明确数字环境下著作权的保护标准和侵权行为的认定标准。例如，一些法院在审理数字版权纠纷案件时，会充分考虑数字技术的特点和作品传播的新方式，对合理使用、侵权行为的构成要件等进行灵活解释和适用。

此外，著作权法律制度还通过引入新技术手段来加强数字环境下的著作权保护。例如，数字水印技术、区块链技术等被广泛应用于作品的版权保护和侵权监测。这些技术手段可以有效防止作品的非法复制和传播，为著作权人提供更加有力的保护。

（三）数字时代著作权保护的国际合作与协调

数字时代是一个全球化的时代，作品的创作、传播和利用往往跨越国界。因此，数字时代的著作权保护需要国际社会的共同努力和协调。各国应该加强在著作权保护方面的国际合作，共同制定和遵守国际著作权规则和标准。

在国际合作方面，各国可以通过签订双边或多边著作权保护协定来加强合作。这些协定可以明确各国在著作权保护方面的权利与义务，为跨国著作权纠纷的解决提供法律依据。同时，各国还可以加强在著作权执法方面的合作，共同打击跨国著作权侵权行为。

在国际协调方面，各国应该积极参与国际著作权组织的活动，共同推动国际著作权规则的制定和完善。例如，世界知识产权组织（WIPO）等国际组织在推动国际著作权保护方面发挥了重要作用。各国应该支持这些组织的工作，积极参与相关规则的制定和讨论，为数字时代的著作权保护贡献智慧和力量。

（四）数字时代著作权法律制度的平衡与创新

在数字时代，著作权法律制度需要在保护著作权人权益和促进文化创新之间找到平衡点。一方面，著作权法律制度应该充分保护著作权人的合法权益，激励他们创作出更多优秀的作品；另一方面，著作权法律制度也应该为文化的创新和发展留出足够的空间，避免过度保护导致文化僵化。

为了实现这一平衡，著作权法律制度需要进行创新。例如，可以探索建立更加灵活的著作权许可机制，允许著作权人在一定条件下将其作品授权给更多人使用，以促进文化的传播和发展。同时，还可以加强对著作权人的激励措施，如提高侵权赔偿标准、建立著作权奖励制度等，以激发他们的创作热情和创新动力。

此外，著作权法律制度还应该关注数字时代的新兴领域和新型作品形式，及时制定和完善相关规则和标准。例如，可以针对人工智能生成的内容、虚拟现实作品等新型作品形式制定专门的著作权保护规则，以确保这些领域的健康与可持续发展。

第四节　商业秘密保护制度

一、商业秘密的构成要件与认定标准

（一）商业秘密的构成要件：多维度审视下的秘密性、价值性与保密性

商业秘密，作为企业核心竞争力的关键组成部分，其法律保护对于维护市场秩序、鼓励技术创新具有重要意义。商业秘密的构成要件，是法律

界定其保护范围、明确其法律地位的基础。从多维度审视，商业秘密的构成要件主要包括秘密性、价值性和保密性三个方面。

秘密性是商业秘密最为核心的特征。它要求商业秘密必须是不为公众所知悉的信息，即该信息不能从公开渠道直接获取，也不能通过简单的观察、分析或推理而轻易得知。秘密性的相对性体现在，它并不要求信息绝对保密，而是要求信息在特定领域内不为相关人员普遍知悉和容易获得。这种相对性既保证了商业秘密的保护范围不至于过窄，也避免了因过度保护而阻碍信息的正常流通。在实践中，秘密性的认定需要综合考虑信息的来源、传播范围、获取难度以及所属领域的相关人员的知识水平和认知能力等因素。

价值性，是商业秘密得以存在和发展的经济基础。它要求商业秘密必须能为权利人带来经济利益，这种经济利益可以是现实的，也可以是潜在的。价值性体现了商业秘密的实用性，即商业秘密必须能够在生产经营活动中得到应用，为权利人创造经济价值或竞争优势。这种经济价值或竞争优势可以表现为提高生产效率、降低成本、扩大市场份额、增强客户忠诚度等多种形式。价值性的认定需要综合考虑商业秘密的独特性、创新性、市场需求以及潜在的市场价值等因素。

保密性，是商业秘密得以维持其秘密性和价值性的重要保障。它要求权利人必须采取合理的保密措施来保护商业秘密，防止其被泄露给不应知悉的人员。保密措施可以是物理性的，如设立保密区域、加强门禁管理、对涉密文件进行加密处理等；也可以是制度性的，如签订保密协议、制定保密规章制度、对员工进行保密培训等。保密性的认定需要综合考量权利人采取的保密措施的有效性、合理性以及与商业秘密的对应程度等因素。

在商业秘密的构成要件中，秘密性、价值性和保密性三者相辅相成，共同构成商业秘密的法律保护基础。秘密性是商业秘密的本质特征，价值性是商业秘密得以存在和发展的经济基础，而保密性则是商业秘密得以维持其秘密性和价值性的重要保障。只有同时满足这三个构成要件的信息，才能被认定为商业秘密并受到法律的保护。

（二）商业秘密的认定标准：法律实践与理论探索的深度融合

商业秘密的认定标准是法律实践中对商业秘密构成要件的具体化和操作化，它不仅是法院审理商业秘密侵权案件的重要依据，也是企业保护自身商业秘密的重要指南。在商业秘密的认定标准中，法律实践与理论探索深度融合，共同推动着商业秘密保护制度的不断完善。

从法律实践的角度来看，商业秘密的认定标准主要包括以下几个方面：一是信息的秘密性认定。法院在审理商业秘密侵权案件时，会综合考虑信息的来源、传播范围、获取难度以及所属领域的相关人员的知识水平和认知能力等因素，来判断信息是否具有秘密性。二是信息的价值性认定。法院会评估商业秘密是否能为权利人带来经济利益或竞争优势，以及这种经济利益或竞争优势的具体表现形式和潜在价值。三是信息的保密性认定。法院会审查权利人是否采取了合理的保密措施来保护商业秘密，以及这些保密措施的有效性和合理性。

在理论探索方面，学者们对商业秘密的认定标准进行了深入的研究和讨论。他们从不同的角度出发，提出了许多有价值的观点和建议。例如，有学者认为商业秘密的秘密性应该是一个相对的概念，不应该要求信息绝对保密；有学者强调商业秘密的价值性应该包括现实的价值和潜在的价值；还有学者提出保密性应该包括保密措施的合理性和有效性等方面。这些理论探索为商业秘密的认定标准提供了丰富的理论支撑和智力支持。

在商业秘密的认定标准中，法律实践与理论探索相互促进、相互补充。法律实践为理论探索提供了丰富的案例和素材，使理论探索更加贴近实际、更加具有针对性；而理论探索则为法律实践提供了科学的指导和理论支持，使法律实践更加规范、更加公正。这种深度融合不仅推动了商业秘密保护制度的不断完善和发展，也为企业的商业秘密保护提供了更加有力的法律保障。

在实践中，企业应该根据商业秘密的认定标准来制定和完善自己的商业秘密保护制度。一方面，企业要加强对商业秘密的保护意识和管理水平，确保商业秘密的秘密性、价值性和保密性得到有效维护；另一方面，企业也要积极应对商业秘密侵权行为，通过法律手段来维护自己的合法权益。同时，政府和相关机构也应该加强对商业秘密保护的宣传和培训力度，提高企业对商业秘密保护的认识和水平，共同推动商业秘密保护制度的不断完善和发展。

二、商业秘密的保护措施与策略

（一）商业秘密的内部保护措施：构建全方位防护体系

商业秘密的内部保护措施是构建企业商业秘密防护体系的基础，其核心在于通过制度化管理、物理隔离、技术防护以及人员培训等手段，确保商业秘密在产生、存储、使用和流转的全过程中得到严密保护。

制度化管理是商业秘密内部保护的首要措施。企业应建立完善的商业秘密保护制度，明确商业秘密的范围、密级、保护措施以及责任追究机制。制度应涵盖商业秘密的标识、存储、传输、使用、销毁等各个环节，确保每一项操作都有章可循。同时，企业应定期对制度进行审查和更新，以适应业务发展和法律环境的变化。通过制度化管理，企业能够形成一套标准化的商业秘密保护流程，降低因人为疏忽或操作不当导致的泄密风险。

物理隔离是防止商业秘密被非法获取的重要手段。企业应根据商业秘密的密级和重要性，设置不同的物理访问权限。例如，对于高度机密的商业秘密，应将其存储在具有严格访问控制的保险柜或安全区域内，只有经过授权的人员才能进入。此外，企业还应加强对办公场所的安全管理，如安装监控摄像头、设置门禁系统等，防止外部人员非法闯入或内部人员违规携带商业秘密离开。

技术防护是提升商业秘密保护水平的关键。随着信息技术的快速发展，企业面临着越来越多的网络攻击和数据泄露风险。因此，企业应积极采用先进的技术手段来加强商业秘密的保护。例如，企业可以使用加密技术对商业秘密进行加密处理，确保其在传输和存储过程中的安全性；采用访问控制技术来限制对商业秘密的访问权限，防止未经授权的人员获取；利用数据备份和恢复技术来确保商业秘密在遭受攻击或丢失后能够及时恢复。

人员培训是商业秘密内部保护的重要环节。企业应定期对员工进行商业秘密保护培训，提高员工的保密意识和技能水平。培训内容应包括商业秘密的定义、范围、保护措施以及法律责任等方面。通过培训，员工能够充分认识到商业秘密的重要性，自觉遵守保密规定，避免因无知或疏忽而导致的泄密行为。同时，企业还应建立员工保密承诺制度，要求员工在入职时签署保密协议，明确其保密义务和责任。

除了以上措施，企业还应加强对商业秘密的日常管理。例如，企业应定期对商业秘密进行清查和盘点，确保其完整性和准确性；对涉及商业秘密的文件和资料进行妥善保管，防止丢失或被盗；对商业秘密的使用情况进行监控和记录，及时发现和处理异常情况。

（二）商业秘密的外部保护策略：强化法律维权与合作机制

商业秘密的外部保护策略主要侧重于通过法律手段来维护企业的商业秘密权益，以及与其他企业或机构建立合作机制来共同应对商业秘密保护挑战。

法律维权是商业秘密外部保护的核心。企业应充分了解并运用相关法律法规来保护自己的商业秘密。一旦发现商业秘密被侵犯，企业应立即采取措施制止侵权行为，并收集证据准备提起诉讼。在诉讼过程中，企业应积极与律师合作，制定合适的诉讼策略，争取最大的赔偿和损失挽回。同时，企业还应关注法律法规的更新和变化，及时调整自己的保护策略以适应新的法律环境。

　　除了诉讼，企业还可以通过仲裁、调解等非诉讼方式来解决商业秘密纠纷。这些方式具有程序简便、效率高、成本低等优点，能够帮助企业更快地解决纠纷并恢复正常的经营秩序。在选择非诉讼方式时，企业应充分考虑纠纷的性质、复杂程度以及对方的意愿等因素，选择最适合自己的解决方式。

　　合作机制是商业秘密外部保护的重要补充。企业可以与其他企业或机构建立商业秘密保护联盟或合作机制，共同应对商业秘密保护挑战。例如，企业可以与同行业的企业共同制定商业秘密保护标准或规范，推动整个行业的商业秘密保护水平提升；与科研机构或高校合作开展商业秘密保护技术研究或人才培养工作，提高自己的保护能力和技术水平；与政府部门或行业协会保持密切联系，及时了解政策动态和行业信息，为企业的商业秘密保护提供有力支持。

　　在建立合作机制时，企业应注重选择合适的合作伙伴和合作方式。合作伙伴应具有良好的信誉和实力，能够共同遵守合作协议并履行自己的义务。合作方式应灵活多样，可以根据实际情况选择签订合作协议、建立联合工作小组、开展技术交流等方式。

　　此外，企业还应加强对商业秘密的外部风险监测和预警工作。通过收集和分析市场信息、行业动态以及竞争对手的情况等信息，及时发现潜在的商业秘密泄露风险或侵权行为，并采取相应的措施进行防范和应对。同时，企业还应建立应急预案和危机处理机制，确保在发生商业秘密泄露或侵权事件时能够迅速响应并有效处理。

三、商业秘密侵权行为的法律责任

（一）商业秘密侵权法律责任的多元构成：民事、行政与刑事责任的交织

　　商业秘密侵权行为的法律责任，是一个涉及多元法律领域的复杂问

题。在探讨这一主题时，我们不得不从民事、行政和刑事三个维度来全面审视其法律后果。这种多元构成不仅体现了法律对商业秘密保护的全面性，也彰显了法律对侵权行为严厉打击的决心。

从民事法律角度来看，商业秘密侵权行为触犯了权利人的财产权益。商业秘密作为企业的无形资产，其价值往往难以估量，但一旦遭受侵权，权利人的经济损失可能是巨大的。因此，民事法律责任的核心在于赔偿损失。侵权人需要承担因其侵权行为给权利人造成的直接经济损失，这通常包括因商业秘密泄露导致的销售额下降、市场份额减少等直接损失，以及为恢复商业秘密所支出的合理费用，如调查取证费、律师费等。此外，如果侵权行为给权利人的商誉造成了损害，侵权人还可能需要承担消除影响、赔礼道歉等责任。

行政法律责任则是国家对商业秘密侵权行为进行公权力干预的体现。行政机关作为市场监管的主体，有责任维护市场秩序，保护公平竞争。对于侵犯商业秘密的行为，行政机关有权责令侵权人停止违法行为，并处以罚款等行政处罚。这种行政处罚不仅是对侵权人的惩戒，更是对市场秩序的维护。通过行政处罚，可以警示其他潜在侵权人，防止类似侵权行为的再次发生。

刑事法律责任则是商业秘密侵权行为法律后果中最为严厉的一种。当侵权行为达到一定的严重程度，触犯了刑事法律规定时，侵权人将面临刑事追责。《中华人民共和国刑法》对侵犯商业秘密罪的规定，明确了哪些行为构成犯罪，以及犯罪后将受到何种刑罚。这包括有期徒刑、拘役、罚金等刑罚措施。刑事法律责任的设立，体现了法律对严重侵犯商业秘密行为的零容忍态度，也彰显了法律对商业秘密保护的坚决立场。

在探讨商业秘密侵权行为的法律责任时，我们还需要注意到这三种责任之间的内在联系和相互补充。民事法律责任主要关注权利人的经济损失赔偿，是商业秘密保护的基础；行政法律责任则侧重于市场秩序的维护，是对民事法律责任的补充和强化；而刑事法律责任则是对严重侵权行为的严厉打击，是商业秘密保护的最后一道防线。这三种责任共同构成了商业秘密侵权行为的法律责任体系，为商业秘密提供了全方位的法律保护。

（二）商业秘密侵权法律责任的确定与考量：法律原则与司法实践的融合

在确定商业秘密侵权行为的法律责任时，我们需要遵循一定的法律原则，并结合司法实践进行具体考量。这些法律原则包括过错原则、损害填补原则、利益平衡原则等，它们为法律责任的确定提供了基本框架和指引。

过错原则是商业秘密侵权法律责任确定的基本原则之一。根据这一原则，侵权人只有在存在过错的情况下，才需要承担法律责任。过错包括故意和过失两种形式。故意侵权是指侵权人明知自己的行为会侵犯他人的商业秘密，仍然故意为之；过失侵权则是指侵权人应当预见自己的行为可能侵犯他人的商业秘密，但由于疏忽大意或过于自信而没有预见。在司法实践中，法院会根据侵权人的过错程度来确定其法律责任的轻重。

损害填补原则是商业秘密侵权法律责任确定的另一重要原则。这一原则要求侵权人赔偿因其侵权行为给权利人造成的全部经济损失。这包括直接经济损失和间接经济损失。直接经济损失是指因侵权行为直接导致的经济损失，如销售额下降、市场份额减少等；间接经济损失则是指因侵权行为间接导致的经济损失，如商誉损害、客户流失等。在司法实践中，法院会根据权利人的实际损失情况来确定赔偿数额，以确保权利人的经济损失得到充分的填补。

利益平衡原则也是商业秘密侵权法律责任确定时需要考量的重要原则。这一原则要求在处理商业秘密侵权纠纷时，要充分考虑权利人和侵权人之间的利益平衡。一方面，要保护权利人的商业秘密权益，防止其遭受不法侵害；另一方面，也要避免对侵权人施加过重的法律责任，影响其正常的生产经营活动。在司法实践中，法院会根据案件的具体情况，综合考虑各种因素来确定法律责任的轻重，以实现利益平衡的目标。

在将法律原则应用于司法实践时，我们还需要注意一些具体的考量因素。例如，商业秘密的密级和重要性、侵权行为的手段和情节、侵权人的主观过错程度、权利人的实际损失情况等。这些因素都会影响法律责任的确定和赔偿数额的计算。在司法实践中，法院会根据这些因素进行综合考量，以确保法律责任的确定既符合法律原则的要求，又能够体现公平正义的价值追求。

四、商业秘密保护制度的完善与创新

（一）商业秘密保护制度的完善路径：法律框架与配套机制的协同优化

商业秘密保护制度的完善，是维护企业核心竞争力、促进市场公平竞争的重要保障。在当前经济全球化和信息技术快速发展的背景下，商业秘密保护面临着前所未有的挑战与机遇。因此，必须从法律框架与配套机制两个层面协同发力，推动商业秘密保护制度的不断完善。

法律框架的完善是商业秘密保护制度的基础。首先，应进一步明确商业秘密的法律定义和构成要件，细化商业秘密的范围和认定标准，为司法实践提供更为清晰的指引。其次，应加大对商业秘密侵权行为的惩处力度，提高侵权成本，形成有效的法律威慑。这包括提高法定赔偿上限、引入惩罚性赔偿制度等措施，使侵权者付出应有的法律代价。最后，还应完善商业秘密侵权的救济程序，简化维权流程，降低维权成本，提高维权效率。

在配套机制方面，应建立健全商业秘密保护的支持体系。首先，加强商业秘密保护的宣传教育，提高企业和个人的保密意识和能力。通过举办培训班、研讨会等形式，普及商业秘密保护知识，增强企业和个人的法律意识和风险防范能力。其次，完善商业秘密保护的行政监管机制，加强对商业秘密侵权行为的监测和打击力度。建立跨部门协作机制，实现信息共享、资源整合，形成监管合力。最后，还应鼓励和支持企业建立商业秘密保护内部管理制度，加强自我保护和风险防范能力。

商业秘密保护制度的完善还需要注重与国际接轨。随着国际贸易和投资的不断扩大，商业秘密保护已成为国际经贸合作中的重要议题。因此，应积极参与国际商业秘密保护规则的制定和修订工作，借鉴国际先进经验，完善我国商业秘密保护制度。同时，加强与国际组织和其他国家的交流与合作，共同打击跨国商业秘密侵权行为，维护国际经贸秩序。

在完善商业秘密保护制度的过程中，还应注重平衡各方利益。商业秘密保护不仅关乎企业的利益，也涉及社会公众的利益。因此，在完善制度时，应充分考虑各方利益诉求，寻求利益平衡点。既要保护企业的商业秘密权益，又要防止企业滥用商业秘密保护制度损害社会公众利益。通过建立健全的利益平衡机制，实现商业秘密保护与社会公众利益的和谐共生。

（二）商业秘密保护制度的创新探索：技术赋能与制度变革的深度融合

商业秘密保护制度的创新探索，是适应新时代发展要求、提升商业秘密保护水平的重要途径。在当前信息技术快速发展的背景下，商业秘密保护面临着诸多新的挑战和问题。因此，必须积极探索新的保护模式和方法，推动商业秘密保护制度的创新变革。

技术赋能是商业秘密保护制度创新的重要方向。随着大数据、人工智能、区块链等技术的不断发展，为商业秘密保护提供了新的技术手段和解决方案。例如，利用大数据技术对商业秘密进行实时监测和预警，及时发现和防范潜在的泄密风险；利用人工智能技术对商业秘密进行智能分析和识别，提高保护效率和准确性；利用区块链技术对商业秘密进行加密存储和传输，确保商业秘密的安全性和不可篡改性。这些技术的应用，不仅提高了商业秘密保护的技术水平，也为商业秘密保护制度的创新提供了有力支撑。

制度变革是商业秘密保护制度创新的重要方面。在现有制度基础上，应积极探索新的制度设计和安排，以适应新时代商业秘密保护的需求。例如，建立商业秘密保护信用体系，对商业秘密保护良好的企业和个人给予信用奖励，对商业秘密侵权行为进行信用惩戒；推动商业秘密保护社会化服务体系建设，鼓励和支持专业机构为企业提供商业秘密保护咨询、评估、维权等服务；探索建立商业秘密保护公益诉讼制度，允许社会组织和个人对商业秘密侵权行为提起公益诉讼，维护社会公共利益。

商业秘密保护制度的创新还需要注重与其他制度的协同配合。商业秘密保护制度并非孤立存在，而是与知识产权制度、反不正当竞争制度等其他法律制度相互关联、相互影响。因此，在创新商业秘密保护制度时，应充分考虑与其他制度的衔接和协调，形成制度合力。通过加强制度之间的协同配合，共同构建更加完善、更加有效的商业秘密保护体系。

在创新商业秘密保护制度的过程中，还应注重发挥企业的主体作用。企业是商业秘密的创造者和使用者，也是商业秘密保护的主要责任主体。因此，应鼓励和支持企业积极参与商业秘密保护制度的创新探索，发挥企业的主观能动性和创造力。通过企业的实践和创新，不断推动商业秘密保护制度的完善和发展。

商业秘密保护制度的完善与创新是一个长期而艰巨的任务，需要政府、企业、社会组织等各方共同努力，协同推进法律框架与配套机制的完善、技术赋能与制度变革的深度融合。只有这样，才能不断提高商业秘密保护水平，为企业的创新发展和市场的公平竞争提供有力保障。

第五节 其他知识产权法律制度

一、集成电路布图设计专有权保护制度

（一）集成电路布图设计专有权的法律地位与定义

集成电路布图设计专有权，作为一项独立的知识产权，在数字时代扮演着至关重要的角色。它不仅是集成电路产业创新发展的法律基石，也是保护集成电路设计者智力劳动成果的重要法律手段。集成电路布图设计，简而言之，是指集成电路中至少有一个是有源元件的两个以上元件和部分或者全部互连线路的三维配置，或者为制造集成电路而准备的上述三维配置。这种配置体现了设计者的独特创意和技术构思，是集成电路能够执行特定电子功能的关键所在。

集成电路布图设计专有权，是指权利人对其布图设计所享有的专有权利，包括复制权、商业利用权等。这一权利的法律地位得到了国内外法律的广泛认可和保护。在我国，《集成电路布图设计保护条例》明确规定了集成电路布图设计专有权的保护范围、取得方式、保护期限以及侵权行为的认定和法律责任等内容，为集成电路布图设计专有权的保护提供了坚实的法律基础。

（二）集成电路布图设计专有权的取得与保护期限

集成电路布图设计专有权的取得，通常遵循登记制原则。即设计者需要将其布图设计向相关部门进行登记，经初步审查合格后，由相关部门予以登记并公告，从而取得布图设计专有权。这一制度旨在确保布图设计的独创性和新颖性，防止重复登记和侵权行为的发生。同时，登记制也为布图设计专有权的转让、许可使用等提供了便利条件。

关于保护期限，各国法律对集成电路布图设计专有权的保护期限规定

不尽相同，但普遍在8~15年。我国《集成电路布图设计保护条例》规定，布图设计专有权的保护期为10年，自布图设计登记申请之日或者在世界任何地方首次投入商业利用之日起计算，以较前日期为准。这一规定既体现了对设计者创新成果的保护，又考虑了集成电路技术的快速发展和更新换代的需求。

（三）集成电路布图设计专有权的权利内容与限制

集成电路布图设计专有权的权利内容主要包括复制权、商业利用权等。复制权是指权利人有权通过不同方式来复制其受保护的布图设计，包括制作布图设计的复制件或者图样等。商业利用权则是指权利人有权为商业目的而利用布图设计或含有布图设计的集成电路，包括进口、销售或者以其他方式提供受保护的布图设计等。

然而，集成电路布图设计专有权的行使并非毫无限制。为了防止权利的滥用和促进技术的交流与进步，法律对布图设计专有权进行了一定的限制。例如，在特定情况下，为了公共利益的目的或者经人民法院、不正当竞争行为监督检查部门依法认定布图设计权利人有不正当竞争行为而需要给予补救时，相关部门可以给予使用其布图设计的非自愿许可。此外，对于某些常规设计或者已经进入公有领域的布图设计，权利人也不得主张专有权。

（四）集成电路布图设计专有权的侵权认定与法律责任

集成电路布图设计专有权的侵权认定是保护布图设计专有权的重要环节。在侵权认定过程中，需要综合考虑布图设计的独创性、新颖性以及与被控侵权设计的相似性等因素。如果未经权利人许可，擅自复制、商业利用或者进行其他侵害布图设计专有权的行为，就可能构成侵权。

对于侵权行为，法律规定了相应的法律责任。侵权人可能需要承担停止侵害、消除影响、赔礼道歉、赔偿损失等民事责任。如果侵权行为情节严重，构成犯罪的，还可能依法追究刑事责任。这些法律责任的规定，旨在维护集成电路布图设计专有权的严肃性和权威性，保障权利人的合法权益不受侵害。

综上所述，集成电路布图设计专有权保护制度是一个涉及法律地位、取得与保护期限、权利内容与限制以及侵权认定与法律责任等多个方面的复杂体系。这一制度的建立和完善，对于促进集成电路产业的创新发展、保护设计者的智力劳动成果以及维护市场秩序具有重要意义。

二、植物新品种权保护制度

（一）植物新品种权的法律基础与定义

植物新品种权，作为知识产权领域的一项重要内容，其法律基础源于对植物育种者创新成果的尊重与保护。《中华人民共和国植物新品种保护条例》及其实施细则，为植物新品种权的保护提供了坚实的法律依据。植物新品种，是指经过人工培育的或者对发现的野生植物加以开发，具备新颖性、特异性、一致性和稳定性，并有适当命名的植物品种。这些特性确保了植物新品种的独特性和可重复性，为育种者的创新成果提供了法律上的界定。

植物新品种权，则是指育种者对其培育的植物新品种所享有的专有权利。这一权利不仅涵盖了植物新品种的繁殖材料，还包括了基于该新品种所衍生的相关权益。它是对育种者智力劳动成果的认可，也是激励育种者持续创新的重要法律手段。

（二）植物新品种权的授予条件与程序

植物新品种权的授予，并非随意而为，而是需要满足一系列严格的条件，并经过法定的程序。首先，申请植物新品种权的品种必须属于国家植物品种保护名录中列举的植物的属或者种，这是确保申请品种符合保护范围的基本要求。其次，申请品种必须具备新颖性、特异性、一致性和稳定性。新颖性要求申请品种在申请日前未被销售，或者经育种者许可的销售未超过法定期限；特异性要求申请品种明显区别于已知品种；一致性要求申请品种经过繁殖后，除可预见的变异外，其相关特征或特性保持一致；稳定性则要求申请品种经过反复繁殖后，其相关特征或特性保持不变。

在程序上，植物新品种权的申请需要经过提交申请、初步审查、实质审查、授权与公告等多个环节。申请人需要向相关部门提交符合要求的申请文件，并缴纳相应的申请费。相关部门在收到申请后，会进行初步审查，确保申请文件符合形式要求。随后，会进行实质审查，对申请品种的新颖性、特异性、一致性和稳定性进行评估。如果申请品种符合授予条件，相关部门将授予植物新品种权，并予以公告。

（三）植物新品种权的权利内容与限制

植物新品种权的权利内容广泛，主要包括生产权、繁殖权、销售权、使用权等。育种者对其授权品种享有排他性的独占权，可以自主决定品种的生产、繁殖、销售和使用方式。这种独占权不仅保护了育种者的创新成果，也为其带来了经济上的回报。

然而，植物新品种权的行使并非毫无限制。法律为了平衡育种者与社会公众的利益，对植物新品种权进行了一定的限制。例如，农民自繁自用授权品种的繁殖材料，可以不经植物新品种权所有人许可，不向其支付使用费。这一规定体现了对农民权益的保护，也促进了农业生产的可持续发展。此外，为了国家利益或者社会公共利益，相关部门可以作出实施植物新品种权强制许可的决定，并予以登记和公告。取得实施强制许可的单位或者个人应当付给品种权人合理的使用费。

（四）植物新品种权的侵权认定与法律保护

植物新品种权的侵权认定是保护育种者权益的关键环节。在侵权认定过程中，需要综合考量被控侵权品种与授权品种在特征、特性等方面的相似性，以及被控侵权行为的性质和情节等因素。如果未经植物新品种权所有人许可，擅自生产、繁殖、销售或使用授权品种的繁殖材料，就可能构成侵权。

对于侵权行为，法律提供了全面的保护。植物新品种权所有人或者利害关系人可以请求县级以上人民政府农业、林业行政部门依据各自的职权进行处理，也可以直接向人民法院提起诉讼。相关部门在接到投诉或举报后，会依法进行调查处理，并根据侵权行为的性质和情节作出相应的行政处罚。如果侵权行为构成犯罪，还将依法追究刑事责任。这些法律保护措施共同构成了植物新品种权的坚实防线，为育种者的创新成果提供了有力的法律保障。

三、地理标志权保护制度

（一）地理标志权的法律渊源与本质特征

地理标志权，作为一项独特的知识产权，其法律渊源可追溯至《保护工业产权巴黎公约》《与贸易有关的知识产权协定》等国际条约，以及各国国内的相关法律法规。地理标志，是指标示某商品来源于某地区，该商品的特定质量、信誉或其他特征，主要由该地区的自然因素或者人文因素所决定的标志。地理标志权，则是指附着在来源于特定地区的特定商品上的权利束，它保护了地理标志所承载的特定地域的自然因素和人文因素，以及由此产生的商品质量和信誉。

地理标志权的本质特征在于其集体性、地域性和不可转让性。集体性意味着地理标志权并非由单一主体享有，而是由特定地域内的生产者或经营者共同享有；地域性则强调了地理标志与特定地域之间的紧密联系，离开了这个地域，地理标志就失去了其独特的价值和意义；不可转让性则是指地理标志权不能像其他知识产权那样被随意转让或许可他人使用，而必须与特定地域和特定商品紧密相连。

（二）地理标志权的保护模式与立法实践

在国际上，地理标志权的保护模式多种多样，主要包括商标法保护、专门法保护和反不正当竞争法保护等。商标法保护是将地理标志注册为集体商标或证明商标，通过商标法体系来保护地理标志权；专门法保护是制定专门的地理标志保护法律，对地理标志进行全面系统的保护；反不正当竞争法保护则是将侵犯地理标志权的行为视为不正当竞争行为，通过反不正当竞争法来制止和惩罚。

在我国，地理标志权的保护主要依赖于商标法和专门法。《中华人民共和国商标法》明确规定了地理标志可以作为证明商标或集体商标注册，并赋予注册人相应的商标专用权。同时，我国还制定了《地理标志产品保护办法》等专门法规，对地理标志产品的申请、审查、保护和管理等方面进行了详细规定。这些立法实践为地理标志权的保护提供了有力的法律保障。

（三）地理标志权的内容与行使限制

地理标志权的内容丰富多样，主要包括使用权、禁止权、标识权等。使用权是指地理标志权人有权在其商品上使用地理标志，以表明商品的地理来源和特定质量；禁止权则是指地理标志权人有权禁止他人未经许可擅自使用其地理标志，以防止混淆和误导消费者；标识权则是指地理标志权人有权在其商品包装、说明书等上使用地理标志专用标志，以突出商品的地理特色。

然而，地理标志权的行使并非毫无限制。为了保护消费者的合法权益和维护市场秩序，法律对地理标志权的行使进行了一定的限制。例如，地理标志权人不得滥用其权利，不得进行虚假宣传或误导消费者；同时，地理标志权人还负有保护特定地域生态环境的义务，以确保地理标志所承载的自然因素和人文因素得以持续存在和发展。

（四）地理标志权的侵权认定与救济途径

地理标志权的侵权认定是保护地理标志权的重要环节。在侵权认定过程中，需要综合考虑被控侵权商品与地理标志商品在地理来源、质量特征、标识使用等方面的相似性，以及被控侵权行为的性质和情节等因素。如果未经地理标志权人许可，擅自使用其地理标志或进行虚假宣传等侵权行为，就可能构成对地理标志权的侵犯。

对于地理标志权的侵权行为，法律提供了多种救济途径。地理标志权人或利害关系人可以向人民法院提起诉讼，要求侵权人停止侵权行为、消除影响、赔礼道歉并赔偿损失。同时，相关部门也可以依法对侵权行为进行查处和处罚，以维护市场秩序和地理标志权的严肃性。此外，消费者在购买商品时也应提高警惕，避免购买到侵犯地理标志权的商品，共同维护地理标志权的合法权益。

四、其他新兴知识产权法律制度的探索与发展

（一）新兴知识产权的涌现与法律制度的回应

随着科技的迅猛发展和社会的快速变革，新兴知识产权不断涌现，为法律制度提出了新的挑战。这些新兴知识产权包括但不限于数据库权、域名权以及数字版权等。它们各自具有独特的属性和价值，对于促进科技创新、文化繁荣和经济发展具有重要意义。

面对新兴知识产权的涌现，法律制度必须作出及时而有效的回应。这要求立法者深入研究新兴知识产权的特点和规律，结合实际情况，制定或修订相关法律法规，以明确其保护范围、权利内容和行使方式。同时，司法实践也需要紧跟时代步伐，通过判例和法律解释等方式，为新兴知识产权提供有力的司法保护。

（二）数据库权的法律保护与探索

数据库作为信息时代的重要资源，其法律保护问题日益受到关注。数据库权是指数据库制作者对其数据库所享有的专有权利，包括复制权、发行权、汇编权等。数据库权的保护旨在激励数据库制作者投入更多资源进行数据库的开发和维护，促进信息的传播和利用。

在数据库权的法律保护方面，各国采取了不同的立法模式。一些国家通过专门立法来保护数据库权，如欧盟的《数据库指令》；而另一些国家则通过版权法或反不正当竞争法来提供保护。我国也在积极探索数据库权的法律保护路径，通过完善相关法律法规，加强数据库权的保护力度。

数据库权的保护还面临着诸多挑战，如数据库的定义和范围界定、数据库独创性的判断标准等。这些问题的解决需要立法者、司法者和学术界共同努力，通过深入研究和实践探索，不断完善数据库权的法律保护体系。

（三）域名权的法律地位与保护机制

域名作为互联网上的重要标识，其法律地位和保护问题也日益凸显。域名权是指域名注册者对其注册的域名所享有的专有权利，包括使用权、转让权等。域名权的保护旨在防止域名的抢注、滥用和侵权等行为，维护网络秩序和公平竞争。

在域名权的法律地位方面，各国普遍认为域名具有类似商标的识别功能，因此可以参照商标法的相关规定进行保护。同时，一些国家还制定了专门的域名管理办法或规定，以明确域名的注册、使用和管理等方面的要求。

域名权的保护机制主要包括行政保护、司法保护和自律保护等。行政保护是指相关行政部门对域名注册和使用行为进行监管和查处；司法保护是指通过诉讼程序来解决域名纠纷；自律保护则是指域名注册管理机构、域名注册服务机构等行业组织通过制定行业规范和自律规则等方式来维护域名秩序。

| 第四章 |

知识产权的管理与运营

第一节 知识产权管理机构与职责

一、知识产权管理机构的设置与架构

（一）知识产权管理机构的战略定位与核心职能

知识产权管理机构在企业或组织内部扮演着至关重要的角色，其战略定位与核心职能的明确是构建高效知识产权管理体系的基础。在战略定位上，知识产权管理机构应被视为企业或组织创新战略的核心组成部分，负责统筹、规划、实施和监督知识产权的创造、运用、保护和管理活动。其核心职能则涵盖知识产权的获取、维护、运营及风险防控等多个方面。

在知识产权获取方面，管理机构需制定并执行专利申请、商标注册、著作权登记等策略，确保企业或组织的技术创新成果和品牌形象得到及时有效的法律保护。同时，还需关注国内外知识产权法律动态，及时调整申请策略，以最大化知识产权的价值。

在知识产权维护上，管理机构需负责监控知识产权的有效期，及时办理续展、变更等手续，确保知识产权的持续有效。此外，还需对侵权行为

进行监测和应对，通过法律手段维护企业或组织的合法权益。

知识产权运营是管理机构的重要职能。这包括知识产权的转让、许可、质押等商业化运作，以及通过知识产权的交叉许可、合作开发等方式，实现知识产权的价值最大化。管理机构需具备敏锐的市场洞察力和商业谈判能力，以推动知识产权的有效运营。

风险防控也是知识产权管理机构不可或缺的核心职能。这要求管理机构建立健全知识产权风险预警机制，对潜在的知识产权风险进行识别和评估，并制定相应的应对措施。同时，还需加强员工的知识产权培训，提高全员的知识产权保护意识，从源头上减少知识产权风险的发生。

（二）知识产权管理机构的组织架构与人员配置

知识产权管理机构的组织架构应依据企业或组织的规模、业务特点和发展需求进行设计。一般而言，知识产权管理机构可设置决策层、管理层和执行层三个层级。

决策层由企业或组织的高层领导组成，负责知识产权战略的制定和重大事项的决策。他们需具备战略眼光和全局观念，能够把握知识产权管理的发展方向，为知识产权管理机构提供有力的支持和保障。

管理层是知识产权管理机构的核心，负责具体管理活动的组织和实施。他们需具备丰富的知识产权管理经验和专业知识，能够制定并执行知识产权管理制度和流程，确保知识产权管理工作的规范化和高效化。

执行层则负责具体的知识产权管理任务，如专利申请、商标注册、侵权监测等。他们需具备扎实的专业知识和良好的执行能力，能够准确、高效地完成各项管理任务。

在人员配置上，知识产权管理机构应配备足够数量的专业人员，包括知识产权律师、专利代理人、商标代理人等。这些人员需具备相应的专业资质和丰富的实践经验，能够为企业提供全方位的知识产权服务。

同时，还需注重人员的培训和继续教育，不断提高其专业素养和业务能力。

（三）知识产权管理机构的运作流程与规范

知识产权管理机构的运作流程与规范是确保其高效、有序运作的关键。在运作流程上，管理机构应建立从知识产权申请、审查、授权到维护、运营、风险防控的全流程管理体系。每个环节都需明确责任人和时间节点，确保管理活动的顺利进行。

在规范方面，管理机构应制定完善的知识产权管理制度和流程，包括知识产权申请制度、审查制度、维护制度、运营制度以及风险防控制度等。这些制度和流程需明确各项管理活动的标准、要求和操作流程，确保管理活动的规范化和标准化。

另外，管理机构还需建立有效的监督和考核机制，对知识产权管理活动进行定期检查和评估。通过监督和考核，及时发现问题并进行整改，确保知识产权管理活动的质量和效果。

（四）知识产权管理机构与其他部门的协同与整合

知识产权管理机构与其他部门的协同与整合是实现企业或组织整体战略目标的重要保障。在协同方面，管理机构需与研发、生产、销售等部门保持密切沟通与合作，共同推动知识产权的创造、运用和保护。例如，在研发阶段，管理机构可参与项目立项和评审，提供知识产权方面的建议和指导；在生产阶段，管理机构可协助制定知识产权保护措施，防止技术泄露和侵权行为的发生；在销售阶段，管理机构可参与合同谈判和签订，确保知识产权的合法使用和收益分配。

在整合方面，管理机构需将知识产权管理纳入企业或组织的整体管理体系中，与其他管理体系进行有机融合。例如，可将知识产权管理目标与企业的战略目标相结合，将知识产权管理绩效纳入员工的绩效考核体系中，以推动知识产权管理活动的深入开展和有效实施。

二、知识产权管理机构的职责与权限

（一）知识产权战略规划与决策支持职责

知识产权管理机构在企业或组织中承担着制定和实施知识产权战略规划的重要职责。这一职责要求管理机构具备前瞻性的视野和战略性的思维，能够紧密结合企业或组织的整体发展战略，明确知识产权的创造、运用、保护和管理目标。具体而言，管理机构需要深入分析市场趋势、技术动态以及竞争对手的知识产权布局，从而为企业或组织的知识产权战略提供科学依据。

在战略规划的制定过程中，管理机构应组织跨部门团队进行研讨和论证，确保战略目标的合理性和可行性。同时，管理机构还需定期评估战略规划的实施效果，根据实际情况进行调整和优化，以确保战略规划能够持续引领企业或组织的知识产权工作向前发展。

除了战略规划的制定，知识产权管理机构还承担着为决策层提供知识产权方面决策支持的职责。这要求管理机构具备敏锐的市场洞察力和数据分析能力，能够准确捕捉知识产权领域的新动态、新趋势，为决策层提供及时、准确的信息和建议。在涉及知识产权的重大决策中，管理机构应积极参与讨论和论证，提供专业的意见和建议，帮助决策层做出科学、合理的决策。

（二）知识产权创造、申请与维护管理权限

知识产权管理机构在知识产权的创造、申请与维护方面拥有重要的管理权限。

在知识产权创造方面，管理机构应鼓励和支持企业或组织的创新活动，通过制定激励政策、提供创新资源等方式，激发员工的创新热情和创造力。同时，管理机构还应组织专业的知识产权培训，提高员工的知识产权意识和能力，为知识产权的创造提供有力的人才保障。

在知识产权申请方面，管理机构应负责组织和协调专利申请、商标注册、著作权登记等工作。这要求管理机构具备丰富的申请经验和专业的申请能力，能够准确把握申请时机、选择合适的申请途径和方式，确保申请的成功率和质量。同时，管理机构还应建立知识产权申请档案，对申请过程进行全程跟踪和管理，确保申请工作的顺利进行。

在知识产权维护方面，管理机构应负责监控知识产权的有效期，并处理知识产权的续展、变更等事务。这要求管理机构具备严谨的工作态度和高效的工作能力，能够及时发现和处理知识产权维护过程中出现的问题，确保知识产权的持续有效。此外，管理机构还应积极应对知识产权侵权纠纷和侵权行为，通过法律手段维护企业或组织的合法权益。

（三）知识产权运营与商业化职责

知识产权管理机构在知识产权的运营与商业化方面扮演着重要角色。这一职责要求管理机构具备敏锐的市场洞察力和商业运作能力，能够充分挖掘知识产权的商业价值，推动知识产权的转化和应用。具体而言，管理机构应负责知识产权的评估、定价和交易工作，通过合理的评估方法和定价策略，确保知识产权的交易价格能够反映其真实价值。

在知识产权的运营过程中，管理机构应积极探索多样化的运营模式，如知识产权转让、许可、质押融资等，以实现知识产权的价值最大化。同时，管理机构还应加强与外部机构的交流与合作，拓展知识产权的运营渠道和合作空间，为企业或组织创造更多的商业机会和经济效益。

此外，知识产权管理机构还应关注知识产权的商业化应用情况，及时收集和分析市场反馈和用户需求，为知识产权的进一步研发和改进提供有力支持。通过不断优化知识产权的运营和商业化策略，管理机构能够推动企业或组织的知识产权工作不断向前发展。

（四）知识产权风险防控与合规管理职责

知识产权管理机构在知识产权风险防控与合规管理方面承担着重要职

责。这一职责要求管理机构具备高度的风险意识和合规意识，能够及时发现和应对知识产权领域的风险和挑战。具体而言，管理机构应建立健全知识产权风险预警机制，对潜在的知识产权风险进行识别和评估，并制定相应的应对措施。

在风险防控方面，管理机构应加强对知识产权的保密管理，防止技术泄露和侵权行为的发生。同时，管理机构还应积极应对知识产权侵权纠纷和诉讼，通过法律手段维护企业或组织的合法权益。在合规管理方面，管理机构应确保企业或组织的知识产权活动符合相关法律法规和政策要求，避免因违规行为而引发的法律风险和声誉损失。

为了有效履行风险防控与合规管理职责，知识产权管理机构应加强与法务、合规等部门的沟通与协作，共同构建完善的知识产权风险防控和合规管理体系。通过不断加强风险防控和合规管理工作，管理机构能够为企业或组织的知识产权工作提供有力的保障和支持。

三、知识产权管理人员的培训与考核

（一）知识产权管理人员培训的重要性与必要性

知识产权管理人员的培训与考核是构建高效知识产权管理体系的重要环节，其重要性与必要性不言而喻。在知识经济时代，知识产权已成为企业核心竞争力的重要组成部分，而知识产权管理人员的专业素养和综合能力则直接影响企业知识产权工作的质量和效果。因此，加强知识产权管理人员的培训，提升其专业素养和综合能力，对于推动企业知识产权战略的实施、增强企业核心竞争力具有重要意义。

培训的重要性首先体现在提升知识产权管理人员的专业素养上。知识产权领域涉及法律、技术、管理等多个方面，要求管理人员具备扎实的专业知识和丰富的实践经验。通过系统的培训，可以使管理人员掌握最新的知识产权法律法规、政策动态以及前沿技术，提升其专业素养和业务能力。同时，培训还可以帮助管理人员了解行业发展趋势和市场需求，为其制定科学合理的知识产权战略提供有力支持。

其次，培训对于增强知识产权管理人员的综合能力也至关重要。知识产权管理工作不仅需要管理人员具备专业知识，还需要其具备良好的沟通协调能力、团队协作能力以及创新思维能力等。通过培训，可以培养管理人员的这些能力，使其能够更好地应对复杂多变的知识产权管理环境，提高工作效率和质量。

最后，培训还有助于提升知识产权管理人员的职业认同感和归属感。通过培训，管理人员可以更加深入地了解知识产权工作的重要性和价值，增强其对职业的认同感和归属感。这有助于激发管理人员的工作热情和积极性，提高其工作满意度和忠诚度，从而为企业知识产权工作的持续发展提供有力保障。

（二）知识产权管理人员培训的内容与方式

知识产权管理人员培训的内容应涵盖知识产权法律法规、政策动态、前沿技术、管理技能等多个方面。在法律法规方面，应重点培训专利法、商标法、著作权法等基础法律法规，以及相关的国际条约和协定。在政策动态方面，应及时解读国家和地方有关知识产权的政策文件和精神，使管理人员了解政策走向和扶持重点。在前沿技术方面，应介绍最新的技术发展趋势和创新成果，帮助管理人员把握技术发展方向和市场需求。在管理技能方面，应培养管理人员的沟通协调能力、团队协作能力、项目管理能力等，提升其综合管理能力。

培训方式应多样化，以满足不同管理人员的学习需求。可以采取线上与线下相结合的方式，线上培训可以利用网络平台进行远程教学，方便管理人员随时随地学习；线下培训则可以组织面对面的授课、研讨和交流活动，增强管理人员之间的互动和合作。此外，还可以邀请行业专家开讲座和进行分享，组织实地考察和案例分析等活动，使管理人员能够更加直观地了解知识产权工作的实际情况和操作方法。

（三）知识产权管理人员考核的标准与流程

知识产权管理人员考核的标准应全面、客观、公正，能够真实反映管理人员的工作表现和业绩。考核标准可以包括工作业绩、专业能力、工作态度等多个方面。在工作业绩方面，可以考核管理人员的专利申请数量、质量以及授权率等指标；在专业能力方面，可以考核管理人员对知识产权法律法规的掌握程度、处理知识产权侵权纠纷的能力等；在工作态度方面，可以考核管理人员的责任心、敬业精神以及团队协作能力等。

考核流程应规范、透明，确保考核结果的公正性和可信度。考核流程可以包括制定考核计划、发布考核通知、组织考核实施、汇总考核结果以及反馈考核结果等步骤。在制定考核计划时，应明确考核的目的、内容、方式和时间等；在发布考核通知时，应告知管理人员考核的具体要求和注意事项；在组织考核实施时，应确保考核过程的公正、公平和公开；在汇总考核结果时，应认真核对各项数据和信息，确保考核结果的准确性；在反馈考核结果时，应及时与管理人员进行沟通和交流，帮助其了解自身的工作表现和业绩情况，并提出改进意见和建议。

（四）知识产权管理人员培训与考核的持续优化

知识产权管理人员的培训与考核是一个持续优化的过程，需要不断根据实际情况进行调整和改进。为了持续优化培训与考核工作，可以采取以下措施。

一是建立培训与考核的反馈机制。通过收集管理人员对培训与考核工作的意见和建议，了解其在培训内容和方式、考核标准和流程等方面的需求和期望，为后续的优化工作提供依据。

二是加强培训与考核的针对性。根据管理人员的岗位需求、专业背景以及个人发展规划等因素，制定个性化的培训与考核方案，提高培训与考核的针对性和实效性。

三是注重培训与考核的实效性评估。通过对培训与考核工作的实效性进行评估，了解其在提升管理人员专业素养和综合能力、推动企业知识产权工作发展等方面的实际效果，为后续的优化工作提供方向。

四是推动培训与考核的创新和发展。随着知识产权领域的不断发展和变化，培训与考核工作也需要不断创新和发展。可以探索采用新的培训方式和技术手段，如在线学习平台、虚拟现实技术等，提高培训与考核的趣味性和互动性；同时，也可以不断完善考核标准和流程，使其更加科学、合理和公正。

四、知识产权管理机构的协同与协作

（一）知识产权管理机构内部协同机制构建

知识产权管理机构的内部协同机制是确保其高效运作的基础。在构建这一机制时，需明确各部门及岗位的职责与权限，确保知识产权的创造、运用、保护和管理各环节无缝衔接。具体而言，应设立专门的知识产权管理部门或岗位，负责统筹协调知识产权相关工作，同时明确研发、法务、市场、财务等部门在知识产权管理中的具体职责，形成跨部门协同的工作格局。

为实现内部协同，需建立有效的沟通渠道和信息共享平台。通过定期召开知识产权管理会议、设立内部通信群组等方式，促进各部门之间的信息交流，确保知识产权管理决策能够及时传达并执行。此外，还应建立知识产权管理档案和数据库，对知识产权的申请、审查、维护等全过程进行记录和管理，为各部门提供便捷的信息查询和共享服务。

在协同机制中，还应注重培养员工的协同意识和团队精神。通过组织培训、团队建设活动等方式，增强员工对知识产权管理重要性的认识，提高其协同工作的积极性和能力。同时，建立合理的激励机制，对在知识产权管理中表现突出的部门和个人给予表彰和奖励，激发其协同工作的动力。

（二）知识产权管理机构与外部机构的协作模式

知识产权管理机构的外部协作是拓展其管理效能的重要途径。与外部机构的协作模式应多样化，包括与政府部门、行业协会、科研机构、律师事务所等的合作。与政府部门协作，可及时了解政策动态，争取政策支持和资源倾斜；与行业协会协作，可参与行业标准的制定和修订，提升企业在行业中的话语权；与科研机构协作，可加强产学研合作，促进知识产权的转化和应用；与律师事务所协作，可获得专业的法律支持，有效应对知识产权侵权纠纷和诉讼。

在协作过程中，应建立明确的合作机制和利益分配机制。通过签订合作协议、明确合作目标和任务、制定合作计划和时间表等方式，确保合作双方能够各司其职、协同推进。同时，根据合作成果与贡献大小，合理分配利益，保障合作双方的合法权益。

此外，还应注重与外部机构的长期合作和战略联盟。通过建立稳定的合作关系和互信机制，实现资源共享、优势互补，共同推动知识产权管理事业的发展。在合作过程中，不断总结经验教训，优化合作模式和机制，提高合作效率和效果。

（三）知识产权管理机构协同与协作中的信息共享与资源整合

信息共享与资源整合是知识产权管理机构协同与协作的关键环节。在信息共享方面，应建立统一的信息平台和数据库，对知识产权的相关信息进行集中管理和共享。通过该平台，各部门和外部机构可实时查询和获取知识产权的申请、审查、维护、运用等全过程信息，提高信息利用效率。

在资源整合方面，应充分发挥各部门和外部机构的优势资源，实现资源的优化配置和高效利用。例如，研发部门可提供技术创新成果，法务部门可提供法律支持，市场部门可提供市场需求信息，财务部门可提供资金支持等。通过整合这些资源，形成知识产权管理的合力，推动知识产权的创造、运用和保护工作取得更大成效。

为实现信息共享与资源整合，需加强技术支撑和制度建设。在技术支撑方面，应利用大数据、云计算等现代信息技术手段，提高信息处理和共享能力；在制度建设方面，应制定完善的信息共享和资源整合管理制度和流程，明确各部门和外部机构的职责和权限，确保信息共享和资源整合工作的规范化和制度化。

（四）知识产权管理机构协同与协作的绩效评估与改进

知识产权管理机构的协同与协作绩效评估是检验其工作成效的重要手段。在绩效评估方面，应建立科学合理的评估指标体系，包括协同工作的效率、效果、质量等方面。通过定期评估，及时发现协同与协作中存在的问题和不足，为改进工作提供依据。

在改进方面，应根据绩效评估结果，制定针对性的改进措施和计划。例如，针对协同工作中存在的沟通不畅问题，可加强沟通渠道建设、提高沟通效率；针对资源整合中存在的资源闲置问题，可优化资源配置、提高资源利用效率等。同时，应建立持续改进的机制，不断总结经验教训，优化协同与协作模式和机制，提高知识产权管理机构的协同与协作能力和水平。

此外，还应注重绩效评估与改进工作的公开透明和参与度。通过公开评估结果和改进措施，增强各部门和外部机构对协同与协作工作的认同感和责任感；通过广泛征求各方意见和建议，提高改进工作的针对性和实效性。通过绩效评估与改进工作的持续开展，推动知识产权管理机构的协同与协作工作不断迈上新台阶。

第二节　知识产权资产评估方法

一、知识产权资产评估的重要性与原则

（一）知识产权资产评估的重要性

知识产权资产评估在现代经济体系中占据着举足轻重的地位，其重要性体现在多个层面。首先，从经济价值的量化角度来看，知识产权作为无形资产，其内在价值往往难以直接观察和衡量。通过专业的资产评估，可以将知识产权的经济价值以货币形式量化，为企业的财务决策、投资分析以及并购重组等提供重要依据。这种量化不仅有助于企业准确了解自身知识产权的资产状况，还能在对外合作、融资等活动中增强企业的谈判力和竞争力。

其次，知识产权资产评估对于促进知识产权的转化和运用具有关键作用。在知识经济时代，知识产权已成为企业创新发展的核心驱动力。然而，知识产权的转化和运用往往面临着诸多障碍，如价值认定不清、风险难以评估等。通过资产评估，可以明确知识产权的市场价值，降低交易风险，促进知识产权的有效流转和合理配置，从而推动科技成果的商业化进程。

再次，知识产权资产评估对于保护企业合法权益具有重要意义。在知识产权侵权纠纷中，资产评估可以作为证据支持，帮助企业维护自身的合法权益。同时，在知识产权质押融资、作价入股等经济活动中，资产评估也是保障交易双方权益的重要手段。通过准确评估知识产权的价值，可以确保交易价格的公平合理，避免企业因价值低估而遭受损失。

最后，知识产权资产评估对于提升企业的整体价值具有积极作用。知识产权作为企业的重要资产，其价值的高低直接影响企业的整体价值。通

过知识产权资产评估，可以及时发现并挖掘知识产权的潜在价值，为企业的战略规划和长期发展提供有力支持。同时，资产评估还可以促进企业对知识产权的重视和管理，提升企业的创新能力和市场竞争力。

（二）知识产权资产评估的原则

知识产权资产评估应遵循一系列基本原则，以确保评估结果的准确性和公正性。首先，评估应遵循独立性原则。评估机构和评估人员应保持独立地位，不受任何外部因素的干扰和影响，确保评估过程的客观性和公正性。这要求评估机构和评估人员具备高度的职业道德和责任感，严格遵守评估行业的规范和标准。

其次，评估应遵循科学性原则。评估方法和技术的选择应基于科学的理论和方法体系，确保评估结果的准确性和可靠性。评估人员应具备扎实的专业知识和丰富的实践经验，能够根据不同类型的知识产权选择合适的评估方法和技术手段。同时，评估过程应遵循科学的程序和规范，确保评估结果的客观性和可验证性。

再次，评估应遵循市场性原则。评估结果应反映知识产权在市场上的真实价值，体现市场供求关系和竞争状况。这要求评估人员密切关注市场动态和行业发展趋势，了解知识产权的市场需求和竞争状况，确保评估结果与市场实际相符。同时，评估过程还应考虑知识产权的潜在价值和未来收益能力，为企业的投资决策提供有力支持。

最后，评估应遵循合法性原则。评估过程应严格遵守国家法律法规和行业规范，确保评估行为的合法性和合规性。评估机构和评估人员应具备相应的资质和资格，按照规定的程序和要求进行评估工作。同时，评估报告应真实、准确、完整地反映评估过程和结果，为企业的决策和监管部门的监督提供可靠依据。

（三）知识产权资产评估的复杂性

知识产权资产评估的复杂性主要体现在以下几个方面。首先，知识产权的种类繁多，包括专利、商标、著作权、商业秘密等多种类型，每种类型的知识产权都有其独特的属性和价值评估方法。这要求评估人员具备广泛的专业知识和丰富的实践经验，能够根据不同类型的知识产权选择合适的评估方法和技术手段。

其次，知识产权的价值受多种因素影响，如技术成熟度、市场需求、竞争状况、法律环境等。这些因素的变化往往难以预测和量化，给评估工作带来了很大的困难。评估人员需要综合考虑各种因素，运用科学的方法和手段进行价值评估，以确保评估结果的准确性和可靠性。

再次，知识产权的评估过程需要涉及多个领域和专业知识，如技术、法律、经济、财务等。这要求评估人员具备跨学科的知识结构和综合能力，能够协调各方面资源，确保评估工作的顺利进行。同时，评估过程还需要与相关部门和机构进行沟通和协调，获取必要的信息和数据支持。

（四）知识产权资产评估的规范性要求

为了确保知识产权资产评估的准确性和公正性，必须遵循一系列规范性要求。首先，评估机构和评估人员应具备相应的资质和资格，按照规定的程序和要求进行评估工作。评估机构应建立完善的内部管理制度和质量控制体系，确保评估过程的规范性和评估结果的可靠性。

其次，评估报告应真实、准确、完整地反映评估过程和结果。评估报告应包括评估目的、评估方法、评估过程、评估结果以及必要的附件和说明等内容。评估报告应经过严格的审核和签字确认程序，确保报告的真实性和合法性。

最后，评估过程应遵循公开、公平、公正的原则。评估机构和评估人员应保持独立地位，不受任何外部因素的干扰和影响。评估过程应公开透明，接受社会监督和行业自律组织的检查。同时，评估结果应及时向委托方和相关利益方披露，确保信息的对称性和透明度。

二、知识产权资产评估的方法与模型

（一）市场法评估知识产权资产

市场法评估知识产权资产，是依据市场上类似知识产权的交易价格，通过比较和调整来确定被评估知识产权的价值。这种方法的核心在于寻找可比交易案例，并对其进行合理调整以反映被评估知识产权的特定情况。市场法的优点在于其直观性和易于理解，能够直接反映市场供求关系和竞争状况对知识产权价值的影响。

在应用市场法时，评估人员需要广泛收集市场上类似知识产权的交易数据，包括交易价格、交易条件、交易时间等关键信息。随后，通过对比分析被评估知识产权与可比交易案例在权利范围、技术特征、市场应用等方面的差异，对可比交易价格进行适当调整，以得出被评估知识产权的评估值。这一过程要求评估人员具备丰富的市场经验和敏锐的判断力，能够准确识别和调整可比交易案例与被评估知识产权之间的差异。

然而，市场法也存在一定的局限性。一方面，市场上类似知识产权的交易案例可能并不多见，导致可比交易数据的获取难度较大；另一方面，即使存在可比交易案例，其交易条件和背景也可能与被评估知识产权存在显著差异，使得调整过程变得复杂且主观性较强。因此，在应用市场法时，评估人员需要谨慎选择可比交易案例，并充分考虑各种因素对评估结果的影响。

（二）收益法评估知识产权资产

收益法评估知识产权资产，是基于被评估知识产权未来预期收益的能力来确定其价值。这种方法的核心在于预测被评估知识产权的未来收益，并将其折现到评估基准日，以得出评估值。收益法的优点在于其能够充分考虑被评估知识产权的潜在价值和未来收益能力，为企业的投资决策提供有力支持。

在应用收益法时，评估人员需要先预测被评估知识产权的未来收益。这包括预测知识产权的使用期限、预期收益额以及收益的风险程度等关键要素。随后，根据预测的未来收益和适当的折现率，将未来收益折现到评估基准日，以得出评估值。这一过程要求评估人员具备扎实的财务知识和丰富的预测经验，能够准确预测被评估知识产权的未来收益情况。

收益法的局限性主要在于其预测过程的主观性和不确定性。由于未来收益受到多种因素的影响，如市场需求、技术进步、竞争状况等，因此预测结果可能存在一定的误差。此外，折现率的选择也会对评估结果产生重要影响。折现率过高可能导致评估值偏低，而折现率过低则可能导致评估值偏高。因此，在应用收益法时，评估人员需要充分考虑各种因素对预测结果和折现率的影响，并进行合理的调整。

（三）成本法评估知识产权资产

成本法评估知识产权资产，是基于被评估知识产权的重置成本来确定其价值。这种方法的核心在于估算被评估知识产权的重置成本，并考虑其贬值因素以得出评估值。成本法的优点在于其能够反映被评估知识产权的历史投入和当前市场状况，为企业的资产管理和成本控制提供有力支持。

在应用成本法时，评估人员需要先估算被评估知识产权的重置成本。这包括估算知识产权的研发成本、申请成本、维护成本等关键要素。随后，根据知识产权的贬值因素，如技术贬值、经济贬值等，对重置成本进行适当调整，以得出评估值。这一过程要求评估人员具备丰富的成本估算经验和专业的贬值分析能力，以准确估算被评估知识产权的重置成本和贬值因素。

成本法的局限性主要在于其难以反映被评估知识产权的潜在价值和未来收益能力。由于成本法主要关注知识产权的历史投入和当前市场状况，因此可能无法充分反映其潜在价值和未来收益能力。此外，贬值因素的估算也存在一定的主观性和不确定性。因此，在应用成本法时，评估人员需要充分考虑各种因素对评估结果的影响，并结合其他评估方法进行综合判断。

（四）评估模型的选择与构建

在知识产权资产评估中，评估模型的选择与构建至关重要。评估模型是评估方法的具体化和操作化，能够帮助评估人员更加准确、高效地进行评估工作。在选择评估模型时，评估人员需要根据被评估知识产权的类型、特点以及评估目的等因素进行综合考虑。

对于市场法评估，可以构建基于可比交易案例的调整模型，通过设定一系列调整因子和权重，对可比交易价格进行量化调整。对于收益法评估，可以构建基于未来收益预测的折现模型，通过设定合理的预测参数和折现率，将未来收益折现到评估基准日。对于成本法评估，可以构建基于重置成本和贬值因素的估算模型，通过设定合理的估算方法和贬值率，得出评估值。

在构建评估模型时，评估人员需要充分考虑各种因素对评估结果的影响，并进行合理的假设和简化。同时，评估模型需要具备可操作性和可验证性，以便评估人员能够准确、高效地进行评估工作，并能够对评估结果进行验证和复核。此外，随着知识产权市场的不断发展和变化，评估模型也需要不断更新和完善，以适应新的评估需求和挑战。

三、知识产权资产评估的实践

（一）知识产权资产评估在企业并购中的应用

在企业并购活动中，知识产权资产评估扮演着至关重要的角色。并购方通过评估目标企业的知识产权资产，能够准确了解目标企业的技术实力、创新能力和市场潜力，从而为并购决策提供重要依据。知识产权资产评估不仅有助于并购方确定合理的并购价格，还能帮助并购方识别潜在的知识产权风险，如专利侵权、商标纠纷等，从而制定有效的风险应对策略。

在并购实践中，评估人员需要综合运用多种评估方法，如市场法、收益法和成本法等，对目标企业的知识产权资产进行全面、细致的评估。市场法通过比较类似知识产权的交易价格来确定评估值，适用于市场上存在大量可比交易案例的情况；收益法基于知识产权的未来预期收益来确定评估值，适用于具有明确收益预期的知识产权；成本法则是通过估算知识产权的重置成本并考虑贬值因素来确定评估值，适用于以成本为主要考量因素的知识产权。

此外，在并购过程中，知识产权资产评估还需要关注知识产权的权属问题、有效期限以及是否存在质押、许可等限制条件。这些因素都可能对并购价格产生重要影响，因此评估人员需要仔细审查相关文件，确保评估结果的准确性和可靠性。

（二）知识产权资产评估在质押融资中的应用

知识产权质押融资是企业获取资金的一种重要途径，而知识产权资产评估则是质押融资的关键环节。通过评估知识产权的价值，金融机构能够确定合理的质押率和融资额度，从而降低融资风险。同时，知识产权资产评估还能帮助金融机构识别潜在的知识产权风险，如技术过时、市场变化等，从而制定有效的风险管理措施。

在质押融资实践中，评估人员需要充分考虑知识产权的特殊性，如无形性、易复制性、价值波动性等，选择合适的评估方法和模型。对于技术类知识产权，如专利、技术秘密等，可以采用收益法进行评估，考虑其未来收益能力和市场潜力；对于品牌类知识产权，如商标、商号等，可以采用市场法进行评估，比较类似品牌的交易价格和市场价值。

此外，在质押融资过程中，还需要关注知识产权的变现能力和处置难度。金融机构需要评估在借款人无法按时还款时，能否通过处置知识产权来收回贷款本息。因此，评估人员需要对知识产权的市场需求、转让渠道以及处置成本等因素进行综合考量，为金融机构提供准确的评估结果和风险提示。

（三）知识产权资产评估在税收管理中的应用

在税收管理中，知识产权资产评估也发挥着重要作用。一方面，通过评估知识产权的价值，税务机关能够准确确定企业的应纳税所得额和应缴税额，防止企业利用知识产权进行偷税漏税；另一方面，知识产权资产评估还能为税务机关提供制定税收优惠政策的依据，如针对高新技术企业、创新型企业等的知识产权税收优惠。

在税收管理实践中，评估人员需要遵循税收法规和相关政策要求，对知识产权进行客观、公正的评估。对于涉及税收减免、抵扣等优惠政策的知识产权，评估人员需要特别关注其真实性、合法性和有效性，确保评估结果符合税收法规的要求。同时，评估人员还需要与税务机关保持密切沟通，及时了解税收政策的最新动态和要求，为税务机关提供准确的评估服务和建议。

此外，在税收管理中，知识产权资产评估还需要关注知识产权的转让、许可等经济行为对税收的影响。评估人员需要对这些经济行为进行深入分析，确定其是否涉及税收问题以及涉及何种税收问题，从而为税务机关提供有效的税收监管和征收依据。

（四）知识产权资产评估在侵权赔偿中的应用

在知识产权侵权赔偿案件中，知识产权资产评估是确定赔偿金额的重要依据。通过评估被侵权知识产权的价值，法院能够准确确定侵权方应赔偿的金额，保护知识产权所有者的合法权益。同时，知识产权资产评估还能为侵权方提供合理的赔偿预期，促进其积极履行赔偿义务。

在侵权赔偿实践中，评估人员需要综合考虑多种因素，如被侵权知识产权的类型、价值，侵权行为的性质、情节，以及侵权方的主观过错等。对于不同类型的知识产权，评估人员需要选择合适的评估方法和模型进行价值评估；对于侵权行为的性质和情节，评估人员需要结合相关法律法规和司法实践进行判断和分析；对于侵权方的主观过错，评估人员需要考虑其是否存在故意或重大过失等情况。

此外，在侵权赔偿过程中，还需要关注知识产权的市场价值变化以及侵权行为对知识产权价值的影响。评估人员需要对这些因素进行综合考虑和分析，为法院提供准确的评估结果和赔偿建议。同时，评估人员还需要与法院保持密切沟通，及时了解案件的最新进展和要求，为案件的顺利审理和判决提供有力支持。

第三节　知识产权许可与转让策略

一、知识产权许可与转让的类型与方式

（一）知识产权许可的类型及其特点

知识产权许可是指，知识产权权利人依法将其知识产权的使用权授予他人，允许被许可人在一定条件下使用其知识产权的行为。根据许可的范围和条件，知识产权许可主要可分为独占许可、排他许可和普通许可三种类型。

独占许可是指，被许可人在许可合同约定的期限和地域内，独占性地使用知识产权，排除包括许可人在内的任何第三方在该期限和地域内使用该知识产权。这种许可方式赋予被许可人极大的使用权，通常适用于被许可人希望完全控制知识产权使用场景的情况。独占许可的特点在于其排他性强，被许可人能够充分利用知识产权创造商业价值，但同时也需要承担较高的许可费用和商业风险。

排他许可是指，被许可人在许可合同约定的期限和地域内，有权使用知识产权，同时许可人保留在该期限和地域内自己使用该知识产权的权

利，但不得再许可任何第三方使用。排他许可的特点在于其具有一定的排他性，同时许可人仍保留部分使用权，这种许可方式适用于许可人希望与被许可人共同开发市场或技术的情况。

普通许可是指，被许可人在许可合同约定的期限和地域内，有权使用知识产权，同时许可人保留在该期限和地域内自己使用该知识产权的权利，并有权再许可任何第三方使用。普通许可的特点在于其灵活性高，许可人可以通过多次许可实现知识产权的广泛传播和商业化利用，但也可能导致市场竞争激烈，被许可人获得的商业利益相对有限。

（二）知识产权转让的方式及其法律效果

知识产权转让是指，知识产权权利人将其知识产权的所有权转移给受让人，受让人成为新的知识产权权利人的行为。知识产权转让的方式主要包括合同转让和继承转让两种。

合同转让是指，知识产权权利人与受让人通过签订转让合同，将知识产权的所有权转移给受让人。合同转让是知识产权转让中最为常见的方式，其法律效果在于受让人取得知识产权的所有权，成为新的权利人，享有该知识产权的全部权利。在合同转让过程中，双方应明确转让标的、价格、支付方式、转让手续等关键条款，并依法办理相关登记或公告手续，以确保转让的合法性和有效性。

继承转让是指，在知识产权权利人死亡后，其知识产权的所有权依法转移给其合法继承人的行为。继承转让的法律效果在于继承人依法取得知识产权的所有权，成为新的权利人。在继承转让过程中，应依法办理继承手续，并可能需要办理知识产权的变更登记或公告手续，以确保继承的合法性和知识产权的权属清晰。

（三）知识产权许可与转让的程序与要求

知识产权许可与转让的程序与要求涉及多个方面，包括合同签订、登记公告、费用支付等。在合同签订方面，双方应明确许可或转让的标的、范围、期限、费用等关键条款，并签订书面合同。合同内容应合法、明确、具体，以避免后续纠纷。

在登记公告方面，根据知识产权的类型和法律法规的要求，可能需要进行相应的登记或公告手续。例如，专利权的许可或转让需要向国家知识产权局办理登记手续，并公告许可或转让事项；商标权的许可或转让也需要向商标局办理相应手续，并公告相关信息。登记公告的目的是确保许可或转让的合法性和公开性，保护相关当事人的合法权益。

在费用支付方面，被许可人或受让人应按照合同约定的方式和时间支付许可费用或转让费用。费用支付是许可或转让合同的重要条款之一，双方应明确费用的计算方式、支付方式、支付时间等关键内容，并严格按照合同约定履行支付义务。

二、知识产权许可与转让的定价与谈判

（一）知识产权许可与转让的定价机制与影响因素

知识产权许可与转让的定价机制是一个复杂而关键的过程，它直接关系到交易双方的利益分配以及知识产权的市场价值实现。定价机制的核心在于如何准确评估知识产权的价值，并据此确定合理的交易价格。这一过程中，需要考虑多个影响因素，以确保定价的公正性和合理性。

首先，知识产权的类型和特点是定价的重要基础。不同类型的知识产权，如专利权、商标权、著作权等，其价值评估方式和标准存在显著差异。例如，专利的价值可能更多地体现在技术创新性和市场应用前景上，而商标的价值则可能更多地与其品牌知名度和市场影响力相关。因此，在定价时，需要针对不同类型的知识产权，采用相应的评估方法和指标，以准确反映其价值。

其次，知识产权的市场需求和竞争状况也是定价的重要考虑因素。如果某项知识产权在市场上具有较高的需求，且竞争对手较少，那么其价格

自然会相对较高。反之，如果市场需求不足或竞争激烈，其价格则可能较低。因此，在定价时，需要充分了解市场动态和竞争态势，以制定合理的价格策略。

最后，知识产权的法律状态和保护期限也是影响定价的重要因素。如果知识产权的法律状态稳定、保护期限较长，那么其价格可能会更高。因为这意味着知识产权的权利人能够更长时间地享受其带来的收益，且风险相对较低。相反，如果法律状态不稳定或保护期限较短，其价格则可能受到一定影响。

除了上述因素，定价过程中还需要考虑交易双方的谈判地位和策略、交易方式（如一次性支付、分期支付等）以及交易后的合作可能性等因素。这些因素都可能对定价产生重要影响，需要在定价机制中予以充分考虑。

在定价机制的具体实施上，可以采用多种方法，如成本法、市场法、收益法等。成本法主要基于知识产权的研发成本、申请费用等来确定价格；市场法通过比较类似知识产权的交易价格来确定价格；收益法则通过预测知识产权未来可能带来的收益来确定价格。在实际操作中，可以根据具体情况选择一种或多种方法，以得出更合理的价格。

（二）知识产权许可与转让的谈判策略与技巧

知识产权许可与转让的谈判是一个充满挑战和机遇的过程。谈判双方需要充分运用策略和技巧，以达成互利共赢的交易结果。以下是一些关键的谈判策略和技巧。

第一，充分准备是谈判成功的基础。在谈判前，双方需要充分了解知识产权的相关情况，包括其价值、市场需求、竞争状况等。同时，还需要明确自己的谈判目标和底线，以及对方的可能需求和利益点。通过充分准备，可以更好地把握谈判的主动权，提高谈判的成功率。

第二，灵活运用谈判技巧是谈判的关键。在谈判过程中，可以采用多种技巧来推动谈判的进展。例如，可以采用"锚定效应"，即先提出一个较高或较低的价格作为参考点，以影响对方的判断；或者采用"折中效应"，即在双方价格差距较大时，提出一个中间价格作为妥协方案，以促成交易。此外，还可以运用"信息不对称"原理，通过掌握更多的信息来占据谈判的优势地位。

第三，注重沟通和协商也是谈判的重要方面。在谈判过程中，双方需要保持开放和诚实的沟通态度，积极倾听对方的意见和需求，并寻求共同的解决方案。通过有效的沟通和协商，可以增进双方的理解和信任，为谈判的成功创造有利条件。

第四，在谈判中还需要注意一些细节问题。例如，要注意语言表达的准确性和清晰度，避免产生误解或歧义；要注意谈判氛围的营造，保持友好和尊重的态度；要注意谈判时间的安排，避免拖延或仓促决策等。

第五，在谈判结束后，双方需要及时签订正式的合同或协议，并明确约定双方的权利与义务、交易价格、支付方式等关键条款。同时，还需要办理相关的手续和登记工作，以确保交易的合法性和有效性。通过签订正式合同和办理相关手续，可以保障双方的权益，避免后续纠纷的发生。

三、知识产权许可与转让的合同与协议

（一）知识产权许可合同的要素与条款

知识产权许可合同是许可方与被许可方之间就知识产权的使用权授予所达成的法律协议。该合同的要素与条款对于明确双方的权利与义务、保障交易的合法性与有效性至关重要。在签订知识产权许可合同时，必须确保合同内容全面、条款清晰，以规避潜在的法律风险与商业纠纷。

首先，知识产权许可合同的核心要素包括许可标的、许可范围、许可期限以及许可费用。许可标的是指被许可方获得使用权的具体知识产权，如专利权、商标权或著作权等，必须明确其名称、类型及法律状态。许可

范围则界定了被许可方可以使用知识产权的具体方式、地域及行业领域，需详尽描述以避免歧义。许可期限明确了许可使用的起止时间，是合同执行的重要依据。许可费用作为合同的经济基础，需明确其计算方式、支付时间以及支付方式，确保双方在经济利益上的平衡。

其次，知识产权许可合同应包含一系列关键条款，以保障合同的顺利执行与双方权益。保密条款要求被许可方对许可方的商业秘密及知识产权信息予以严格保密，防止信息泄露。质量保证条款则要求被许可方在使用知识产权时，必须遵守相关的质量标准与规范，确保产品或服务的质量。违约责任条款明确了双方在违约情况下的责任承担方式，包括赔偿损失、支付违约金等，以强化合同的约束力。

最后，知识产权许可合同还应考虑知识产权的归属与维权问题。合同中应明确在许可期间内，知识产权的归属是否发生变化，以及被许可方在发现侵权行为时的维权方式与责任。同时，合同还应规定在许可期满或合同终止后，被许可方应如何处理与知识产权相关的资料、产品等，以确保知识产权的完整性与安全性。

在撰写知识产权许可合同时，应使用准确、清晰的语言，避免使用模糊或歧义的表述。合同中的各项条款应相互协调、逻辑严密，形成一个完整的法律框架。同时，合同还应符合相关法律法规的规定，确保合同的合法性与有效性。

（二）知识产权转让协议的要点与注意事项

知识产权转让协议是转让方与受让方之间就知识产权的所有权转移所达成的法律协议。与许可合同相比，转让协议更侧重于知识产权所有权的变更与交易的安全。在签订知识产权转让协议时，必须关注以下要点与注意事项。

首先，知识产权转让协议的要点包括转让标的的明确性、转让价格的合理性以及转让手续的完备性。转让标的必须清晰界定，包括知识产权的名称、类型、法律状态以及相关权属证明文件。转让价格应基于知识产权的实际价值、市场供需状况以及双方的协商结果来确定，确保价格的公平性与合理性。转让手续则涉及知识产权的登记、公告、变更等程序，必须按照相关法律法规的规定进行，以确保转让的合法性与有效性。

其次，在签订知识产权转让协议时，双方应特别注意知识产权的瑕疵担保问题。转让方应保证所转让的知识产权不存在任何权利纠纷、侵权风险或法律障碍，否则应承担相应的法律责任。受让方则应在签订协议前进行充分的尽职调查，了解知识产权的真实状况与潜在风险，以做出明智的决策。

最后，知识产权转让协议还应关注税收与费用问题。双方应明确在转让过程中所产生的税费、手续费等费用的承担方式，避免后续产生纠纷。同时，协议还应规定在转让完成后，双方对于知识产权的后续使用、维护等问题的责任与义务，以确保知识产权的持续价值与安全性。

在撰写知识产权转让协议时，同样应使用准确、清晰的语言，确保协议内容的完整性与逻辑性。协议中的各项条款应相互衔接、协调一致，形成一个具有法律约束力的文件。同时，双方还应在签订协议前进行充分的沟通与协商，确保协议内容符合双方的意愿与利益。在协议签订后，双方应严格按照协议的规定履行各自的义务，确保知识产权转让的顺利进行与交易的安全。

四、知识产权许可与转让的风险与防范

（一）知识产权权属风险与防范

知识产权权属风险是许可与转让过程中最为基础且关键的风险类型。在知识产权许可与转让中，权属不清晰或存在争议可能导致交易无效、法律纠纷乃至经济损失。因此，明确知识产权的权属状况，并采取有效措施进行防范，是保障交易安全的首要任务。

权属风险主要源于知识产权的复杂性及其法律状态的变动性。例如，专利权的权属可能因发明人的职务发明、合作开发、委托开发等多种情形而变得复杂；商标权的权属则可能因注册程序、续展、转让等环节的不规范而产生争议。为防范此类风险，交易双方应在进行许可或转让前，对知识产权的权属进行详尽的尽职调查。这包括查阅相关的法律文件、登记记录、申请资料等，以确认知识产权的合法所有人及其权利范围。

同时，交易双方应签订明确、详细的权属确认协议，将知识产权的权属状况、权利范围、使用方式等关键信息以书面形式固定下来。在协议中，应明确约定在权属发生争议时的解决方式，如协商、仲裁或诉讼等，并约定相应的违约责任，以强化协议的约束力。

此外，对于涉及多国或跨地区的知识产权许可与转让，还需关注不同法域下的法律差异和冲突。交易双方应咨询专业的国际知识产权律师，了解并遵守相关法域的法律规定，避免因法律差异而导致的权属风险。

（二）知识产权价值评估风险与防范

知识产权的价值评估是许可与转让过程中的重要环节，也是风险较高的环节。由于知识产权的无形性、创新性及其市场价值的波动性，其价值评估往往具有较大的不确定性。为防范价值评估风险，交易双方应采取科学、合理的方法对知识产权的价值进行评估，并充分考虑各种影响因素。

在评估方法上，可以采用市场法、收益法、成本法等多种方法相结合的方式进行综合评估。市场法通过比较类似知识产权的交易价格来确定价值；收益法通过预测知识产权未来可能带来的收益来确定价值；成本法则通过计算知识产权的研发成本、申请费用等来确定价值。在实际操作中，应根据知识产权的类型、特点及其市场环境等因素，选择最适合的评估方法。

同时，交易双方应充分考虑知识产权的市场前景、技术成熟度、竞争状况等因素对其价值的影响。例如，对于一项处于研发阶段的新技术，其市场价值可能受技术成熟度、市场需求、竞争态势等多种因素的影响，评估时应充分考虑这些因素的变化趋势。

为降低价值评估风险，交易双方还可以考虑引入第三方评估机构进行独立评估。第三方评估机构具有专业的评估能力和丰富的经验，能够提供更客观、准确的评估结果。在引入第三方评估机构时，应确保其具有相应的资质和信誉，并签订详细的评估委托协议，明确双方的权利与义务。

（三）知识产权侵权风险与防范

知识产权侵权风险是许可与转让过程中不可忽视的风险类型。在知识产权许可与转让后，被许可方或受让方可能因使用不当或故意侵权而引发法律纠纷，给许可方或转让方带来经济损失和声誉损害。为防范此类风险，交易双方应采取有效的措施进行预防和应对。

首先，交易双方应在合同中明确约定知识产权的使用范围、方式及限制条件，确保被许可方或受让方在使用知识产权时遵守相关法律法规和合同约定。同时，许可方或转让方应加强对被许可方或受让方的监督和管理，确保其使用行为合法合规。

其次，交易双方应建立知识产权侵权预警机制，及时发现并处理潜在的侵权风险。这包括定期对市场进行监测、关注竞争对手的动态、收集侵权证据等。一旦发现侵权行为，应立即采取法律手段进行维权，包括发送警告函、提起诉讼等。

最后，为降低侵权风险，交易双方还可以考虑购买知识产权保险。知识产权保险能够为企业提供一定的经济保障，减轻因侵权纠纷而带来的经济损失。在购买保险时，应充分了解保险条款和保障范围，确保保险能够覆盖潜在的侵权风险。

（四）知识产权合同履行风险与防范

合同履行风险是知识产权许可与转让过程中常见的风险类型。由于合同条款的复杂性、履行期限的长期性以及市场环境的变化性，合同履行过程中可能出现各种违约行为或纠纷。为防范此类风险，交易双方应签订明确、详细的合同，并加强合同管理和履行监督。

在合同签订前，双方应充分沟通并明确各自的权利与义务，确保合同条款清晰、无歧义。同时，应充分考虑合同履行过程中可能出现的各种情况，并制定相应的应对措施和违约责任条款。在合同履行过程中，双方应严格按照合同约定履行各自的义务，并定期进行沟通和协商，及时解决合同履行过程中出现的问题。

为加强合同管理和履行监督，交易双方可以建立专门的合同管理团队或委托专业的合同管理机构进行管理和监督。合同管理团队应定期对合同履行情况进行检查和评估，及时发现并处理潜在的违约行为或纠纷。同时，应建立合同档案和记录制度，对合同履行过程中的重要信息和文件进行归档和保存，以备后续查阅和审计。

此外，为降低合同履行风险，交易双方还可以考虑引入担保机制或保证金制度。担保机制能够增加违约方的违约成本，提高其履行合同的积极性；保证金制度则能够在违约发生时为守约方提供一定的经济保障。在引入担保机制或保证金制度时，应确保其合法合规并符合双方的利益需求。

第四节　知识产权质押融资对企业创新活力的影响

一、知识产权质押融资的概念与特点

（一）知识产权质押融资的概念

知识产权质押融资，作为一种创新型的融资方式，正逐渐在资本市场中崭露头角。其核心概念在于，企业或个人将其合法拥有的知识产权，如专利权、商标权、著作权等，作为质押标的物，移交给银行等金融机构，以此获得所需的贷款资金。这一过程不仅体现了知识产权作为无形资产的经济价值，也为那些拥有丰富知识产权但缺乏传统抵押物的企业开辟了一条新的融资渠道。

知识产权质押融资的运作机制相对独特。一方面，它打破了传统抵押贷款的局限，不再局限于土地、房产等有形资产，而是将知识产权这一无形资产纳入了质押范畴。另一方面，这种融资方式强调了知识产权的价值转化能力，即金融机构在评估知识产权价值的基础上，愿意为其提供相应的贷款额度，从而实现了知识产权从"知本"到"资本"的转化。

从法律角度来看，知识产权质押融资涉及知识产权法、担保法、合同法等多个法律领域。它要求质押双方必须明确知识产权的权属、价值、质押期限等关键要素，并通过签订质押合同来确立双方的权利与义务。同时，为了确保质押的有效性，还需要在相关部门进行质押登记，使得金融机构在借款人无法按时还款时，能够依法对质押的知识产权进行处置。

（二）知识产权质押融资的特点

知识产权质押融资之所以受到越来越多企业的青睐，主要得益于其独特的融资特点。

（1）无形资产的有效利用：知识产权质押融资的核心在于将无形资产转化为资本。对于许多科技型、创新型企业而言，它们往往拥有大量的专利权、商标权、著作权等知识产权，但这些资产在传统融资体系中往往难以得到充分利用，而知识产权质押融资为企业提供了一种将无形资产变现的途径，使得企业能够充分利用其知识产权资源来获取所需的资金。

（2）降低融资门槛：相比传统抵押贷款，知识产权质押融资的门槛相对较低。它不再要求企业提供大量的有形资产作为抵押，而是更关注企业的知识产权价值和未来发展潜力。这对于那些处于初创期或成长期、缺乏传统抵押物的企业而言，无疑是一种更为友好的融资方式。

（3）促进创新与发展：知识产权质押融资不仅为企业提供了资金支持，还促进了企业的创新与发展。通过知识产权质押获得资金后，企业可以更加专注于研发创新、市场拓展等方面的工作，从而推动企业的持续发展和壮大。同时，这种融资方式也鼓励企业更加重视知识产权的保护和运用，形成良性循环。

（4）风险与机遇并存：由于知识产权的价值受到多种因素的影响，如市场需求、技术进步、法律环境等，因此其价值波动较大。这要求金融机构在评估知识产权价值时必须充分考虑各种风险因素，并制定相应的风险管理措施。同时，对于借款企业而言，也需要谨慎评估自身的还款能力和知识产权价值变动风险，以确保融资活动的顺利进行。

（5）政策支持与推动：近年来，随着国家对知识产权保护的重视程度不断提高，知识产权质押融资也得到了越来越多的政策支持。政府通过出台相关政策、设立专项基金等方式，鼓励金融机构开展知识产权质押融资业务，为企业的创新发展提供了有力的资金保障。

二、知识产权质押融资的流程与操作

（一）知识产权质押融资的前期准备与申请流程

知识产权质押融资的前期准备是确保融资顺利进行的关键步骤。企业或个人在决定采用知识产权质押融资之前，需对自身拥有的知识产权进行全面梳理与评估。这包括明确知识产权的类型（如专利权、商标权、著作权等）、权属状况、有效期限以及潜在的市场价值。通过专业的知识产权评估机构或内部评估团队，对知识产权进行初步的价值估算，有助于企业了解自身知识产权的融资潜力，并为后续的融资申请提供有力支持。

在申请流程方面，企业或个人需准备一系列必要的文件和资料。这些文件通常包括知识产权证书、权属证明、价值评估报告、企业营业执照、财务报表等。这些资料不仅用于证明知识产权的合法性和价值，还用于展示企业的经营状况和还款能力。准备充分的申请资料能够加快融资申请的审批速度，提高融资成功率。

接下来，企业或个人需选择合适的金融机构进行融资申请。在选择金融机构时，应综合考虑其融资条件、利率水平、服务质量和信誉度等因素。与金融机构进行初步沟通，了解其知识产权质押融资的具体要求和流程，有助于企业更好地准备申请资料，提高申请效率。

提交融资申请后，金融机构将对申请资料进行审核。审核过程可能包括对企业或个人的信用状况、知识产权的价值和合法性、融资用途的合理性等方面的评估。金融机构可能会要求企业提供额外的资料或进行面谈，以进一步了解企业的实际情况。企业应积极配合金融机构的审核工作，及时提供所需资料，确保审核过程顺利进行。

（二）知识产权质押融资的审批、签约与放款流程

经过金融机构的审核后，若申请资料符合要求且知识产权价值得到认可，金融机构将进行融资审批。审批过程中，金融机构将综合考虑企业的信用状况、还款能力、知识产权的价值和变现能力等因素，确定融资额度和利率水平。审批时间可能因金融机构而异，企业需耐心等待并保持与金融机构的沟通。

一旦融资申请获得批准，企业或个人须与金融机构签订质押融资合同。合同将明确双方的权利与义务，包括融资额度、利率、还款期限、质押物的保管和处置方式等关键条款。在签订合同前，企业应仔细阅读合同条款，确保自身权益得到充分保障。如有任何疑问或不明确的地方，应及时向金融机构咨询并寻求专业法律意见。

签约完成后，金融机构将按照合同约定进行放款。放款方式可能为一次性放款或分期放款，具体取决于合同约定和企业的实际需求。企业在收到融资款项后，应严格按照合同约定的用途使用资金，并确保按时还款。同时，企业需妥善保管质押物的相关文件和资料，确保质押物的安全和完整。

在融资期间，金融机构将定期对企业的还款情况进行监控和评估。如发现企业存在还款困难或违约行为，金融机构将及时采取措施进行风险处置，包括要求企业提前还款、处置质押物等。因此，企业在融资期间应保持良好的信用记录，确保按时还款，以维护自身的信用状况和融资能力。

此外，知识产权质押融资的流程与操作还涉及质押物的登记、保管和处置等环节。质押物的登记是确保质押权合法有效的关键步骤，企业需按照相关法律法规和金融机构的要求进行登记。质押物的保管和处置则涉及质押物的安全、价值维护和变现能力等方面，金融机构和企业需共同关注并妥善处理相关问题。

三、知识产权质押融资对企业创新活力的促进作用

（一）拓宽融资渠道，增强创新资金保障

知识产权质押融资为企业开辟了一条全新的融资渠道，有效缓解了企业在创新过程中面临的资金瓶颈问题。传统融资方式往往依赖于企业的有形资产，如土地、房产等，这对于许多科技型、创新型企业而言，无疑是一大限制，而知识产权质押融资则打破了这一局限，允许企业将其合法拥有的知识产权作为质押物，从而获得所需的资金。这种融资方式不仅拓宽了企业的融资渠道，还使得企业能够更加灵活地运用自身资源，为创新活动提供充足的资金保障。

在创新过程中，资金是不可或缺的关键要素。无论是研发新技术、开发新产品，还是拓展市场、提升品牌影响力，都需要大量的资金投入。知识产权质押融资为企业提供了稳定的资金来源，使得企业能够更加专注于创新活动，加速技术成果的转化和应用。同时，这种融资方式还降低了企业的融资成本，提高了资金的使用效率，进一步增强了企业的创新活力。

（二）激励知识产权创造与运用，提升创新质量

知识产权质押融资不仅为企业提供了资金，还激励了企业更加积极地创造和运用知识产权。在质押融资的过程中，金融机构会对企业的知识

产权进行价值评估，这要求企业必须拥有高质量、高价值的知识产权。因此，企业会更加注重知识产权的创造、保护和运用，努力提升自身的知识产权实力。

为了获得更高的融资额度，企业会加大在研发方面的投入，积极申请专利权、商标权等知识产权。同时，企业还会更加注重知识产权的转化和应用，将技术成果转化为实际的产品或服务，推向市场。这种对知识产权的创造和运用的重视，不仅提升了企业的创新质量，还增强了企业的市场竞争力。

此外，知识产权质押融资还促进了企业之间的知识产权交流与合作。在融资过程中，企业可能会与其他企业或机构进行合作，共同开发新技术、新产品。这种交流与合作不仅有助于企业获取更多的创新资源，还能够促进知识产权的共享和转化，推动整个行业的创新发展。

（三）优化创新环境，降低创新风险

知识产权质押融资的推广和应用，有助于优化企业的创新环境，降低创新风险。在传统融资方式下，企业往往面临着较大的融资压力和风险。一旦创新失败，企业可能会面临资金链断裂、破产等风险，而知识产权质押融资则为企业提供了一种相对稳定的融资方式，降低了企业的融资风险。

同时，知识产权质押融资还促进了金融机构对企业的支持和信任。金融机构在评估企业的知识产权价值时，会更加关注企业的创新能力和发展潜力。这种关注和支持有助于企业获得更多的融资机会和更好的融资条件，进一步降低了企业的创新风险。

此外，知识产权质押融资还推动了相关政策和法规的完善。为了促进知识产权质押融资的发展，政府会出台一系列相关政策和法规，加强知识产权的保护和管理。这些政策和法规的完善，不仅为企业提供了更加良好的创新环境，还增强了企业的创新信心和动力。

（四）促进企业转型升级，增强核心竞争力

知识产权质押融资对企业转型升级和增强核心竞争力具有积极的促进作用。在融资过程中，企业会更加注重自身的技术创新和品牌建设，努力提升自身的核心竞争力。通过质押融资获得资金，企业可以加大在研发、生产、营销等方面的投入，推动企业的转型升级。

同时，知识产权质押融资还促进了企业之间的并购和重组。在融资过程中，企业可能会发现其他具有潜力的企业或技术，通过并购或重组的方式将其纳入自身体系。这种并购和重组不仅有助于企业快速获取新的技术和市场资源，还能够促进企业的规模化、集约化发展，进一步提升企业的核心竞争力。

此外，知识产权质押融资还推动了企业与高校、科研机构的合作与交流。在融资过程中，企业可能会与高校、科研机构建立合作关系，共同开展研发活动。这种交流与合作不仅有助于企业获取更多的创新资源和技术支持，还能够促进产学研的深度融合，推动整个行业的创新发展。

四、知识产权质押融资的风险与应对措施

（一）知识产权价值评估风险与应对措施

知识产权质押融资中，价值评估风险是首要考虑的问题。由于知识产权的无形性、专有性和价值波动性，其准确评估一直是个难题。知识产权的价值不仅受市场供需关系影响，还与技术发展、法律环境、政策导向等多重因素密切相关。若评估价值过高，可能导致金融机构承担过大的风险；若评估价值过低，则可能损害企业的融资利益，影响企业的创新积极性。

为应对这一风险，需要建立科学、合理的知识产权价值评估体系。这一体系应综合考虑知识产权的类型、技术成熟度、市场应用前景、法律保护状况等多方面因素，采用定量与定性相结合的方法进行评估。同时，可

以引入第三方评估机构，利用其专业优势和市场经验，提高评估的准确性和公正性。

此外，金融机构在评估过程中应加强对知识产权的尽职调查，深入了解其权属状况、技术背景、市场应用等情况，确保评估结果的可靠性。企业也应积极配合评估工作，提供真实、完整的信息和资料，共同防范评估风险。

（二）知识产权权属纠纷风险与应对措施

知识产权权属纠纷是质押融资中的另一大风险。由于知识产权的创造和申请过程可能涉及多个主体，权属关系复杂，一旦出现纠纷，将直接影响质押物的有效性和融资安全。权属纠纷可能导致质押物被查封、冻结或拍卖，给金融机构和企业带来巨大损失。

为应对权属纠纷风险，金融机构在质押融资前应严格审查知识产权的权属状况，确保其合法、有效且不存在任何纠纷。这包括查阅相关专利证书、商标注册证、著作权登记证书等法律文件，以及通过国家知识产权局等官方渠道进行权属查询。

同时，企业应加强知识产权管理，完善内部管理制度，明确知识产权的归属和权益分配，避免权属纠纷的发生。在质押融资过程中，企业还应与金融机构签订详细的质押合同，明确双方的权利与义务，以及出现权属纠纷时的处理方式，为融资安全提供法律保障。

（三）知识产权变现风险与应对措施

知识产权变现风险是质押融资中不可忽视的问题。由于知识产权的特殊性，其变现能力相对较弱，一旦企业无法按时还款，金融机构可能面临质押物难以变现的风险。这可能导致金融机构无法及时收回贷款本息，造成资金损失。

为应对变现风险，金融机构在质押融资前应充分评估知识产权的变现能力，考虑其市场需求、技术替代性、转让渠道等因素。对于变现能力较弱的知识产权，金融机构可以要求企业提供额外的担保措施，如第三方保证、其他资产抵押等，以降低风险。

同时，金融机构应加强与知识产权交易市场的合作，拓宽质押物的变现渠道。通过参与知识产权拍卖、转让等活动，提高质押物的变现效率和成功率。此外，金融机构还可以探索建立知识产权质押融资风险补偿机制，通过政府补贴、保险等方式分散风险，保障融资安全。

（四）知识产权法律与政策风险及应对措施

法律与政策风险也是知识产权质押融资中需要关注的重要方面。由于知识产权法律与政策环境的不断变化，可能给质押融资带来不确定性。例如，知识产权法律的修订可能导致质押物的有效性受到影响；相关政策的调整可能改变融资条件和成本等。

为应对法律与政策风险，金融机构和企业应密切关注知识产权法律和政策动态，及时了解相关变化对质押融资的影响。金融机构应加强与法律机构的合作，确保质押融资活动符合法律法规的要求；企业则应积极适应政策变化，调整融资策略，降低政策风险。

同时，政府应加强对知识产权质押融资的支持和引导，完善相关法律法规和政策体系，为质押融资创造良好的法律和政策环境。通过出台优惠政策、建立风险分担机制等方式，鼓励金融机构开展知识产权质押融资业务，促进企业的创新和发展。

第五节　企业数字化转型中的知识产权风险管理与创新保护

一、企业数字化转型中的知识产权风险识别

（一）数据化与信息化进程中的知识产权权属风险

在企业数字化转型过程中，数据化与信息化成为核心驱动力，然而这

一进程也伴随着复杂的知识产权权属风险。企业在进行数字化改造时，往往涉及大量数据的收集、存储、处理和分析，这些数据可能包含客户信息、技术秘密、商业策略等敏感内容。若企业在数据化过程中未能明确数据的权属关系，或未对数据的来源、使用权限进行清晰界定，极易引发知识产权侵权纠纷。

特别是在云计算、大数据等技术的广泛应用下，数据的存储和传输变得更加便捷，但同时也增加了数据泄露和非法使用的风险。若企业未能与数据提供商、技术服务商等明确知识产权归属，一旦数据被非法获取或滥用，企业可能面临巨大的经济损失和声誉损害。此外，企业在数字化转型中可能涉及与第三方合作开发新技术、新产品，若合作协议中未对知识产权权属进行明确划分，也可能导致后续的知识产权争议。

为应对这一风险，企业需建立完善的数据管理制度，明确数据的权属关系和使用权限。在数据收集、存储、处理和分析的各个环节，都应加强知识产权保护意识，确保数据的合法性和安全性。同时，在与第三方合作时，应签订详细的知识产权协议，明确双方的权利与义务，避免后续的知识产权侵权纠纷。

（二）技术创新与研发中的知识产权侵权风险

企业数字化转型往往伴随着技术创新和研发活动的增加，然而这也带来了知识产权侵权的风险。在新技术、新产品的研发过程中，企业可能涉及对他人专利权、商标权、著作权等知识产权的使用。若企业未能进行充分的知识产权检索和分析，或未能获得权利人的合法授权，就可能构成知识产权侵权。

特别是在人工智能、物联网等新兴技术领域，技术创新的速度极快，知识产权的边界往往较为模糊。企业在进行技术研发时，可能无意中侵犯了他人的知识产权，从而引发法律纠纷。此外，企业在数字化转型中可能涉及对开源软件、开源代码的使用，若未遵守开源协议的规定，也可能导致产生知识产权侵权问题。

为降低这一风险，企业应加强知识产权检索和分析工作，确保在技术研发过程中不侵犯他人的知识产权。同时，企业应建立完善的知识产权管理制度，加强对员工的知识产权培训和教育，提高员工的知识产权保护意识。在使用开源软件、开源代码时，企业应严格遵守开源协议的规定，确保合法合规使用。

（三）数字化转型中的商业秘密泄露风险

商业秘密是企业的重要知识产权之一，然而在数字化转型过程中，商业秘密泄露的风险也随之增加。企业在进行数字化改造时，往往涉及大量敏感信息的传输和存储，如客户资料、技术配方、营销策略等。若企业的信息安全措施不到位，或员工的安全意识淡薄，就可能导致商业秘密泄露。

特别是在远程办公、云计算等新型工作模式下，商业秘密的泄露风险更加突出。若企业的网络安全防护体系存在漏洞，或员工在使用公共网络、移动设备时未采取必要的安全措施，就可能被黑客攻击或数据泄露，导致商业秘密被窃取。此外，企业在与第三方合作时，若未对合作方的信息安全能力进行充分评估，也可能导致商业秘密泄露。

为防范这一风险，企业应加强信息安全建设，建立完善的信息安全管理制度和防护体系。在数据传输和存储过程中，应采用加密技术、访问控制等手段确保数据的安全性。同时，企业应加强对员工的信息安全培训和教育，提高员工的安全意识和防范能力。在与第三方合作时，企业应签订保密协议，明确双方的信息安全责任和义务。

（四）数字化转型中的知识产权管理风险

企业数字化转型还伴随着知识产权管理风险的增加。在数字化环境下，知识产权的创造、运用、保护和管理变得更加复杂和多样。若企业的知识产权管理制度不完善，或管理手段落后，就可能导致知识产权的流失和侵权。

特别是在数字化技术的推动下，知识产权的创造和运用方式发生了深刻变化。企业可能涉及对新技术与新产品的专利申请、商标注册等工作，若未能及时申请或申请不当，就可能导致知识产权的丧失。同时，在知识产权的运用过程中，企业可能涉及对知识产权的许可、转让等活动，若管理不善，就可能引发知识产权侵权纠纷。

为应对这一风险，企业应建立完善的知识产权管理制度和管理体系。在知识产权的创造、运用、保护和管理等各个环节，企业都应加强制度建设和流程管理。同时，企业应加强对知识产权管理人员的培训和教育，提高其专业素养和管理能力。此外，企业还应积极利用数字化技术提升知识产权管理水平，如建立知识产权数据库、利用大数据进行知识产权分析等。

二、企业数字化转型中的知识产权风险评估与预警

（一）知识产权风险评估体系的构建

企业数字化转型过程中，构建一套科学、全面的知识产权风险评估体系至关重要。这一体系应涵盖知识产权的创造、运用、保护和管理等各个环节，确保能够全面识别、分析和评估潜在的知识产权风险。在构建评估体系时，企业需结合自身的业务特点、行业环境以及数字化转型的具体需求，制定符合实际的风险评估指标和方法。

首先，评估体系应明确知识产权风险的分类和等级。根据风险的性质、影响范围和可能造成的损失，将知识产权风险划分为不同的类别和等级，以便企业能够有针对性地采取应对措施。其次，评估体系应建立风险识别机制，通过定期的知识产权审计、市场调研、技术跟踪等手段，及时发现潜在的知识产权风险。最后，利用大数据、人工智能等先进技术，对知识产权风险进行实时监测和预警，提高风险评估的准确性和时效性。

此外，评估体系还应注重风险量化分析。通过收集和分析相关数据，对知识产权风险的发生概率和可能造成的损失进行量化评估，为企业制定

风险应对策略提供科学依据。在构建评估体系的过程中，企业还应加强与外部机构的交流与合作，借鉴先进的风险评估经验和方法，不断完善自身的评估体系。

（二）知识产权风险预警机制的建立

建立知识产权风险预警机制是企业数字化转型中不可或缺的一环。这一机制应能够及时发现并预警潜在的知识产权风险，为企业争取宝贵的应对时间。在建立预警机制时，企业应充分利用现代信息技术手段，构建高效、灵敏的预警系统。

预警机制应基于风险评估体系的结果，对潜在的知识产权风险进行实时监测和预警。通过设定风险指标和预警阈值，当风险指标超过阈值时，系统自动触发预警机制，向企业相关部门和人员发送预警信息。同时，预警机制还应具备风险分析和预测功能，能够对知识产权风险的发展趋势进行预测和分析，为企业制定风险应对策略提供有力支持。

为确保预警机制的有效性，企业需加强预警信息的传递和处理。建立快速、准确的预警信息传递渠道，确保预警信息能够及时、准确地传送给相关部门和人员。同时，制定详细的预警信息处理流程，对预警信息进行及时、有效的处理，确保企业能够迅速应对潜在的知识产权风险。

（三）知识产权风险动态监控与调整

企业数字化转型是一个持续不断的过程，知识产权风险也随之不断变化。因此，企业需对知识产权风险进行动态监控与调整，确保风险评估与预警机制的有效性。在动态监控过程中，企业需定期更新风险评估指标和方法，以适应数字化转型的新需求和新变化。

同时，企业需加强对知识产权风险的跟踪和分析。通过定期的知识产权审计、市场调研等手段，了解知识产权风险的变化趋势和影响因素，及时调整风险评估结果和预警指标。此外，企业还应建立风险应对反馈机制，对已经采取的风险应对措施进行效果评估，根据评估结果及时调整风险应对策略。

在动态监控与调整过程中，企业需注重数据的收集和分析。通过收集和分析大量的知识产权数据，了解知识产权风险的发生规律和特点，为风险评估与预警提供有力支持。同时，利用大数据、人工智能等先进技术，提高数据处理的效率和准确性，为企业的知识产权风险管理提供科学决策依据。

（四）知识产权风险应对能力的提升

提升知识产权风险应对能力是企业数字化转型中的关键任务。企业需通过加强内部管理、完善制度建设、提高员工素质等手段，全面提升自身的知识产权风险应对能力。在内部管理方面，企业需建立完善的知识产权管理制度和流程，明确各部门和人员的职责和权限，确保知识产权风险管理工作得到有效落实。

同时，企业需加强员工的知识产权培训和教育。通过定期举办知识产权培训课程、开展知识产权宣讲活动等方式，提高员工的知识产权意识和保护能力。此外，企业还应建立知识产权风险应对团队，配备专业的知识产权管理人员和律师，为企业的知识产权风险管理提供有力支持。

在提升风险应对能力的过程中，企业还需注重与外部机构的交流与合作。与知识产权服务机构、律师事务所等建立紧密的合作关系，共同应对知识产权风险。同时，积极参与行业组织和协会的活动，了解行业最新动态和趋势，为企业的知识产权风险管理提供有力支持。通过不断提升知识产权风险应对能力，企业能够更好地应对数字化转型中的知识产权风险挑战，实现可持续发展。

三、企业数字化转型中的知识产权风险应对策略

（一）强化知识产权管理体系建设

企业数字化转型过程中，强化知识产权管理体系建设是应对知识产权

风险的基础。一个完善的知识产权管理体系能够确保企业在创新、运营、保护等各个环节中，对知识产权进行有效的识别、评估、监控和保护。首先，企业应设立专门的知识产权管理部门或岗位，配备专业的知识产权管理人员，负责全面统筹和协调企业的知识产权工作。这些管理人员应具备丰富的知识产权法律知识和实践经验，能够准确判断知识产权风险，并制定相应的应对策略。

其次，企业应建立完善的知识产权管理制度和流程。这包括知识产权的申请、审查、维护、转让、许可等各个环节的具体操作规范，以及知识产权侵权纠纷的处理机制。通过制度化和流程化的管理，确保企业的知识产权工作有章可循，减少因管理不善而引发的知识产权风险。

最后，企业还应加强知识产权的培训和宣传。通过定期举办知识产权培训课程、开展知识产权宣讲活动等方式，提高全体员工的知识产权意识和保护能力。特别是针对研发人员、市场营销人员等关键岗位，应重点加强知识产权培训，确保他们在工作中能够自觉遵守知识产权法律法规，避免侵犯他人的知识产权。

（二）加强技术创新与知识产权保护的协同

企业数字化转型往往伴随着技术创新和研发活动的增加，因此加强技术创新与知识产权保护的协同至关重要。首先，企业应在技术创新过程中注重知识产权的创造和积累。通过加大研发投入、鼓励员工创新等方式，不断推出具有自主知识产权的新技术、新产品。同时，及时申请专利、商标等知识产权，确保创新成果得到有效保护。

其次，企业应在技术创新过程中加强知识产权的风险防控。在研发前进行充分的知识产权检索和分析，避免重复研发和侵犯他人的知识产权。在研发过程中，采取必要的技术保密措施，防止技术泄露。在研发完成后，及时评估创新成果的知识产权价值和风险，制定相应的保护策略。

最后，企业还应积极探索技术创新与知识产权保护的互动机制。例如，通过产学研合作、技术转移等方式，将创新成果转化为实际生产力，同时实现知识产权的价值最大化。另外，加强与知识产权服务机构的合作，获取专业的知识产权咨询和服务，提高知识产权保护的效率和效果。

（三）构建知识产权风险预警与应急机制

构建知识产权风险预警与应急机制是企业应对数字化转型中知识产权风险的重要手段。通过建立完善的风险预警系统，企业能够及时发现并预警潜在的知识产权风险，为应对风险争取宝贵的时间。风险预警系统应基于大数据、人工智能等先进技术，对知识产权风险进行实时监测和分析，当风险指标超过阈值时，自动触发预警机制。

同时，企业应制定详细的知识产权风险应急预案。应急预案应包括风险应对的目标、原则、措施、责任分工等内容，确保在风险发生时能够迅速、有效地进行应对。例如，当企业面临知识产权侵权诉讼时，应立即启动应急预案，组织专业团队进行应对，包括收集证据、制定诉讼策略、与对方进行谈判等。

此外，企业还应加强知识产权风险的日常监控和评估。定期对知识产权风险进行全面梳理和评估，及时发现并解决潜在的风险问题。同时，加强与外部机构的交流与合作，获取最新的知识产权风险信息和应对经验，不断完善自身的风险预警与应急机制。

（四）提升知识产权侵权纠纷处理能力

提升知识产权侵权纠纷处理能力是企业应对数字化转型中知识产权风险的关键。在数字化转型过程中，企业可能面临各种知识产权侵权纠纷，如专利侵权、商标抢注、著作权纠纷等。因此，企业应具备较强的纠纷处理能力，以维护自身的合法权益。

首先，企业应建立专业的知识产权侵权纠纷处理团队。团队成员应具备丰富的知识产权法律知识和实践经验，能够熟练掌握知识产权侵权纠纷的处理流程和技巧。同时，加强与外部律师事务所的合作，获取专业的法律支持和服务。

其次，企业应注重知识产权侵权纠纷的预防和化解。通过加强知识产权管理、完善合同条款、加强技术保密等措施，减少知识产权侵权纠纷的发生。在纠纷发生时，应积极与对方进行沟通和协商，寻求和解或调解的方式解决纠纷。若无法和解或调解，则应果断采取法律手段进行维权。

最后，企业还应加强知识产权侵权纠纷处理的经验总结和分享。通过总结处理纠纷的经验和教训，不断完善自身的纠纷处理机制和策略。同时，加强与同行业企业的交流与合作，共同应对知识产权侵权纠纷的挑战，推动行业的健康发展。

四、企业数字化转型中的知识产权创新保护机制

（一）构建数字化知识产权创新保护体系

在数字化转型的浪潮中，企业需构建一套适应数字化环境的知识产权创新保护体系。这一体系应融合先进的信息技术、法律手段和管理策略，形成全方位、多层次的知识产权保护网络。首先，企业应充分利用大数据、人工智能等先进技术，对知识产权进行精准识别、评估和监控。通过构建知识产权数据库，实现知识产权信息的集中管理和共享，提高知识产权保护的效率和准确性。

其次，企业应建立数字化知识产权创新保护平台。该平台应集成知识产权申请、审查、维护、交易等全流程功能，实现知识产权业务的在线办理和智能化管理。同时，平台应具备风险预警和应急响应功能，能够及时发现并处理潜在的知识产权风险。

最后，企业还应加强数字化知识产权创新保护体系的制度建设。制定完善的知识产权保护规章制度，明确各部门和人员的职责和权限，确保知识产权保护工作的有效落实。同时，加强与外部机构的交流与合作，共同推动数字化知识产权创新保护体系的完善和发展。

（二）强化数字化环境下的知识产权创造与运用

数字化环境为企业知识产权的创造与运用提供了广阔的空间和机遇。企业应充分利用数字化技术，加强知识产权的创造和积累。一方面，通过加大研发投入、鼓励员工创新等方式，不断推出具有自主知识产权的新技术、新产品。另一方面，利用数字化手段对知识产权进行深度挖掘和运用，实现知识产权的价值最大化。

在知识产权创造方面，企业应注重数字化技术的融合与应用。例如，利用人工智能技术进行专利挖掘和分析，提高专利申请的质量和效率；利用区块链技术对知识产权进行存证和追溯，确保知识产权的合法性和有效性。

在知识产权运用方面，企业应积极探索数字化知识产权的运营模式。例如，通过知识产权交易平台进行知识产权的买卖、许可等交易活动，实现知识产权的市场化运作；利用知识产权质押融资等方式，拓宽企业的融资渠道，降低融资成本。

（三）完善数字化知识产权风险防控机制

数字化环境下，知识产权风险更加复杂多变。企业应完善数字化知识产权风险防控机制，确保知识产权的安全和稳定。首先，企业应建立数字化知识产权风险识别与评估体系。通过收集和分析大量的知识产权数据，识别潜在的知识产权风险，并对风险进行评估和量化，为制定风险应对策略提供依据。

其次，企业应制定数字化知识产权风险应对策略。针对不同类型的知识产权风险，制定相应的应对措施和预案。例如，对于知识产权侵权风险，企业可以采取法律手段进行维权；对于知识产权流失风险，企业可以加强内部管理和技术保密措施。

最后，企业还应加强数字化知识产权风险防控的信息化建设。利用信息技术手段对知识产权风险进行实时监测和预警，及时发现并处理潜在的风险问题。同时，加强与外部机构的交流与合作，共同应对数字化知识产权风险挑战。

（四）推动数字化知识产权创新保护的文化建设

数字化知识产权创新保护不仅需要技术和制度的支持，还需要企业文化的引领和推动。企业应积极推动数字化知识产权创新保护的文化建设，营造尊重知识、崇尚创新、保护知识产权的良好氛围。

首先，企业应加强知识产权宣讲和教育。通过举办知识产权培训课程、开展知识产权宣讲活动等方式，提高全体员工的知识产权意识和保护能力。同时，鼓励员工积极参与知识产权创新活动，激发员工的创新热情和创造力。

其次，企业应建立知识产权激励机制。对在知识产权创造、运用和保护方面做出突出贡献的员工给予表彰和奖励，激发员工的积极性和主动性。同时，将知识产权工作纳入企业的绩效考核体系，确保知识产权工作得到有效落实。

最后，企业还应加强与外部机构的交流与合作，共同推动数字化知识产权创新保护的文化建设。通过参与行业组织、举办研讨会等方式，分享知识产权创新保护的经验和做法，促进整个行业的健康发展。

第五章

知识产权的侵权与维权

第一节　知识产权侵权的类型与特点

一、知识产权侵权的类型

（一）著作权侵权

著作权侵权是指未经著作权人许可，擅自使用、复制、发行、演绎、表演、展示或传播其作品，从而侵犯著作权人合法权益的行为。著作权作为知识产权的重要组成部分，涵盖了文学、艺术和科学领域内具有独创性并能以一定形式表现的智力成果。著作权侵权类型多样，其表现形式和危害程度各不相同。

直接侵权是著作权侵权中最常见的类型，表现为行为人直接实施了受著作权控制的行为，如未经许可复制、发行、表演、展示或传播作品等。这种侵权行为直接剥夺了著作权人的经济权利和精神权利，对其创作积极性和经济利益造成直接损害。例如，盗版书籍、非法下载音乐或电影等行为，均属于直接侵权。

间接侵权则是指行为人虽未直接实施受著作权控制的行为，但通过提供便利条件或教唆、帮助他人实施侵权行为，从而间接侵犯著作权人的权益。间接侵权通常涉及网络服务提供者、设备制造商或销售商等第三方主体。例如，网络服务提供商在明知或应知用户利用其平台实施侵权行为时，未采取必要措施制止或删除侵权内容，即可能构成间接侵权。

在数字化时代，网络著作权侵权成为著作权侵权的新趋势。网络环境的开放性和便捷性使得作品传播速度极快，侵权成本降低，导致网络著作权侵权案件频发。网络著作权侵权不仅涉及传统的复制、发行等行为，还包括通过网络进行的传播、演绎等行为。例如，未经许可将他人作品上传至网络平台供公众下载或在线观看，或通过网络平台传播改编、演绎的作品等，均可能构成网络著作权侵权。

为防范著作权侵权，著作权人应加强对作品的保护意识，及时办理著作权登记手续，明确权利归属。同时，应加强对作品使用情况的监控，一旦发现侵权行为，立即采取法律手段进行维权。此外，著作权人还可以通过与网络平台合作、签订授权协议等方式，规范作品在网络上的传播和使用，降低侵权风险。

（二）专利权侵权

专利权侵权是指未经专利权人许可，擅自制造、使用、许诺销售、销售或进口其专利产品，或使用其专利方法以及使用、许诺销售、销售或进口依照该专利方法直接获得的产品，从而侵犯专利权人合法权益的行为。专利权作为知识产权的重要类型，对于保护技术创新和推动科技进步具有重要意义。

制造侵权是专利权侵权中最直接的类型，它表现为行为人未经许可擅自制造专利产品。这种侵权行为直接剥夺了专利权人的市场独占权，对其经济利益造成直接损害。例如，未经许可仿制他人的专利产品并进行销售，即属于制造侵权。

使用侵权是指行为人未经许可擅自使用专利产品或专利方法。使用侵权通常涉及将专利产品或专利方法用于生产、经营或科研等活动。例如，未经许可使用他人的专利方法进行生产，或未经许可使用他人的专利产品作为零部件进行组装等，均可能构成使用侵权。

许诺销售侵权是指行为人未经许可擅自以广告、合同、说明书等方式表明其愿意销售专利产品或依照专利方法直接获得的产品。许诺销售侵权虽然未直接涉及产品的实际销售，但已经对专利权人的市场利益构成潜在威胁。

销售侵权和进口侵权则分别表现为行为人未经许可擅自销售专利产品或依照专利方法直接获得的产品，以及擅自进口这些产品。销售侵权和进口侵权直接剥夺了专利权人的市场销售权，对其经济利益造成直接损害。

为防范专利权侵权，专利权人应加强对专利技术的保护意识，及时申请专利并办理相关手续。同时，应加强对市场的监控，一旦发现侵权行为，则立即采取法律手段进行维权。此外，专利权人还可以通过与合作伙伴签订保密协议、技术许可协议等方式，规范专利技术的使用和传播，降低侵权风险。

（三）商标权侵权

商标权侵权是指未经商标权人许可，在同一种商品或类似商品上使用与其注册商标相同或近似的商标，或者销售侵犯注册商标专用权的商品，以及伪造、擅自制造他人注册商标标识或销售伪造、擅自制造的注册商标标识等行为，从而侵犯商标权人合法权益的行为。商标权作为知识产权的重要组成部分，对于保护品牌形象和推动市场竞争具有重要意义。

直接侵权是商标权侵权中最常见的类型，它表现为行为人未经许可擅自在同一种商品或类似商品上使用与注册商标相同或近似的商标。这种侵权行为直接剥夺了商标权人的市场独占权，对其品牌形象和经济利益造成直接损害。例如，未经许可将他人的注册商标用于自己的商品上并进行销售，即属于直接侵权。

间接侵权则是指行为人虽未直接实施商标侵权行为，但通过提供便利条件或教唆、帮助他人实施侵权行为，从而间接侵犯商标权人的权益。间接侵权通常涉及商标标识的制造者、销售者或提供仓储、运输等服务的第三方主体。例如，商标标识的制造者未经许可擅自制造他人的注册商标标识并销售给侵权人使用，即可能构成间接侵权。

反向假冒侵权是一种特殊的商标权侵权类型，它表现为行为人未经商标权人许可，将其注册商标去除后换上自己的商标再将商品投入市场。反向假冒侵权不仅剥夺了商标权人的市场利益，还损害了其品牌形象和声誉。

为防范商标权侵权，商标权人应加强对商标的保护意识，及时办理商标注册手续并加强商标管理。同时，应加强对市场的监控，一旦发现侵权行为，则立即采取法律手段进行维权。此外，商标权人还可以通过与合作伙伴签订商标使用许可协议、加强品牌宣传等方式，提高商标的知名度和美誉度，降低侵权风险。

（四）商业秘密侵权

商业秘密侵权是指未经商业秘密权利人许可，以盗窃、贿赂、欺诈、胁迫、电子侵入或者其他不正当手段获取权利人的商业秘密，披露、使用或者允许他人使用以上述手段获取的权利人的商业秘密，以及违反保密义务或者违反权利人有关保守商业秘密的要求，披露、使用或者允许他人使用其所掌握的商业秘密等行为，从而侵犯商业秘密权利人合法权益的行为。商业秘密作为知识产权的一种特殊类型，对于保护企业的核心竞争力和推动创新发展具有重要意义。

非法获取商业秘密是商业秘密侵权中最直接的类型，它表现为行为人通过不正当手段获取权利人的商业秘密。这些不正当手段包括盗窃、贿赂、欺诈、胁迫、电子侵入等。非法获取商业秘密不仅剥夺了权利人的竞争优势，还可能对其造成巨大的经济损失。

非法披露商业秘密则是指行为人未经许可擅自将权利人的商业秘密泄

露给第三方。非法披露商业秘密可能源自行为人的故意或过失，但无论何种情况，都会对权利人的利益造成损害。

非法使用商业秘密表现为行为人未经许可擅自使用权利人的商业秘密进行生产、经营或科研等活动。非法使用商业秘密直接剥夺了权利人的市场独占权，对其经济利益造成直接损害。

违反保密义务或约定侵权则是指行为人违反与权利人签订的保密协议或约定，擅自披露、使用或允许他人使用权利人的商业秘密。这种侵权行为通常涉及与权利人有业务往来或合作关系的第三方主体。

为防范商业秘密侵权，商业秘密权利人应加强对商业秘密的保护意识，建立完善的保密制度和措施。同时，应加强对员工的保密教育和培训，提高员工的保密意识和能力。此外，商业秘密权利人还可以通过与合作伙伴签订保密协议、加强技术防范等方式，降低商业秘密被泄露或侵权的风险。

二、知识产权侵权的特点

（一）侵权行为的隐蔽性与复杂性

知识产权侵权行为的隐蔽性是其显著特点之一。由于知识产权的无形性，侵权行为往往难以被直接察觉。侵权者可以利用现代技术手段，如网络、加密技术等，在虚拟空间中实施侵权行为，使得侵权行为更加难以被追踪和识别。例如，在网络环境中，侵权者可以通过匿名账号、虚假 IP 地址等方式隐藏自己的真实身份，从而逃避法律制裁。此外，侵权者还可以利用技术手段对侵权作品进行篡改、伪装，使其与原创作品难以区分，进一步增加了侵权的隐蔽性。

同时，知识产权侵权行为的复杂性也不容忽视。知识产权涉及多个领域，如专利权、商标权、著作权等，每个领域都有其独特的法律规定和侵权判定标准。侵权者可能同时侵犯多个知识产权，或者在不同领域实施侵权行为，使得侵权行为的性质和法律后果变得复杂多样。此外，随着科技的不断发展，新的侵权形式不断涌现，如网络侵权、跨境侵权等，这些新型侵权行为往往涉及多个法律领域和司法管辖区，进一步增加了侵权的复杂性。

侵权行为的隐蔽性与复杂性给知识产权的保护带来了巨大挑战。为了有效打击侵权行为，需要不断加强技术监测和执法力度，提高侵权行为的发现率和查处率。同时，还需要加强国际合作，共同应对跨境侵权等新型侵权行为。此外，完善知识产权法律制度，明确侵权判定标准和法律责任，也是降低侵权行为隐蔽性和复杂性的重要手段。

在应对侵权行为的隐蔽性与复杂性时，知识产权权利人应提高自我保护意识，加强技术防范措施，如采用数字水印、加密技术等手段保护自己的作品。同时，还应积极与执法部门合作，提供侵权线索和证据，协助执法部门打击侵权行为。此外，通过加强行业自律和公众教育，提高整个社会对知识产权保护的重视程度，也是降低侵权行为隐蔽性和复杂性的有效途径。

（二）侵权行为的跨地域性与国际性

随着全球化的深入发展，知识产权侵权行为的跨地域性与国际性日益凸显。侵权者可以利用互联网、国际贸易等渠道，在不同国家和地区实施侵权行为，使得侵权行为的影响范围不断扩大。例如，在网络环境中，侵权者可以通过跨境电商平台将侵权产品销售到全球各地，从而逃避单一国家的法律制裁。此外，随着国际交流的日益频繁，跨国公司在不同国家和地区设立分支机构或合作伙伴，也可能导致知识产权的跨境侵权问题。

跨地域性与国际性的侵权行为给知识产权的保护带来了诸多困难。不同国家和地区的法律制度、司法实践和文化背景存在差异，使得侵权行为的判定和处罚标准难以统一。此外，跨境侵权还涉及国际司法协助、引渡等问题，进一步增加了打击侵权的难度。为了有效应对跨地域性与国际性的侵权行为，需要加强国际合作与协调，建立跨国知识产权保护机制。

国际合作与协调是打击跨地域性与国际性侵权行为的关键。各国应加强知识产权法律制度的交流与对接，推动形成统一或兼容的知识产权保护标准。同时，还应加强国际司法协助和引渡合作，建立高效的跨境侵权查处机制。此外，通过国际组织、多边协议等途径加强知识产权保护的国际合作，也是应对跨地域性与国际性侵权行为的重要手段。

在加强国际合作与协调的同时，各国还应加强自身的知识产权保护能力建设。提高执法部门的专业素质和执法水平，加强技术监测和预警能力，完善知识产权法律制度，都是提升知识产权保护能力的重要途径。此外，通过加强公众教育和行业自律，提高整个社会对知识产权保护的重视程度，也是降低跨地域性与国际性侵权行为发生率的有效措施。

（三）侵权行为的多样性与技术性

知识产权侵权行为的多样性与技术性是其另一个显著特点。随着科技的不断发展，新的侵权形式不断涌现，如网络侵权、软件盗版、仿冒产品等。这些新型侵权行为往往涉及高科技手段，如黑客攻击、恶意软件、3D打印等，使得侵权行为的实施更加便捷和隐蔽。此外，侵权者还可能利用法律漏洞实施侵权行为，如通过规避技术措施、利用合理使用条款等方式进行侵权。

多样性与技术性的侵权行为给知识产权的保护带来了巨大挑战。为了有效应对多样性与技术性的侵权行为，需要不断加强技术研发和创新，提高侵权行为的监测和防范能力。例如，通过采用数字水印、区块链等技术手段保护作品版权，通过加强网络安全防护防止黑客攻击和恶意软件入侵等。同时，还需要不断完善知识产权法律制度，填补法律漏洞，明确侵权判定标准和法律责任。

在应对多样性与技术性的侵权行为时，知识产权权利人应提高自我保护意识和技术防范能力。加强作品的技术保护措施，如采用加密技术、访问控制等手段保护作品的安全。同时，还应积极关注科技发展动态和新型侵权形式，及时调整保护策略和方法。此外，通过加强行业合作和技术交流，共同应对新型侵权行为带来的挑战，也是降低侵权行为多样性与技术性的有效途径。

除了技术防范和法律手段，还应加强社会监督和公众教育。提高公众对知识产权保护的重视程度和识别能力，鼓励公众举报侵权行为，形成全社会共同参与知识产权保护的良好氛围。同时，通过媒体宣传、公益活动等方式普及知识产权知识，提高公众的法律意识和道德水平。

（四）侵权后果的严重性与长期性

知识产权侵权行为的后果具有严重性和长期性。侵权行为不仅直接剥夺了知识产权权利人的合法权益，还对其造成了巨大的经济损失和精神损害。例如，专利侵权可能导致权利人失去市场竞争优势，商标侵权可能损害权利人的品牌形象和声誉，著作权侵权则可能剥夺权利人的创作回报。这些损失往往难以用金钱来衡量，且会对权利人的长期发展产生深远影响。

同时，侵权后果的长期性也不容忽视。一旦侵权行为发生，其影响可能持续数年甚至数十年。即使侵权行为被查处并受到法律制裁，权利人也可能因侵权行为导致的市场损失、品牌损害等后果而难以恢复。此外，侵权行为还可能引发连锁反应，导致更多侵权行为的发生，进一步加剧侵权后果的严重性。

为了减轻侵权后果的严重性和长期性，需要采取多种措施加强知识产权保护。首先，应提高侵权成本，加大法律制裁力度，使侵权者不敢轻易实施侵权行为。其次，应加强知识产权的创造、运用和保护能力，提高权利人的自我保护意识和能力。最后，还应加强社会监督和公众教育，形成全社会共同参与知识产权保护的良好氛围。

在减轻侵权后果的严重性和长期性方面，知识产权权利人应积极采取措施保护自己的权益。例如，及时申请专利权、商标权和著作权等知识产权，加强作品的技术保护措施，积极监测市场动态和侵权行为等。同时，还应加强与执法部门的合作，及时提供侵权线索和证据，协助执法部门打击侵权行为。此外，通过加强行业自律和合作，共同应对侵权行为带来的挑战，也是减轻侵权后果严重性和长期性的有效途径。

第二节　知识产权侵权行为的法律责任

一、知识产权侵权行为的民事责任

（一）民事责任的基础与性质

知识产权侵权行为的民事责任，是知识产权法律体系中不可或缺的一环。它基于民法的基本原则，即侵权者因其不法行为对权利人造成的损失，应承担相应的法律后果。这种责任并非惩罚性的，而是补偿性的，旨在通过经济赔偿等方式，使权利人因侵权所遭受的损失得以恢复，从而维护知识产权市场的公平与秩序。

民事责任的基础在于对权利人的合法权益进行保护。知识产权，作为一种无形的财产权，其价值往往难以直接量化，但其在市场经济中的作用却不可小觑。民事责任的性质决定了其在知识产权侵权纠纷中的重要作用。与刑事责任和行政责任不同，民事责任更注重对权利人的经济赔偿和权益恢复。它要求侵权者停止侵权行为，消除影响，并赔偿因侵权所造成的权利人的损失。这种责任形式既体现了对权利人的尊重和保护，也体现了对侵权者的警示和惩戒。

（二）民事责任的承担方式与范围

知识产权侵权行为的民事责任承担方式多样，主要包括停止侵害、消除影响、赔礼道歉以及赔偿损失等。这些承担方式既体现了对权利人权益的全面保护，也体现了对侵权者行为的全面规制。

停止侵害是民事责任承担的首要方式。当侵权行为发生时，权利人有权要求侵权者立即停止侵权行为，以防止损失的进一步扩大。这一要求具有即时性和强制性，是保护权利人权益的有效手段。

消除影响则是指侵权者应通过公开声明、发布公告等方式，消除因其侵权行为对权利人造成的不良影响。这种方式适用于侵权行为已经对权利人的声誉或市场地位造成损害的情况。

赔礼道歉作为一种非经济性的民事责任承担方式，要求侵权者向权利人表达歉意，以弥补因其侵权行为对权利人造成的精神损害。虽然这种方式无法直接量化经济损失，但在维护权利人人格尊严和名誉方面具有重要意义。

赔偿损失是民事责任承担的核心方式。它要求侵权者根据权利人因侵权行为所遭受的实际损失进行赔偿。赔偿范围包括直接损失和间接损失，如权利人因侵权行为而减少的销售收入、增加的维权成本等。赔偿损失的数额应根据侵权行为的性质、情节以及权利人的实际损失等因素综合确定。

（三）民事责任的确定与计算

在知识产权侵权纠纷中，民事责任的确定与计算是核心环节。它直接关系到权利人的权益能否得到充分保护，也关系到侵权者应承担的法律后果是否公正合理。

民事责任的确定需要综合考虑多种因素。首先，要确定侵权行为的性质和情节，包括侵权行为的持续时间、范围、手段等。其次，要评估权利人因侵权行为所遭受的损失，包括直接经济损失和间接经济损失。最后，还要考虑侵权者的主观过错程度、经济状况以及社会影响等因素。

在计算赔偿数额时，可以采用多种方法。对于直接经济损失，可以根据权利人因侵权行为而减少的销售收入、增加的维权成本等进行计算。对于间接经济损失，则可以根据市场情况、行业惯例以及权利人的预期收益等因素进行估算。在特殊情况下，如权利人难以证明其实际损失或侵权者的违法所得时，法院还可以根据侵权行为的情节和性质，酌情确定赔偿数额。

（四）民事责任的执行与保障

知识产权侵权行为的民事责任执行与保障是确保权利人权益得到有效维护的关键环节。它要求法律执行机构严格依法履行职责，确保民事责任的顺利执行。

在执行过程中，法律执行机构应加强对侵权行为的监督和检查，确保侵权者及时履行停止侵害、消除影响、赔礼道歉以及赔偿损失等民事责任。对于拒不履行或拖延履行的侵权者，法律执行机构可以采取强制措施，如查封、扣押、冻结财产等，以迫使其履行义务。

同时，为了保障民事责任的顺利执行，还需要加强法律宣传和教育。通过提高公众对知识产权保护的认识和重视程度，形成全社会共同参与知识产权保护的良好氛围。此外，还可以建立知识产权保护的长效机制，如设立知识产权保护基金、建立知识产权侵权黑名单制度等，以加强对侵权行为的打击和惩戒力度。

总之，知识产权侵权行为的民事责任是保护权利人合法权益、维护市场秩序的重要法律手段。通过明确民事责任的承担方式与范围、确定与计算赔偿数额以及加强执行与保障措施，可以有效遏制侵权行为的发生，促进知识产权的创造、运用和保护。

二、知识产权侵权行为的行政责任

（一）行政责任的概念与性质

知识产权侵权行为的行政责任是指，侵权行为人因其侵犯知识产权的不法行为，依法应承担的由行政机关给予制裁的法律责任。这种责任形式在知识产权法律体系中占据重要地位，是维护知识产权市场秩序、保护权利人合法权益的重要手段。行政责任具有鲜明的公法属性，它体现了国家对知识产权保护的重视和干预，旨在通过行政手段对侵权行为进行及时、有效的制裁，以维护公共利益和社会秩序。

行政责任的性质决定了其在知识产权侵权纠纷中的独特作用。与民事责任主要关注对权利人的经济赔偿不同，行政责任更注重对侵权行为的惩戒和纠正。它通过对侵权行为人实施行政处罚，如罚款、没收违法所得、责令停产停业等，来强制侵权行为人停止侵权行为，并消除其违法行为所造成的社会危害。这种责任形式不仅有助于保护权利人的合法权益，还能对潜在侵权行为人形成有效威慑，从而预防类似侵权行为的再次发生。

（二）行政责任的承担方式与适用条件

知识产权侵权行为的行政责任承担方式多样，主要包括警告、罚款、没收违法所得、责令停产停业、暂扣或吊销许可证、暂扣或吊销执照等。这些承担方式根据侵权行为的性质、情节以及社会危害程度等因素综合确定，旨在实现惩戒与纠正的双重目的。

警告作为一种轻微的行政处罚方式，适用于情节较轻、社会危害较小的侵权行为。它通过对侵权行为人进行口头或书面警告，促使其认识到自身行为的违法性，并主动纠正侵权行为。罚款则是对侵权行为人实施经济制裁的主要方式，其数额根据侵权行为的严重程度和侵权人的经济状况等因素确定。没收违法所得是指将侵权行为人因侵权行为所获得的非法利益予以收缴，以剥夺其非法所得。责令停产停业则是对侵权行为人实施的一种更为严厉的行政处罚，要求侵权行为人停止生产经营活动，直至其纠正侵权行为并符合相关法律规定。暂扣或吊销许可证、暂扣或吊销执照则是对侵权行为人实施的一种资格处罚，它剥夺了侵权行为人从事特定活动的资格，从而对其形成有效制约。

行政责任的适用条件主要包括侵权行为的违法性、损害后果以及侵权人的主观过错等。只有当侵权行为人的行为违反了知识产权法律法规的规定，且造成了实际损害后果时，行政机关才能依法追究其行政责任。同时，侵权人的主观过错也是承担行政责任的重要条件之一。如果侵权行为人主观上存在故意或过失，那么其就应承担相应的行政责任。

（三）行政责任的追究程序与监督机制

知识产权侵权行为的行政责任追究程序通常包括立案、调查取证、审理、决定和执行等环节。在立案阶段，行政机关需要对侵权行为进行初步审查，以确定是否符合立案条件。在调查取证阶段，行政机关需要收集相关证据，以查明侵权行为的事实和情况。在审理阶段，行政机关需要对收集到的证据进行审查和分析，以确定侵权行为人是否应承担行政责任以及应承担何种行政责任。在决定阶段，行政机关需要依法作出行政处罚决定，并告知侵权行为人其享有的权利和救济途径。在执行阶段，行政机关需要监督侵权行为人履行行政处罚决定，以确保行政责任得到有效落实。

为了确保行政责任的公正、公平和有效执行，还需要建立完善的监督机制。这包括行政机关内部的监督以及社会监督等多个方面。行政机关内部的监督主要通过上级对下级、专门监督机构对一般执法机构的监督等方式实现，以确保行政处罚决定的合法性和合理性。社会监督则主要通过公众举报、媒体曝光等方式实现，以促使行政机关依法履行职责，维护知识产权市场秩序。

（四）行政责任与民事责任、刑事责任的衔接与协调

知识产权侵权行为的行政责任与民事责任、刑事责任在知识产权法律体系中各自发挥着重要作用，它们之间既相互独立又相互联系。在处理知识产权侵权纠纷时，需要注重这三种责任的衔接与协调，以形成全面、有效的知识产权保护体系。

行政责任与民事责任的衔接主要体现在对侵权行为人实施行政处罚的同时，要求其承担民事赔偿责任。这样既可以实现对侵权行为的惩戒和纠

正，又可以保护权利人的合法权益。行政责任与刑事责任的衔接则主要体现在对严重侵权行为依法追究刑事责任的同时，也可以给予行政处罚。这样既可以体现对严重侵权行为的严厉打击，又可以确保行政处罚与刑事处罚的相互补充和协调。

在协调这三种责任时，需要遵循一定的原则和程序。首先，应明确各种责任的适用范围和条件，避免责任的重叠和冲突。其次，应注重各种责任之间的衔接和配合，形成保护知识产权的合力。最后，应加强对责任追究程序的监督和制约，确保各种责任的公正、公平和有效执行。

三、知识产权侵权行为的刑事责任

（一）刑事责任的概念与性质

知识产权侵权行为的刑事责任是指，侵权行为人因其严重侵犯知识产权的行为，依法应承担的由司法机关追究的刑事法律责任。这种责任形式在知识产权法律体系中具有最高的强制性和威慑力，是维护知识产权市场秩序、保护权利人合法权益的最后一道防线。刑事责任体现了国家对知识产权保护的严肃态度和坚定决心，旨在通过刑事制裁手段，对严重侵权行为进行严厉打击，以维护社会公共利益和市场秩序。

刑事责任的性质决定了其在知识产权侵权纠纷中的独特地位。与民事责任和行政责任相比，刑事责任具有更强的惩罚性和威慑力。它不仅仅是对侵权行为人进行经济赔偿或行政处罚，而是通过剥夺其人身自由、财产权利甚至生命权利等方式，对侵权行为人进行严厉的制裁。这种责任形式不仅有助于保护权利人的合法权益，还能对潜在侵权行为人形成有效威慑，从而预防类似侵权行为的再次发生。

（二）刑事责任的承担方式与适用条件

知识产权侵权行为的刑事责任承担方式主要包括有期徒刑、拘役、管制、罚金以及没收财产等。这些承担方式根据侵权行为的性质、情节以及社会危害程度等因素综合确定，旨在实现惩罚与预防的双重目的。

有期徒刑是刑事责任中最常见的承担方式之一，它要求侵权行为人在一定期限内被剥夺人身自由，并在监狱等刑罚执行场所接受改造。拘役是一种较轻的有期徒刑形式，它要求侵权行为人在较短时间内被剥夺人身自由，并在指定场所接受监管。管制是一种不剥夺人身自由的刑罚方式，它要求侵权行为人在一定期限内遵守特定的规定和限制，并接受司法机关的监督。罚金则是对侵权行为人实施经济制裁的主要方式，其数额根据侵权行为的严重程度和侵权人的经济状况等因素确定。没收财产则是指将侵权行为人因侵权行为所获得的非法利益以及用于侵权行为的本人财物予以收缴，以剥夺其非法所得和再犯能力。

刑事责任的适用条件主要包括侵权行为的严重性、社会危害性以及侵权人的主观恶性等。只有当侵权行为人的行为严重侵犯了知识产权，且造成了重大社会危害后果时，司法机关才能依法追究其刑事责任。同时，侵权人的主观恶性也是承担刑事责任的重要条件之一。如果侵权行为人主观上存在故意或重大过失，且情节恶劣，那么其就应承担相应的刑事责任。

（三）刑事责任的追究程序与司法保障

知识产权侵权行为的刑事责任追究程序通常包括立案、侦查、起诉、审判和执行等环节。在立案阶段，司法机关需要对侵权行为进行初步审查，以确定是否符合立案条件。在侦查阶段，司法机关需要收集相关证据，以查明侵权行为的事实和情况，并确定侵权行为人。在起诉阶段，检察机关需要对侦查机关移送的案件进行审查，并决定是否向人民法院提起公诉。在审判阶段，人民法院需要对案件进行审理，并依法作出有罪或无罪的判决。在执行阶段，司法机关需要监督侵权行为人履行刑事判决，以确保刑事责任得到有效落实。

为了确保刑事责任的公正、公平和有效执行，还需要建立完善的司法保障机制。这包括加强司法机关之间的协调与配合、提高司法人员的专业素质和办案能力、加强司法监督等多个方面。同时，还需要加强对知识产权侵权行为的预防和打击力度，提高社会公众的知识产权保护意识，形成全社会共同参与知识产权保护的良好氛围。

（四）刑事责任与民事责任、行政责任的衔接与协调

知识产权侵权行为的刑事责任与民事责任、行政责任在知识产权法律体系中各自发挥着重要作用，它们之间既相互独立又相互联系。在处理知识产权侵权纠纷时，需要注重这三种责任的衔接与协调，以形成全面、有效的知识产权保护体系。

刑事责任与民事责任的衔接主要体现在对侵权行为人实施刑事制裁的同时，要求其承担民事赔偿责任。这样既可以实现对侵权行为的严厉打击，又可以保护权利人的合法权益。刑事责任与行政责任的衔接则主要体现在对严重侵权行为依法追究刑事责任的同时，也可以给予行政处罚。这样既可以体现对严重侵权行为的严厉打击，又可以确保行政处罚与刑事处罚的相互补充和协调。

在协调这三种责任时，需要遵循一定的原则和程序。首先，应明确各种责任的适用范围和条件，避免责任的重叠和冲突。其次，应注重各种责任之间的衔接和配合，形成保护知识产权的合力。再次，应加强对责任追究程序的监督和制约，确保各种责任的公正、公平和有效执行。最后，还需要加强知识产权法律制度的完善和创新，以适应不断变化的知识产权保护需求。

四、知识产权侵权责任的追究与承担

（一）侵权责任的追究原则与程序

知识产权侵权责任的追究需遵循严格的原则与规范的程序，以确保责任追究的公正性、合法性与有效性。首要原则是"过错责任原则"，即侵权行为人需对其过错行为承担法律责任。这一原则强调侵权行为的故意或

过失性质，要求权利人在追究责任时，必须证明侵权人存在主观过错。同时，"无过错责任原则"在特定情况下也适用，如某些法定情形下，无论侵权人是否有过错，均需承担责任，这体现了法律对知识产权保护的特殊倾斜。

在追究程序上，权利人通常需先通过行政或司法途径确认侵权行为。行政途径包括向知识产权管理部门投诉，由其进行调查并作出行政处理决定；司法途径则是向法院提起诉讼，由法院根据证据和法律规定作出判决。无论哪种途径，均需遵循法定程序，包括立案、调查取证、审理、判决等环节，确保追究过程的公开、公平、公正。

此外，追究侵权责任还需注意时效问题。知识产权法律通常规定了侵权行为的诉讼时效，权利人需在规定期限内主张权利，否则可能丧失法律保护。因此，权利人应及时关注侵权行为，积极采取措施维护自身权益。

（二）侵权责任的承担方式与范围界定

知识产权侵权责任的承担方式多样，旨在全面保护权利人的合法权益。主要承担方式包括停止侵害、消除影响、赔礼道歉、赔偿损失等。停止侵害要求侵权人立即停止侵权行为，防止损害进一步扩大；消除影响要求侵权人采取措施消除因侵权行为对权利人造成的不良影响；赔礼道歉要求侵权人向权利人表达歉意，恢复其名誉；赔偿损失则是侵权人因侵权行为给权利人造成经济损失时，需进行经济赔偿。

在范围界定上，赔偿损失是核心问题。赔偿范围通常包括直接损失和间接损失。直接损失是权利人因侵权行为直接遭受的经济损失，如销售额下降、市场份额减少等；间接损失则是权利人因侵权行为而丧失的可得利益，如预期利润、商业机会等。赔偿数额的确定需综合考虑侵权行为的性质、情节、持续时间、影响范围以及权利人的实际损失等因素，确保赔偿的公正性与合理性。

（三）侵权责任的执行机制与保障措施

知识产权侵权责任的执行机制是确保责任有效落实的关键。执行机制包括行政执行、司法执行以及社会监督等多个方面。行政执行主要依靠知识产权管理部门对侵权行为进行查处，并作出行政处罚决定；司法执行是通过法院强制执行判决，确保侵权人履行赔偿义务；社会监督则是通过公众举报、媒体曝光等方式，促使侵权人承担责任。

为保障侵权责任的顺利执行，还需采取一系列保障措施。一是加强法律宣传与教育，提高公众对知识产权保护的认识和重视程度；二是建立知识产权侵权黑名单制度，对严重侵权行为人进行公示和惩戒；三是完善知识产权信用体系，将侵权行为纳入信用记录，影响侵权人的信用评级和融资能力；四是加强国际交流与合作，共同打击跨国知识产权侵权行为。

（四）侵权责任的承担与知识产权保护的平衡

在追究知识产权侵权责任时，需注重与知识产权保护的平衡。一方面，要严厉打击侵权行为，维护权利人的合法权益和市场秩序；另一方面，也要避免过度保护导致创新活力受抑或市场垄断。因此，在责任承担上需遵循适度原则，既要让侵权人承担应有的法律责任，又要避免对其造成不必要的过重负担。

另外，还需关注知识产权保护与公共利益的关系。知识产权制度在鼓励创新、促进知识传播和利用的同时，也需考虑社会公共利益。在追究侵权责任时，应兼顾权利人的个人利益和社会公共利益，确保知识产权保护与公共利益之间的平衡。例如，在涉及公共利益的知识产权侵权案件中，可考虑采用更灵活的责任承担方式，如许可使用、强制许可等，以实现知识产权的有效利用和社会福祉的最大化。

总之，知识产权侵权责任的追究与承担是知识产权保护体系中的重要环节。通过明确追究原则与程序、界定承担方式与范围、完善执行机制与保障措施以及注重与知识产权保护的平衡，可以有效维护权利人的合法权益和市场秩序，促进知识产权的创造、运用和保护。

第三节　知识产权维权途径与手段

一、知识产权维权的主要途径与选择

（一）自行协商：和解的初步尝试

在知识产权维权的过程中，自行协商是权利人可以考虑的一种途径。这种方式基于双方当事人的自愿和平等，通过直接沟通来寻求问题的解决方案。自行协商的优势在于其灵活性和高效性，能够迅速缓解紧张关系，避免长时间的法律纠纷。权利人可以直接向侵权方提出自己的诉求，如停止侵权、赔偿损失等，而侵权方也有机会表达自己的观点和立场。通过双方的协商，有可能达成一个双方都能接受的解决方案，从而避免进一步的法律冲突。

然而，自行协商也存在一定的局限性。首先，它要求双方都有解决问题的诚意和意愿，如果一方不愿意配合，协商就难以进行。其次，协商的结果往往缺乏强制执行力，如果侵权方在协商后不履行承诺，权利人还需要通过其他途径来维护自己的权益。因此，自行协商虽然是一种值得尝试的维权途径，但权利人也需要做好其他准备，以备不时之需。

（二）行政投诉：公权力的介入与调解

当自行协商无法解决问题时，权利人可以向相关的行政机关进行投诉，寻求公权力的介入和调解。在知识产权领域，行政机关如市场监督管理部门、知识产权局等，都负有保护知识产权、打击侵权行为的职责。权利人可以向这些行政机关提交投诉材料，详细说明侵权情况，并提供相关证据。行政机关在接到投诉后，会依法进行调查处理，并根据调查结果作出相应的行政决定。

行政投诉的优势在于其权威性和效率性。行政机关具有专业的执法人员和丰富的执法经验，能够迅速对侵权行为进行调查和认定。同时，行政机关的行政决定具有强制执行力，侵权方必须遵守，否则将面临更严厉的法律制裁。此外，行政投诉还可以为权利人提供一种相对低成本的维权方式，避免长时间的诉讼过程和高昂的诉讼费用。

然而，行政投诉也存在一定的局限性。首先，行政机关的执法范围和权限有限，可能无法涵盖所有类型的知识产权侵权行为。其次，行政机关的行政决定虽然具有强制执行力，但在某些情况下，侵权方可能会选择提起行政诉讼来挑战行政决定的合法性。因此，权利人在选择行政投诉时，也需要充分考虑这些因素，并做好相应的准备。

（三）司法诉讼：法律的最终裁决

当自行协商和行政投诉都无法解决问题时，权利人可以选择向法院提起诉讼，通过司法途径来维护自己的权益。司法诉讼是知识产权维权中最具权威性的途径。法院会根据权利人提交的起诉材料和证据，依法进行审理，并作出公正的判决。如果判决侵权方败诉，侵权方将需要承担停止侵权、赔偿损失等法律责任。

司法诉讼的优势在于其公正性和权威性。法院作为独立的司法机关，能够依法对案件进行公正审理，并作出具有法律效力的判决。同时，司法诉讼还可以为权利人提供一种全面的维权方式，无论是停止侵权、赔偿损失还是恢复名誉等诉求，都可以通过司法途径得到解决。此外，司法诉讼还可以对侵权行为形成有效的威慑力，防止类似侵权行为的再次发生。

然而，司法诉讼也存在一定的局限性。首先，诉讼过程往往比较漫长，需要权利人投入大量的时间和精力。其次，诉讼费用相对较高，对于一些小型企业或个人来说可能是一个不小的负担。最后，司法诉讼的结果也存在一定的不确定性，即使权利人认为自己有理有据，也不一定能够赢得诉讼。因此，权利人在选择司法诉讼时，需要充分考虑这些因素。

（四）其他途径：多元化的维权选择

除了自行协商、行政投诉和司法诉讼，权利人还可以选择其他途径来维护自己的知识产权权益。例如，权利人可以向相关的行业协会或组织寻求帮助和支持，这些组织通常会提供一些维权指导和咨询服务。此外，权利人还可以考虑通过仲裁等方式来解决纠纷，仲裁具有灵活性和高效性等特点，能够在一定程度上满足权利人的维权需求。

这些途径的优势在于其多样性和灵活性。权利人可以根据自己的实际情况和需求选择最适合的维权途径。同时，这些途径还可以为权利人提供一种相对低成本的维权方式，避免长时间的诉讼过程和高昂的诉讼费用。此外，通过与其他途径的结合使用，权利人还可以形成更加全面和有效的维权策略。

然而，这些途径也存在一定的局限性。例如，行业协会或组织的维权指导和咨询服务可能存在一定的局限性，无法涵盖所有类型的知识产权侵权行为。仲裁等方式虽然具有灵活性和高效性等特点，但其结果也可能存在一定的不确定性。

二、知识产权维权的法律手段与运用

（一）民事法律手段：侵权赔偿与禁令救济

在知识产权维权中，民事法律手段是最为基础且常用的方式。权利人可以通过提起民事诉讼，要求侵权人承担停止侵害、消除影响、赔礼道歉以及赔偿损失等民事责任。其中，赔偿损失是民事维权的核心诉求，旨在弥补权利人因侵权行为所遭受的经济损失。赔偿数额的确定通常依据权利人因侵权所减少的销售收入、侵权人因侵权所获得的非法利益以及权利人为维权所支出的合理费用等因素综合考量。

除了赔偿损失，权利人还可以请求法院颁发禁令，即要求侵权人立即停止正在实施或即将实施的侵权行为。禁令的颁发具有预防性和紧急性，能够在侵权行为造成更大损害之前及时制止，有效保护权利人的合法权益。在申请禁令时，权利人需要提供充分的证据证明侵权行为的存在以及不颁发禁令将对其造成难以弥补的损害。

民事法律手段的运用需要权利人具备充分的证据意识和法律素养。权利人应当注重收集、保存侵权证据，包括侵权产品、宣传资料、销售记录等，以便在诉讼中能够有力地证明自己的主张。同时，权利人还应当了解相关的法律规定和诉讼程序，以便在维权过程中能够做出正确的决策和行动。

（二）行政法律手段：行政处罚与行政裁决

行政法律手段是知识产权维权的重要途径之一。权利人可以向相关的行政机关投诉侵权行为，请求行政机关对侵权人进行行政处罚。行政处罚的种类包括警告、罚款、没收违法所得、责令停产停业等，旨在通过行政手段对侵权行为进行惩戒和纠正。

除了行政处罚，行政机关还可以根据权利人的申请，对知识产权侵权纠纷进行行政裁决。行政裁决具有准司法性质，其裁决结果具有一定的强制执行力。在行政裁决过程中，行政机关会依据相关法律法规和事实证据，对侵权纠纷进行审理和裁决，从而快速、有效地解决纠纷。

行政法律手段的运用需要权利人了解行政机关的职能和权限，以及行政投诉和裁决的程序和要求。权利人应当选择具有管辖权的行政机关进行投诉或申请裁决，并按照规定的程序和要求提交相关材料。同时，权利人还应当积极配合行政机关的调查和处理工作，以便能够尽快获得有效的维权结果。

（三）刑事法律手段：刑事追责与刑罚威慑

对于严重的知识产权侵权行为，权利人可以选择通过刑事法律手段进行维权。刑事法律手段具有最强的威慑力和惩戒力，能够对侵权人形成有效震慑。在知识产权侵权案件中，如果侵权行为构成犯罪，侵权人将面临刑事处罚,包括有期徒刑、拘役、罚金等。

刑事追责需要权利人向公安机关报案,并提供充分的证据证明侵权行为的犯罪性质。公安机关在接到报案后,会依法进行立案侦查,并根据侦查结果决定是否移送检察机关提起公诉。在刑事诉讼过程中,权利人可以作为被害人参与诉讼,维护自己的合法权益。

刑事法律手段的运用需要权利人具备较高的法律意识和证据收集能力。权利人应当了解知识产权犯罪的构成要件和立案标准,以便在发现知识产权犯罪行为时能够及时报案。同时,权利人还应当注重收集、保存证据,为公安机关的侦查和检察机关的公诉提供有力支持。

(四)综合法律手段:协同运用与策略选择

在知识产权维权实践中,权利人往往需要根据具体情况综合运用多种法律手段。民事、行政和刑事法律手段各有其优势和局限性,权利人应当根据实际情况选择合适的维权策略。

综合法律手段的运用需要权利人具备全面的法律素养和策略思维。权利人应当了解各种法律手段的特点和适用条件,以便在维权过程中能够灵活运用。同时,权利人还应当注重与律师、行政机关、司法机关等各方面的沟通和协作,形成维权合力。

在选择维权策略时,权利人应当充分考虑知识产权侵权行为的性质、情节以及自身的维权成本和收益。对于轻微的侵权行为,权利人可以选择通过民事法律手段进行维权;对于严重的侵权行为,权利人则可以选择通过刑事法律手段进行追责。同时,权利人还可以考虑在维权过程中运用行政法律手段进行辅助和配合,以提高维权的效率和效果。

总之,知识产权维权的法律手段多种多样,权利人应当根据实际情况选择合适的维权策略,并综合运用各种法律手段来维护自己的合法权益。在维权过程中,权利人还应当注重证据收集、法律素养提升以及与各方面的沟通和协作,以便能够取得更好的维权效果。

三、知识产权维权的非法律手段与策略

（一）技术保护与防范措施

在知识产权维权中，技术保护与防范措施是非法律手段的重要组成部分。权利人可以通过采用先进的技术手段，如加密技术、数字水印、访问控制等，来保护自己的知识产权不受侵犯。这些技术手段能够在一定程度上防止侵权行为的发生，或者在侵权行为发生后提供有效的追踪和取证手段。

加密技术是保护知识产权的一种有效方法。通过对知识产权内容进行加密处理，只有经过授权的用户才能解密并访问内容，从而防止未经授权的复制和传播。数字水印技术可以在知识产权内容中嵌入特定的标识信息，一旦内容被非法复制或传播，就可以通过检测水印来追踪侵权源头。访问控制技术则可以限制对知识产权内容的访问，只有经过身份验证和授权的用户才能访问，从而确保内容的安全性和保密性。

除了技术手段，权利人还可以采取一系列防范措施来预防侵权行为的发生。例如，加强内部管理，建立完善的保密制度，防止内部人员泄露知识产权信息；与合作伙伴签订保密协议，明确双方的权利与义务，防止合作过程中的侵权行为；定期对市场进行监测，及时发现并处理潜在的侵权行为等。

技术保护与防范措施的运用需要权利人具备一定的技术实力和管理能力。权利人应当根据自身情况选择合适的技术手段，并加强技术研发和创新，以提高保护效果。同时，权利人还应当注重防范措施的落实和执行，确保各项措施能够得到有效实施。

（二）商业策略与合同管理

商业策略与合同管理也是知识产权维权的重要手段。权利人可以通过制定合理的商业策略，如定价策略、市场推广策略等，来增强自身知识产

权的市场竞争力和价值。同时，通过加强合同管理，明确与合作伙伴之间的知识产权归属和使用权限，防止因合同约定不清而产生的侵权行为。

此外，权利人还可以考虑通过知识产权转让、许可等方式，实现知识产权的价值最大化。在转让或许可过程中，权利人应当注重合同条款的完善和风险控制，确保自身权益得到充分保障。

商业策略与合同管理的运用需要权利人具备敏锐的市场洞察力和合同管理能力。权利人应当密切关注市场动态和竞争情况，及时调整商业策略以适应市场变化。同时，在合同管理过程中，权利人应当注重合同条款的审查和履行情况的监督，确保合同得到有效执行。

（三）行业自律与标准制定

行业自律与标准制定是知识产权维权的重要补充手段。通过行业自律组织的引导和规范，以及行业标准的制定和实施，可以促使行业内企业自觉遵守知识产权法律法规，维护良好的市场秩序和竞争环境。

行业自律组织可以发挥桥梁和纽带作用，加强企业之间的沟通和协作，共同打击侵权行为。同时，自律组织还可以制定行业规范和标准，明确知识产权的保护要求和侵权行为的处罚措施，从而引导企业自觉遵守相关规定。在行业标准的制定方面，权利人可以积极参与并推动相关标准的出台和实施，以提高整个行业的知识产权保护水平。

此外，权利人还可以通过加入行业自律组织或参与标准制定工作，提升自身在行业内的影响力和话语权。这有助于权利人在维权过程中获得更多的支持和帮助，提高维权的效率和效果。

行业自律与标准制定的运用需要权利人积极参与和推动。权利人应当关注行业自律组织的动态和标准制定工作，积极参与相关活动和讨论，为知识产权保护贡献自己的力量。同时，权利人还应当自觉遵守行业规范和标准，树立良好的企业形象和信誉。

（四）公众教育与意识提升

公众教育与意识提升是知识产权维权的基础性工作。通过加强知识产权宣讲和教育，提高公众对知识产权的认知和尊重程度，可以形成全社会共同保护知识产权的良好氛围。

权利人可以通过各种渠道和方式开展知识产权宣讲和教育活动，如举办讲座、发布宣传资料、开展线上培训等。这些活动可以普及知识产权法律法规和基本知识，提高公众对知识产权重要性的认识。同时，通过宣讲和教育活动，还可以引导公众树立正确的知识产权观念，自觉抵制侵权行为。

此外，权利人还可以与媒体、教育机构等合作，共同开展知识产权宣讲和教育活动。媒体可以通过报道知识产权侵权案例和维权成果，提高公众对知识产权保护的关注度；教育机构则可以将知识产权教育纳入课程体系，培养学生的创新意识和知识产权保护意识。

公众教育与意识提升需要权利人注重宣讲与教育的效果和质量。权利人应当根据不同受众的特点和需求，制定合适的宣讲和教育方案，并采用多种形式和手段进行传播和推广。

第四节 知识产权侵权纠纷的解决机制

一、知识产权侵权纠纷的协商与调解

（一）协商与调解的基本概念及重要性

协商与调解是解决知识产权侵权纠纷的重要途径，它们以非对抗性的方式，通过双方或多方的沟通与妥协，达成纠纷解决的共识。协商是指纠纷双方直接进行对话，就侵权事实、责任承担及赔偿等问题进行磋商，以寻求双方都能接受的解决方案。调解则是在第三方的主持下，协助纠纷双方进行协商，促使双方达成和解协议。

协商与调解的重要性在于其灵活性和高效性。相较于诉讼或仲裁等正式法律程序，协商与调解更加灵活，可以根据纠纷的具体情况和双方的需求进行定制化的解决方案。同时，协商与调解通常能够更快地解决纠纷，减少双方的时间和精力消耗，降低纠纷解决的成本。此外，协商与调解还有助于维护双方的商业关系，避免因为纠纷而破坏长期的合作基础。

在知识产权侵权纠纷中，协商与调解尤其具有优势。知识产权往往涉及复杂的技术和法律问题，通过协商与调解，双方可以更加深入地了解对方的立场和需求，从而找到符合双方利益的解决方案。同时，协商与调解还可以避免因为诉讼或仲裁而公开纠纷细节，以保护双方的商业秘密和声誉。

（二）协商与调解的适用条件及程序

协商与调解并非适用于所有知识产权侵权纠纷，其适用条件主要包括：双方具有协商与调解的意愿、纠纷具有可协商性、双方对纠纷事实和法律适用有一定的共识等。在满足这些条件的基础上，双方可以采用协商与调解方式。

协商程序通常包括以下几个步骤：首先，双方明确纠纷的焦点和争议点；其次，双方就纠纷解决方案进行初步磋商；再次，双方就磋商结果进行反复沟通和调整；最后，双方达成和解协议并履行。在协商过程中，双方应保持开放和诚实的态度，积极寻求共识，同时也要注意保护自身的合法权益。

调解程序则相对更加正式和规范。调解通常需要在第三方调解员的主持下进行，调解员应具备专业的法律知识和调解技能。调解程序包括：调解申请、调解受理、调解准备、调解进行和调解终结等阶段。在调解过程中，调解员会协助双方明确纠纷焦点、提出解决方案、进行沟通和妥协，并最终促成双方达成和解协议。

（三）协商与调解的技巧和策略

在协商与调解过程中，掌握一定的技巧和策略对于达成和解协议至关重要。首先，双方应充分了解纠纷的事实和法律适用，以便在协商与调解中占据有利地位。其次，双方应保持良好的沟通与合作态度，积极倾听对方的意见和需求，寻求共识和妥协点。

在协商技巧方面，双方可以采用"换位思考"的方法，尝试从对方的角度理解问题，从而找到符合双方利益的解决方案。同时，双方还可以采用"分步解决"的策略，将复杂的纠纷分解为多个小问题，逐一进行协商和解决。

在调解技巧方面，调解员应充分发挥其专业优势，协助双方明确纠纷焦点、提出合理的解决方案，并引导双方进行沟通。调解员还可以采用"中立性"和"保密性"的原则，确保调解过程的公正性和保密性，从而增强双方对调解结果的信任度。

（四）协商与调解的结果及后续处理

协商与调解的结果通常表现为双方达成的和解协议。和解协议应明确双方的权利与义务、纠纷的解决方案以及履行方式等内容。和解协议一旦达成，双方应自觉履行协议约定的义务，以确保纠纷得到彻底解决。

如果一方不履行和解协议，另一方可以采取相应的法律措施来维护自身的合法权益。例如，可以向人民法院申请强制执行和解协议，或者就纠纷重新提起诉讼或仲裁。同时，双方还可以考虑在和解协议中约定违约责任和争议解决方式等条款，以增强和解协议的约束力和可执行性。

在协商与调解结束后，双方还应进行后续处理，包括总结纠纷解决的经验教训、完善知识产权管理制度、加强知识产权保护意识等。这些后续处理措施有助于避免类似纠纷的再次发生，并提高企业的知识产权管理水平和风险防范能力。

二、知识产权侵权纠纷的仲裁与诉讼

（一）仲裁解决知识产权侵权纠纷的机制与优势

仲裁作为一种非诉讼的纠纷解决方式，在知识产权侵权纠纷中发挥着重要作用。仲裁机制基于双方当事人的自愿，通过事先或事后达成的仲裁协议，将纠纷提交给选定的仲裁机构进行裁决。仲裁机构通常由具备专业知识和经验的仲裁员组成，他们依据相关法律法规和仲裁规则，对纠纷进行公正、高效的裁决。

仲裁解决知识产权侵权纠纷的优势在于其灵活性和专业性。相较于诉讼程序，仲裁更加灵活，当事人可以自主选择仲裁机构、仲裁员以及仲裁程序，这有助于快速解决纠纷并降低解决成本。同时，仲裁员通常具备深厚的专业知识和丰富的实践经验，能够更准确地理解和把握知识产权侵权纠纷的复杂性和专业性，从而作出更为公正、合理的裁决。

此外，仲裁还具有保密性强的特点。知识产权侵权纠纷往往涉及商业秘密、技术秘密等敏感信息，仲裁程序可以有效地保护这些信息不被泄露，维护当事人的合法权益。仲裁裁决还具有终局性，一旦作出即具有法律效力，当事人应当履行裁决所确定的义务，这有助于快速解决纠纷并恢复正常的商业秩序。

（二）诉讼解决知识产权侵权纠纷的程序与特点

诉讼是解决知识产权侵权纠纷的另一种重要方式。在诉讼程序中，当事人通过向人民法院提起诉讼，由法院对纠纷进行审理并作出判决。诉讼程序通常包括起诉、受理、审理、判决和执行等阶段，每个阶段都有严格的法律程序和规定。

诉讼解决知识产权侵权纠纷的特点在于其权威性和强制性。法院作为国家的审判机关，其判决具有最高的法律效力，当事人必须履行判决所确定的义务。诉讼程序还具有严格的程序保障，确保当事人的合法权益得到充分保护。在诉讼过程中，当事人可以充分行使自己的诉讼权利，进行举证、质证和辩论等，以维护自己的合法权益。

然而，诉讼程序也存在一些不足。首先，诉讼程序相对复杂，需要当事人投入大量的时间和精力。其次，诉讼成本较高，包括诉讼费、律师费等，可能会增加当事人的经济负担。最后，诉讼程序还可能受到各种因素的影响，如法院的工作负荷、法官的专业水平等，导致诉讼周期较长。

（三）仲裁与诉讼的选择与衔接

在知识产权侵权纠纷中，当事人可以根据具体情况和自己的需求选择仲裁或诉讼方式解决纠纷。对于希望快速解决纠纷、降低解决成本并保护商业秘密的当事人来说，仲裁可能是一个更好的选择。对于希望获得更具权威性和强制性的判决，并愿意投入更多时间和精力的当事人来说，诉讼可能更合适。

在实际操作中，仲裁与诉讼之间还存在一定的衔接关系。例如，当事人在仲裁协议中可以约定仲裁裁决的终局性，即仲裁裁决作出后，当事人不得再就同一纠纷向人民法院提起诉讼。同时，如果一方不履行仲裁裁决，另一方可以向人民法院申请强制执行。此外，在某些情况下，当事人还可以在仲裁程序中进行调解，如果调解成功，可以达成和解协议并履行，从而避免进一步的仲裁或诉讼程序。

（四）提高仲裁与诉讼效率的策略与建议

为了提高仲裁与诉讼解决知识产权侵权纠纷的效率，可以从以下几个方面入手。首先，加强仲裁机构和法院的建设，提高仲裁员和法官的专业水平和业务能力，确保他们能够准确、高效地处理知识产权侵权纠纷。其次，完善仲裁与诉讼程序，简化流程、减少环节，降低当事人的时间和经济成本。同时，加强仲裁与诉讼之间的衔接与协调，避免程序上的冲突和重复。

此外，还可以推广在线仲裁和在线诉讼等新型纠纷解决方式，利用现代信息技术手段提高纠纷解决的效率和便捷性。加强知识产权保护和宣传，提高公众的知识产权意识，降低知识产权侵权纠纷的发生概率。通过这些策略与建议的实施，可以有效提高仲裁与诉讼解决知识产权侵权纠纷的效率，维护当事人的合法权益，促进知识产权的健康发展。

三、知识产权侵权纠纷的替代性争议解决机制

（一）替代性争议解决机制的概述与特点

替代性争议解决机制（Alternative Dispute Resolution，ADR）是指在诉讼和仲裁之外，通过协商、调解、专家裁决等非诉讼方式解决纠纷的机制。在知识产权侵权纠纷中，ADR 以其灵活性、高效性和保密性等特点，逐渐成为当事人解决纠纷的重要选择。

ADR 机制的核心在于当事人的自愿参与和自主协商。它鼓励纠纷双方通过对话与沟通，寻求共同认可的解决方案，而不是通过强制性的法律程序来裁决争议。这种机制不仅有助于维护当事人的商业关系，还能在一定程度上减少纠纷解决的成本和时间。

与诉讼和仲裁相比，ADR 机制更加灵活多样。它可以根据纠纷的具体情况和当事人的需求，选择最适合的解决方式。同时，ADR 机制还注重保护当事人的商业秘密和隐私，避免纠纷细节被公开，从而维护当事人的商业利益。

（二）替代性争议解决机制在知识产权侵权纠纷中的应用

在知识产权侵权纠纷中，ADR 机制的应用非常广泛。其中，协商与调解是最常见的两种 ADR 方式。

协商是指纠纷双方直接进行对话，就侵权事实、责任承担及赔偿等问题进行磋商，以寻求双方都能接受的解决方案。协商过程通常较为灵活，双方可以根据实际情况随时调整协商内容和方式。通过协商，双方可以更加深入地了解对方的立场和需求，从而找到更加符合双方利益的解决

方案。

调解则是在第三方主持下，协助纠纷双方进行协商，促使双方达成和解协议。调解员通常具备专业的法律知识和调解技能，能够引导双方进行有效的沟通和妥协。调解过程相对更加正式和规范，但同样注重保护当事人的商业秘密和隐私。

除了协商与调解，专家裁决也是一种重要的 ADR 方式。在知识产权侵权纠纷中，当双方对某一技术问题或法律适用存在争议时，可以邀请相关领域的专家进行裁决。专家裁决具有专业性和权威性，能够为双方提供公正、合理的解决方案。

（三）替代性争议解决机制的优势与局限性

ADR 机制在知识产权侵权纠纷中具有诸多优势。首先，它能够快速解决纠纷，减少解决成本和时间。通过协商、调解和专家裁决等方式，双方可以在较短时间内达成和解协议，避免长时间的诉讼或仲裁程序。其次，ADR 机制注重保护当事人的商业秘密和隐私，有助于维护当事人的商业利益。最后，ADR 机制还能够促进双方的交流与合作，为未来的商业合作奠定基础。

然而，ADR 机制也存在一定的局限性。首先，其解决结果可能不如诉讼或仲裁具有终局性和强制执行力。如果一方不履行和解协议或专家裁决结果，另一方可能需要通过法律途径来维护自己的权益。其次，ADR 机制的成功率受到多种因素的影响，如双方的协商意愿、调解员的调解技能等。如果双方无法达成一致意见或调解员无法有效引导双方进行协商和妥协，那么 ADR 机制就可能无法成功解决纠纷。

（四）完善替代性争议解决机制的建议与展望

为了进一步完善替代性争议解决机制在知识产权侵权纠纷中的应用，我们可以从以下几个方面入手。

一是加强 ADR 机制的宣传和推广。通过举办讲座、研讨会等活动，向企业和公众普及 ADR 机制的知识和优势，提高他们对 ADR 机制的认知度和接受度。

二是加强 ADR 机构的建设和管理。建立健全 ADR 机构的组织结构和运作机制，提高调解员和专家的专业水平和业务能力。同时，加强对 ADR 机构的监管和评估，确保其公正、高效地处理纠纷。

三是完善 ADR 机制的相关法律法规。明确 ADR 机制的法律地位和适用范围，规范协商、调解和专家裁决等程序的运作流程和标准。同时，加强与诉讼和仲裁程序的衔接与协调，确保纠纷解决机制的顺畅运行。

展望未来，随着全球化和信息化的不断发展，知识产权侵权纠纷将日益复杂和多样化。ADR 机制作为一种灵活、高效的纠纷解决方式，将在知识产权领域发挥更加重要的作用。我们应该继续加强 ADR 机制的研究和实践，不断完善其运作机制和法律法规体系，为知识产权保护的发展提供更加有力的支持。

四、知识产权侵权纠纷解决机制的完善与创新

（一）现有纠纷解决机制的不足与改进方向

当前，知识产权侵权纠纷解决机制主要包括诉讼、仲裁以及替代性争议解决机制（ADR）等。然而，这些机制在实际运行过程中仍暴露出诸多不足。诉讼程序虽然具有权威性和终局性，但往往耗时较长，成本高昂，且程序复杂，使得许多中小企业或个人在面临知识产权侵权时望而却步。仲裁机制虽然相对灵活，但裁决的执行力度和范围有时受限，且仲裁费用也不低，而 ADR 机制，如协商、调解等，虽然成本较低、效率较高，但缺乏强制执行力，且调解结果可能因双方意愿不一致而无法达成。

针对这些不足，应着重于提高纠纷解决效率、降低解决成本以及增强解决结果的执行力。具体而言，可以通过简化诉讼程序、推广小额诉讼和快速审理机制，缩短诉讼周期，降低诉讼成本。同时，可以加强仲裁机

构与法院之间的衔接与合作，提高仲裁裁决的执行力度。对于 ADR 机制，可以探索建立更具约束力的调解协议确认制度，或者通过立法赋予调解结果一定的法律效力，以增强其执行力。

（二）多元化纠纷解决机制的构建与实践

构建多元化纠纷解决机制是完善知识产权侵权纠纷解决体系的重要途径。多元化纠纷解决机制旨在整合各种纠纷解决方式的优势，形成互补、协同的纠纷解决网络。这包括诉讼、仲裁、调解、协商等多种方式的有机结合。

在实践中，可以建立知识产权侵权纠纷调解中心，汇聚专业调解员和行业专家，为纠纷双方提供中立、专业的调解服务。同时，可以推动仲裁机构与行业协会、商会等组织的合作，开展行业仲裁，提高仲裁的专业性和针对性。此外，还可以探索建立在线纠纷解决平台，利用现代信息技术手段，实现纠纷的在线提交、在线调解、在线仲裁等，提高纠纷解决的效率和便捷性。

多元化纠纷解决机制的构建需要政府、司法机关、仲裁机构、行业协会等多方主体的共同参与和推动。各方应明确各自的角色和职责，加强沟通与协作，形成合力，共同推动多元化纠纷解决机制的落地实施。

（三）技术创新在纠纷解决机制中的应用与前景

技术创新为知识产权侵权纠纷解决机制带来了新的机遇和挑战。随着大数据、人工智能、区块链等技术的不断发展，其在纠纷解决中的应用前景日益广阔。

大数据技术可以用于分析纠纷数据，挖掘纠纷背后的规律和趋势，为纠纷预防和解决提供数据支持。人工智能技术可以用于开发智能调解系统、智能仲裁系统等，提高纠纷解决的效率和准确性。区块链技术则可以用于确保纠纷解决过程的透明度和可追溯性，增强纠纷解决结果的公信力和执行力。

然而，技术创新在纠纷解决机制中的应用也面临一些挑战。例如，数据安全和隐私保护问题、技术标准的统一和互认问题、技术应用的成本和效益问题等。因此，在推动技术创新在纠纷解决机制中的应用时，需要充分考虑这些因素，制定相应的政策和措施，确保技术创新的健康、有序发展。

（四）国际合作与知识产权侵权纠纷解决机制的完善

在全球化背景下，知识产权侵权纠纷往往具有跨国性、复杂性等特点。因此，加强国际合作对于完善知识产权侵权纠纷解决机制具有重要意义。

国际合作可以包括多个方面。例如，加强国际间知识产权法律制度的协调与统一，减少法律冲突和差异；建立国际知识产权侵权纠纷解决合作机制，如国际调解中心、国际仲裁机构等，为跨国知识产权侵权纠纷提供便捷、高效的解决途径；加强国际间知识产权执法合作，共同打击跨国知识产权侵权行为等。

通过国际合作，可以整合全球资源，形成合力，共同应对知识产权侵权纠纷带来的挑战。同时，国际合作还可以促进不同国家和地区之间的知识产权保护和纠纷解决经验的交流与分享，推动全球知识产权保护和纠纷解决水平的整体提升。

完善与创新知识产权侵权纠纷解决机制是一个长期而艰巨的任务，需要政府、司法机关、仲裁机构、行业协会、企业以及国际社会等多方主体的共同努力和推动。通过不断改进现有机制、构建多元化纠纷解决机制、推动技术创新应用以及加强国际合作等措施，可以逐步建立起更加完善、高效、便捷的知识产权侵权纠纷解决体系。

第六章

知识产权国际保护体系的发展

第一节 国际知识产权条约与协定

一、国际知识产权条约的主要类型与特点

（一）国际知识产权条约的主要类型

国际知识产权条约是各国在知识产权保护领域达成的重要协议，旨在促进国际间的知识产权交流与合作，维护全球知识产权秩序。这些条约根据其调整对象和内容的差异，可以划分为多种类型。

首先，从调整对象来看，国际知识产权条约可以分为综合性条约和专门性条约。综合性条约通常涵盖多种知识产权类型，如专利权、商标权、著作权等，并对这些权利的保护原则、标准、程序等作出全面规定。例如，《与贸易有关的知识产权协定》就是世界贸易组织框架下的一项综合性知识产权条约，将知识产权纳入国际贸易规则体系，对各类知识产权的保护提出了明确要求，而专门性条约则针对某一种或某一类知识产权进行专门规定，如《保护工业产权巴黎公约》主要规范工业产权的保护，包括发明专利、实用新型、工业品外观设计、商标等;《保护文学和艺术作品伯尔尼公约》则专注于版权保护，规定了文学、艺术作品的版权保护

标准。

其次，从内容来看，国际知识产权条约还可以分为实体性条约和程序性条约。实体性条约主要规定知识产权的实质内容，如权利的定义、范围、归属、行使、保护等。这类条约旨在明确知识产权的基本规则和标准，为各国知识产权立法提供指导和参考。例如，《专利法条约》（PLT）就规定了专利申请、审查、授权等实体性内容，而程序性条约则主要规定知识产权保护的程序性事项，如国际注册、国际申请、争议解决等。这类条约旨在简化知识产权保护程序，提高保护效率，促进国际间的知识产权交流与合作。例如，《专利合作条约》（PCT）就提供了一种在国际上申请专利的便利途径，申请人只需向一个受理局提交一份国际专利申请，即可在多个国家同时寻求专利保护。

（二）国际知识产权条约的特点

国际知识产权条约作为国际条约的一种，具有以下几个特点。

首先，国际知识产权条约具有国际性。这些条约是由多个国家在平等协商的基础上达成的，旨在规范国际间的知识产权关系。因此，它们具有广泛的国际适用性和约束力，各国应当遵守条约的规定，履行相应的义务。这种国际性使得国际知识产权条约成为连接各国知识产权法律制度的桥梁和纽带，促进了国际间的知识产权交流与合作。

其次，国际知识产权条约具有规范性。这些条约对知识产权的保护原则、标准、程序等作出了明确规定，为各国知识产权立法和执法提供了指导和参考。这种规范性有助于统一各国知识产权法律制度，减少法律冲突和摩擦，提高知识产权保护的效率和效果。同时，它也为权利人提供了明确的法律保障，使其能够在国际范围内有效地维护自己的知识产权权益。

最后，国际知识产权条约还具有动态性。随着科技的不断进步和国际经济形势的变化，知识产权领域的新问题和新挑战不断涌现。为了适应这些变化，国际知识产权条约也需要不断地进行修订和完善。例如，随着数字技术的广泛应用和网络环境的日益复杂，国际知识产权条约开始关注数字版权保护、网络侵权等问题，并制定了相应的规定和措施。这种动态性使得国际知识产权条约能够保持与时俱进，更好地适应国际知识产权保护的需求。

二、国际知识产权协议的核心内容与框架

（一）国际知识产权协议的核心内容

国际知识产权协议，作为规范国际知识产权关系的重要法律文件，其核心内容围绕知识产权的保护、利用和管理展开，旨在促进全球范围内的知识创新与技术进步。这些协议通常涵盖了知识产权的多个方面，包括版权、商标权、专利权、地理标志、工业设计、集成电路布图设计以及未公开信息等。

在保护方面，国际知识产权协议明确了知识产权的定义、范围、归属以及行使方式，为权利人提供了明确的法律保障。例如，协议可能规定版权作品包括文学、艺术和科学领域内的一切作品，无论其表现形式或方式如何，都受到保护；商标权用于区分不同企业的商品或服务，防止消费者混淆；专利权则赋予发明人或其权利人在一定期限内对发明创造的独占权。

在利用方面，国际知识产权协议鼓励知识产权的合法使用与传播，同时规定了防止滥用的措施。这包括允许权利人在一定条件下将其知识产权许可或转让给他人使用，以及要求权利人在行使权利时不得损害公共利益或他人合法权益。此外，协议还可能涉及知识产权的跨境流动与合作，促进国际间的技术交流与创新合作。

在管理方面，国际知识产权协议建立了相应的管理机构与程序，以确保协议的有效实施与监督。这些机构可能负责处理知识产权的注册、审查、授权以及争议解决等事务，为权利人提供便捷、高效的服务。同时，

协议还可能规定了成员国之间的合作与协调机制，以共同应对知识产权领域的挑战与问题。

（二）国际知识产权协议的框架

国际知识产权协议的框架通常包括序言、正文和附则等部分，每一部分都有其特定的内容与功能。

序言部分通常阐述协议的宗旨、目的以及基本原则，为协议的正文部分提供宏观的指导与依据。例如，一些国际知识产权协议的序言部分可能强调知识产权对于促进技术创新、经济增长以及文化交流的重要性，并呼吁成员国加强合作，共同推动知识产权的国际保护。

正文部分是协议的核心内容，具体规定了知识产权的保护范围、标准、程序以及管理措施等。这一部分可能按照不同的知识产权类型进行划分，如版权、商标权、专利权等，分别规定各自的保护原则与具体要求。同时，正文部分还可能涉及知识产权的跨境流动、争议解决以及国际合作等方面的内容。

附则部分则是对正文部分的补充与说明，可能包括协议的生效条件、修改程序、退出机制以及与其他国际条约的关系等。附则部分的存在使得协议更加完善与灵活，能够适应不同国家与地区的法律环境与实际需求。

国际知识产权协议的框架体现了其系统性与全面性的特点，既考虑了知识产权的保护与利用，又兼顾了管理与合作。这种框架为成员国提供了明确的法律指引与操作规范，有助于促进全球范围内的知识产权保护与技术创新。同时，随着国际形势的不断变化与知识产权领域的不断发展，国际知识产权协议的框架也需要不断进行修订与完善，以适应新的挑战与需求。

三、国际知识产权条约与协议的签署与实施

（一）签署流程与参与主体

国际知识产权条约与协议的签署是一个复杂而严谨的过程，涉及多个

参与主体和一系列程序。条约或协议的起草通常由国际组织或相关国家政府发起，组织专家进行研讨和协商，形成草案。草案经过多轮修改和完善后，提交给各国政府进行审议。各国政府根据自身的利益和立场，对草案提出意见和建议，经过充分讨论和协商后，形成最终的条约或协议文本。

在签署阶段，参与主体主要包括各国政府、国际组织以及可能的非政府组织等。各国政府作为条约或协议的主要签署方，需要派遣代表参加签署仪式，并在条约或协议上签字。国际组织则可能起到协调和推动的作用，促进各国之间的交流与合作。非政府组织虽然不直接签署条约或协议，但可以通过提供咨询、建议等方式参与相关过程。

签署流程通常包括预备会议、正式签署仪式以及后续确认等步骤。预备会议用于讨论和确定签署的具体安排和程序；正式签署仪式则是各国代表在条约或协议上签字的环节；后续确认则是对签署结果的确认和公布，确保条约或协议的合法性和有效性。

（二）实施机制与监督体系

国际知识产权条约与协议的实施需要建立有效的机制和监督体系。实施机制主要包括国内立法转化、行政执行以及司法保障等方面。各国政府需要将条约或协议的规定转化为国内法律，确保国内法律与条约或协议保持一致。同时，各国政府还需要通过行政手段来执行条约或协议的规定，如设立专门的知识产权管理机构、制定相关政策和措施等。司法保障则是通过法院等司法机关来审理和裁决知识产权侵权纠纷，确保条约或协议的规定得到有效执行。

监督体系则是对条约或协议的实施情况进行监督和评估的机制。国际组织、各国政府以及非政府组织等都可以参与监督过程。国际组织可以通过定期审查、评估报告等方式来监督各国对条约或协议的执行情况；各国政府可以相互监督，确保彼此遵守条约或协议的规定；非政府组织则可以通过提供信息、提出建议等方式来参与监督过程。

为了确保实施机制和监督体系的有效性，还需要建立相应的反馈和调整机制。当发现实施过程中存在问题或不足时，可以及时进行调整和改进，确保条约或协议的规定得到持续、有效的执行。

（三）国际合作与协调

国际知识产权条约与协议的实施需要各国之间的合作与协调。在知识产权保护领域，各国面临着许多共同的问题和挑战，如跨国侵权、技术转移等。因此，加强国际合作与协调显得尤为重要。

国际合作可以体现在多个方面，如信息共享、技术援助、联合执法等。各国可以通过建立信息共享机制，及时交流知识产权保护的最新动态和经验；通过提供技术援助，帮助发展中国家提高知识产权保护能力；通过联合执法，共同打击跨国知识产权侵权行为。

协调则主要体现在对条约或协议规定的统一理解和执行上。各国需要就条约或协议的具体条款进行协商和讨论，确保彼此之间的理解和执行保持一致。同时，还需要建立相应的协调机制，如定期召开会议、设立联络机构等，以便及时沟通和解决合作过程中出现的问题。

（四）挑战与应对措施

国际知识产权条约与协议的实施面临着诸多挑战，如法律差异、文化差异、经济利益冲突等。这些挑战可能导致条约或协议的执行效果不佳，甚至引发纠纷和冲突。

为了应对这些挑战，需要采取一系列措施。首先，需要加强法律协调和统一，减少各国法律之间的差异和冲突。这可以通过制定统一的国际知识产权规则、加强法律解释和适用的一致性等方式来实现。其次，需要尊重各国的文化差异和多样性，避免一刀切的做法。这可以通过加强文化交流和理解、制定灵活多样的实施措施等方式来实现。最后，需要平衡各国的经济利益，确保条约或协议的执行能够惠及各方。这可以通过建立公平合理的利益分配机制、加强经济交流与合作等方式来实现。

总之，国际知识产权条约与协议的实施是一个复杂而长期的过程，需要各国共同努力和协作。通过建立有效的实施机制、监督体系以及国际合作与协调机制，并采取相应的应对措施，可以确保条约或协议的规定得到有效执行，促进全球知识产权保护的进步和发展。

四、国际知识产权条约与协议对各国的影响

（一）法律体系与制度完善

国际知识产权条约与协议对各国法律体系与制度的完善具有深远影响。这些条约与协议为各国提供了统一的知识产权保护标准和框架，促使各国在立法和司法实践中不断调整和完善自身的知识产权制度。

首先，国际知识产权条约与协议要求各国在立法上与国际接轨，确保国内法律和国际知识产权条约与协议规定相一致。这促使各国对现有的知识产权法律进行审查和修订，填补法律空白，消除法律冲突，提高法律的完整性和系统性。例如，一些国家可能原本在专利保护方面存在不足，通过签署国际条约和协议，这些国家会加强专利法的制定和修改，提高专利保护水平。

其次，国际知识产权条约与协议推动了各国司法制度的改革。在知识产权侵权纠纷的解决中，条约和协议可能要求各国建立更加公正、高效的司法程序，确保权利人的合法权益得到及时有效的保护。这促使各国加强司法人员的培训，提高司法审判的专业性和公正性，同时也推动了知识产权专门法院的设立和发展。

最后，国际知识产权条约与协议还促进了各国知识产权行政管理制度的完善。各国需要建立更加健全的知识产权管理机构，负责条约与协议的实施和监督，提高行政管理的效率和透明度。这有助于加强知识产权的保护力度，维护市场秩序和公平竞争。

（二）经济发展与技术创新

国际知识产权条约与协议对各国经济发展与技术创新具有积极的推动作用。这些条约与协议为知识产权的保护提供了有力的法律保障，激发了企业和个人的创新活力，促进了技术的传播和应用。

首先，知识产权的有效保护能够鼓励企业和个人进行技术创新。在知识产权得到充分保护的情况下，创新者能够从中获得经济回报，从而有更多的动力和资源投入到研发和创新活动中。这有助于推动科技进步和产业升级，提高国家的整体竞争力。

其次，国际知识产权条约与协议促进了技术的国际传播和应用。通过条约与协议的规定，各国之间的技术交流与合作更加便利，技术转移的速度加快。这有助于各国充分利用全球的技术资源，提高自身的技术水平，实现经济的跨越式发展。

最后，知识产权的保护还能够促进国际贸易的发展。在知识产权得到充分保护的情况下，各国之间的贸易往来更加顺畅，贸易纠纷减少。这有助于维护国际贸易秩序，促进全球经济的繁荣和发展。

（三）文化多样性与交流

国际知识产权条约与协议在保护文化多样性方面发挥着重要作用，同时也促进了各国之间的文化交流与合作。

一方面，这些条约与协议为文化作品的保护提供了法律保障。通过保护版权等知识产权，条约与协议确保了文化创作者能够从其作品中获得应有的经济回报，从而鼓励他们创作出更多优秀的文化作品。这有助于维护文化的多样性和丰富性，促进人类文明的进步和发展。

另一方面，国际知识产权条约与协议促进了各国之间的文化交流与合作。在条约和协议的框架下，各国之间的文化作品可以更加自由地流通和传播，不同文化之间的交流和融合更加频繁。这有助于增进各国人民之间的了解，促进世界的和平发展。

（四）国际形象与地位提升

国际知识产权条约与协议的签署和实施有助于提升各国的国际形象和地位。积极参与国际知识产权合作的国家通常被视为尊重知识产权、重视创新和法治的国家，这有助于增强这些国家在国际社会中的话语权和影响力。

首先，通过签署和实施国际知识产权条约与协议，各国展示了自身在知识产权保护方面的决心和行动。这有助于树立国家的良好形象，增强国际社会对国家的信任和认可。

其次，国际知识产权合作也是国家软实力的重要体现。在知识经济时代，知识产权已成为国家竞争力的重要组成部分。通过加强国际知识产权合作，各国可以共同应对知识产权领域的挑战和问题，推动全球知识产权保护的进步和发展。这有助于提升国家的国际地位和影响力，为国家的长远发展奠定坚实基础。

最后，国际知识产权条约与协议的签署和实施还有助于促进国际间的交流与合作。各国在知识产权领域的合作可以延伸到其他领域，如科技、文化、教育等，从而推动全球范围内的合作与发展。

第二节　跨国知识产权保护与协调

一、跨国知识产权保护的挑战与机遇

（一）法律体系的差异与融合

在全球化背景下，跨国企业面临着不同国家和地区法律体系差异带来的挑战。知识产权的保护范围、申请程序、保护期限以及侵权认定标准在不同国家间存在显著差异。例如，某些国家对专利的保护期限可能更长，对商标的审查标准可能更为严格，而对版权的保护范围则可能有所不同。

这种法律体系的差异要求跨国企业在全球布局时，必须深入研究目标市场的法律环境，制定差异化的知识产权保护策略。

然而，随着国际合作的加强和跨国企业的推动，知识产权法律体系也在逐渐走向融合。国际条约和公约的签订，为各国在知识产权保护方面设定了最低标准，促进了法律体系的统一。同时，各国政府也在不断加强沟通和协作，分享经验和最佳实践，推动知识产权法律体系的进一步完善和融合。这种融合为跨国企业提供了更加稳定和可预测的法律环境，有助于其在全球范围内更有效地保护其知识产权。

（二）技术发展与知识产权保护的动态平衡

随着科技的飞速发展，新兴技术如人工智能、大数据、区块链等不断涌现，为跨国企业带来了新的商业机遇。然而，这些新兴技术也带来了知识产权保护的新挑战。例如，如何界定人工智能生成内容的版权归属，如何保护大数据中的商业秘密，如何利用区块链技术加强知识产权的溯源和验证等。

在应对这些挑战的过程中，跨国企业需要不断创新知识产权保护手段，以适应技术发展的需求。这包括加强技术研发，提高知识产权的创造和运用能力；加强与专业知识产权服务机构的合作，利用他们的专业知识和经验来制定有效的保护策略；以及积极参与国际知识产权规则的制定和修订，推动形成更加适应技术发展需求的保护框架。

同时，跨国企业还需要在保护知识产权与促进技术传播和应用之间找到动态平衡。过度的保护可能导致技术垄断和市场壁垒，阻碍技术的创新和发展；而保护不足则可能导致知识产权被侵犯，损害企业的合法权益。因此，跨国企业需要在保护知识产权的同时，注重技术的传播和应用，推动技术的共享和合作，实现共赢发展。

（三）国际合作的深化与拓展

跨国知识产权保护离不开国际合作的深化与拓展。随着全球化的深入发展，各国之间的经济联系日益紧密，知识产权的跨国流动也日益频繁。为了有效应对跨国知识产权侵权问题，各国政府需要加强合作，共同打击侵权行为，维护公平竞争的市场秩序。

国际合作的形式多种多样，包括签订双边或多边协议、建立联合执法机制、分享情报和经验等。例如，各国可以签订知识产权合作协议，明确双方在知识产权保护方面的权利与义务；可以建立联合执法团队，共同打击跨国侵权行为；还可以定期举办知识产权研讨会和培训活动，提高各国执法人员的专业素养和执法能力。

此外，跨国企业也可以积极参与国际合作，通过加入国际知识产权组织、参与国际标准的制定等方式，加强与各国政府和企业的沟通与协调。这有助于企业了解国际知识产权保护的最新动态和趋势，为制定有效的知识产权保护策略提供有力支持。

（四）市场机遇与商业价值的提升

跨国知识产权保护虽然面临着挑战，但也蕴含着巨大的市场机遇。随着全球对知识产权保护的重视程度不断提高，知识产权已成为企业核心竞争力的重要组成部分。通过加强知识产权保护，跨国企业可以在全球市场上获得更大的竞争优势和商业价值。

首先，加强知识产权保护可以鼓励企业加大研发投入，推动技术创新和产业升级。这有助于企业开发出更多具有自主知识产权的高附加值产品，提高市场竞争力。

其次，加强知识产权保护还可以促进技术的传播和应用，推动产业链的延伸和拓展。这有助于企业形成更加完整的产业链和供应链体系，提高市场响应速度和抗风险能力。

最后，加强知识产权保护还可以提升企业的品牌形象和市场声誉。在全球市场上，拥有自主知识产权的企业更容易获得消费者的信任和认可。这有助于企业扩大市场份额，提高品牌知名度和美誉度，进而实现商业价值的最大化。

二、跨国知识产权保护的法律框架与机制

（一）国际条约与公约的基石作用

跨国知识产权保护的法律框架建立在国际条约与公约的基础之上。这些国际法律文书为各国在知识产权保护方面提供了统一的规范和标准，促进了全球范围内知识产权保护的协调与合作。例如，《专利合作条约》（PCT）为申请人提供了一种在国际上申请专利的统一程序，简化了申请流程，降低了申请成本，提高了申请效率。同样，《商标国际注册马德里协定》为商标所有人提供了一种在国际上注册商标的便捷途径，使得商标保护能够跨越国界，实现全球覆盖。

这些国际条约与公约不仅规定了知识产权的保护范围、申请程序、审查标准等基本内容，还设立了相应的争端解决机制，为跨国知识产权侵权纠纷的解决提供了法律依据。通过签署这些国际条约与公约，各国承诺遵守共同的知识产权保护规则，加强了彼此之间的法律联系和合作，为跨国知识产权保护奠定了坚实的法律基础。

（二）国内立法与执法体系的完善

跨国知识产权保护不仅依赖于国际条约与公约的规范，还需要各国国内立法与执法体系的完善。各国政府通过制定和修订知识产权相关法律法规，明确知识产权的保护范围、权利归属、侵权责任等内容，为跨国知识产权保护提供了具体的法律依据。同时，各国还加强了知识产权执法力度，建立了专门的知识产权执法机构，提高了执法效率和水平。

在国内立法方面，各国注重和国际条约与公约的衔接及协调，确保国内法律与国际规则的一致性。在执法方面，各国加强了知识产权边境保护、市场监管、刑事打击等方面的合作，形成了全方位、多层次的知识产权保护体系。此外，各国还注重提高公众的知识产权保护意识，加强知识

产权教育和培训，营造了良好的知识产权保护氛围。

（三）跨国知识产权保护机制的构建

为了更有效地保护跨国知识产权，各国还积极构建跨国知识产权保护机制。这些机制包括跨国知识产权联合执法、信息共享、技术合作等方面。通过跨国知识产权联合执法，各国可以共同打击跨国知识产权侵权行为，维护公平竞争的市场秩序。信息共享机制有助于各国及时了解跨国知识产权侵权的最新动态和趋势，为制定有效的保护措施提供依据。技术合作机制则促进了各国在知识产权保护技术方面的交流与合作，提高了知识产权保护的技术水平和能力。

此外，跨国知识产权保护机制还注重和国际组织的合作与协调。例如，世界知识产权组织（WIPO）在跨国知识产权保护方面发挥着重要作用，通过提供技术援助、培训、调解等服务，帮助各国提高知识产权保护水平。各国还积极参与 WIPO 等国际组织的相关活动和项目，共同推动全球知识产权保护事业的发展。

（四）跨国知识产权保护与企业自我保护的结合

跨国知识产权保护不仅需要国际条约与公约的规范、国内立法与执法体系的完善以及跨国知识产权保护机制的构建，还需要企业的自我保护。企业作为知识产权的创造者和运用者，应该加强知识产权保护意识，建立完善的知识产权管理制度和流程，确保自身知识产权的安全和有效运用。

企业可以通过申请专利权、商标权、著作权等知识产权来保护自己的创新成果和维护自己的品牌形象。同时，企业还应该加强知识产权的监测和维权工作，及时发现和制止侵权行为，维护自身的合法权益。此外，企业还可以通过与合作伙伴签订知识产权保护协议、加强员工知识产权培训等方式，提高整个产业链的知识产权保护水平。

跨国知识产权保护与企业自我保护的结合，形成了全方位、多层次的知识产权保护体系。这种体系不仅有助于保护企业的创新成果和维护企业的品牌形象，还有助于促进全球范围内的技术创新和经济发展。因此，各国政府和企业应该共同努力，加强跨国知识产权保护的法律框架与机制建设，为全球知识产权保护事业的发展贡献力量。

三、跨国知识产权协调的机构与程序

（一）国际知识产权协调机构的核心作用

在跨国知识产权协调的体系中，国际知识产权协调机构扮演着至关重要的角色。这些机构通过制定规则、提供服务和促进合作，为全球知识产权保护提供了坚实的支撑。其中，世界知识产权组织（WIPO）是最为重要的国际知识产权协调机构之一。WIPO 不仅负责制定和推动国际知识产权规则的发展，还通过提供技术援助、培训和调解服务，帮助各国提升知识产权保护能力，解决跨国知识产权争端。

WIPO 的核心职能在于促进全球知识产权制度的和谐统一。它通过组织国际会议、研讨会和论坛，推动各国在知识产权立法、执法和司法方面的交流与合作。此外，WIPO 还负责管理一系列重要的国际知识产权条约和协议，确保这些规则在全球范围内的有效实施。通过这些努力，WIPO 为跨国企业提供了一个更加稳定和可预测的知识产权保护环境。

除了 WIPO，其他国际组织和区域组织也在跨国知识产权协调中发挥着重要作用。例如，世界贸易组织（WTO）通过《与贸易有关的知识产权协定》为各国设定了知识产权保护的最低标准，并提供了争端解决机制。区域性的知识产权组织，如欧洲专利局（EPO）和非洲知识产权组织（OAPI），则在特定区域内推动知识产权的协调与合作，促进了区域内知识产权制度的统一和发展。

（二）跨国知识产权协调程序的规范化与标准化

跨国知识产权协调程序是确保各国在知识产权保护方面有效合作的关键。这些程序通常包括申请、审查、授权、维权和争端解决等多个环节。

为了确保这些程序的规范化与标准化，国际知识产权协调机构制定了一系列详细的规则和指南。

在申请阶段，跨国申请人需要遵循统一的申请格式和要求，提交必要的申请文件。审查阶段则涉及对申请内容的实质性审查，以确保其符合国际知识产权规则和标准。授权阶段则是根据审查结果，决定是否授予知识产权。在维权和争端解决方面，国际知识产权协调机构提供了多种途径和机制，如调解、仲裁和诉讼等，帮助权利人维护其合法权益，解决跨国知识产权争端。

这些程序的规范化与标准化不仅提高了跨国知识产权保护的效率和质量，还降低了企业的申请和维权成本。通过遵循统一的规则和指南，跨国企业可以更加便捷地在全球范围内申请和保护其知识产权，降低了因法律差异和程序复杂带来的不确定性和风险。

（三）信息共享与沟通机制的重要性

信息共享与沟通机制是跨国知识产权协调的重要组成部分。这些机制有助于各国及时获取跨国知识产权的最新动态和趋势，加强彼此之间的合作与协调。通过信息共享，各国可以了解其他国家的知识产权保护政策、法规和执法情况，为制定本国政策提供参考和借鉴。

同时，信息共享还有助于提高跨国知识产权保护的针对性和有效性。通过共享侵权信息和线索，各国可以更加迅速地采取联合行动，打击跨国知识产权侵权行为。此外，信息共享还可以促进各国在知识产权技术研发和创新方面的交流与合作，推动全球知识产权制度的不断完善和发展。

为了实现有效的信息共享与沟通，各国需要建立相应的机制和平台。例如，建立跨国知识产权信息数据库，整合各国的知识产权信息和资源；定期举办跨国知识产权研讨会和论坛，促进各国之间的交流与合作；加强与国际知识产权协调机构的联系与合作，共同推动全球知识产权信息共享与沟通机制的发展和完善。

（四）跨国知识产权协调中的合作与互认机制

合作与互认机制是跨国知识产权协调的又一重要方面。这些机制旨在促进各国在知识产权保护方面的相互承认和合作，减少重复劳动和资源浪费，提高保护效率。通过合作与互认，各国可以相互承认对方的知识产权审查结果和授权决定，避免重复审查和授权程序。

合作与互认机制还可以促进各国在知识产权执法方面的协作与配合。例如，建立联合执法机制，共同打击跨国知识产权侵权行为；相互提供执法协助和情报支持，提高执法效率和准确性。此外，合作与互认机制还可以促进各国在知识产权教育和培训方面的交流与合作，提高全球知识产权保护的整体水平。

为了实现有效的合作与互认，各国需要加强政治互信和法律协调。通过签订双边或多边合作协议，明确合作与互认的范围、条件和程序；通过加强法律协调和交流，消除法律差异和障碍；通过加强人员培训和技术交流，提高合作与互认的能力和水平。通过这些努力，各国可以共同推动跨国知识产权协调事业的发展，为全球知识产权保护贡献更大的力量。

第三节　知识产权国际贸易规则

一、知识产权国际贸易规则的基本原则与框架

（一）基本原则：平等互利与公平竞争

知识产权国际贸易规则的基本原则，包括平等互利与公平竞争。这一原则体现了国际贸易中各国之间的平等地位，以及知识产权交易中各方利益的均衡考量。在知识产权的国际贸易中，无论是发达国家还是发展中国家，都应享有平等的权利和机会，共同推动知识产权的全球化流动与优化配置。

平等互利原则要求各国在知识产权的创造、运用、保护和管理等方面，遵循公平、公正的原则，确保各方利益的合理分配。这意味着，在知识产权的转让、许可等交易中，价格应基于市场价值、技术贡献、风险承担等多方面因素合理确定，避免一方对另一方的剥削或不当得利。

公平竞争原则强调在知识产权国际贸易中，应维护市场的公平竞争秩序，防止垄断和不正当竞争行为的发生。这要求各国政府加强监管，打击知识产权侵权行为，保护合法权利人的权益；同时，也要求企业在市场竞争中遵守诚信原则，不得通过不正当手段获取竞争优势。

（二）框架构建：多边协议与区域合作

知识产权国际贸易规则的框架主要由多边协议和区域合作构成。多边协议是各国在知识产权领域达成的重要共识，具有广泛的国际适用性和约束力。例如，《与贸易有关的知识产权协定》就是世界贸易组织框架下的一项多边协议，它为全球范围内的知识产权保护提供了统一的标准和规则。

多边协议通过设定最低保护标准、明确权利与义务、建立争端解决机制等方式，确保知识产权国际贸易的稳定性和可预测性。各国在签署多边协议后，需遵守协议的规定，履行相应的义务，同时也享有协议赋予的权利。

除了多边协议，区域合作也是知识产权国际贸易规则框架的重要组成部分。区域合作通过签订双边或多边协议，加强区域内国家在知识产权领域的交流与合作，推动区域知识产权一体化进程。例如，欧盟在知识产权领域就有着紧密的合作机制，各成员国在知识产权保护、执法等方面保持着高度的协调与一致。

区域合作有助于提升区域内国家在知识产权国际贸易中的整体竞争力，促进区域内经济的协同发展。同时，它也为多边协议的制定和实施提供了有益的经验和借鉴。

（三）权利保护：范围界定与执法机制

知识产权国际贸易规则对权利的保护范围进行了明确的界定，涵盖了版权、商标权、专利权、地理标志等多种知识产权类型。每种知识产权都有其特定的保护对象和范围，如版权保护文学、艺术和科学作品，商标权保护商品或服务的标识，专利权保护发明创造等。

在权利保护方面，知识产权国际贸易规则不仅要求各国在国内法律中明确规定各种知识产权的保护范围和标准，还要求各国建立有效的执法机制，确保知识产权得到切实有效的保护。这包括加强知识产权行政管理部门的建设，提高执法人员的专业素质和执法能力；加强知识产权司法保护，确保知识产权纠纷得到公正、及时的解决。

此外，知识产权国际贸易规则还鼓励各国加强国际合作，共同打击跨国知识产权侵权行为。这有助于维护国际知识产权秩序，促进知识产权的国际贸易健康发展。

（四）利益平衡：公共利益与私人权益

知识产权国际贸易规则在保护私人权益的同时，也注重公共利益的维护，实现了私人权益与公共利益的平衡。知识产权作为一种私权，其权利人的合法权益应得到充分保护，以激发创新活力，推动科技进步和经济发展。然而，知识产权的行使也应受到一定的限制，以避免对公共利益造成不当损害。

例如，在专利权的行使中，如果专利技术的实施可能对环境造成严重影响或威胁公共健康，政府有权采取措施限制或禁止该专利技术的实施。这体现了知识产权国际贸易规则在保护私人权益与公共利益之间的平衡考量。

此外，知识产权国际贸易规则还鼓励各国在知识产权保护中考虑发展中国家的特殊需求和利益。发展中国家在知识产权创造、运用和保护方面相对落后，面临诸多挑战。因此，规则中往往包含对发展中国家的特殊优惠和待遇，以帮助其提升知识产权保护能力，促进其经济发展和社会进步。

二、知识产权在国际贸易中的地位与作用

（一）知识产权作为国际贸易的重要标的

知识产权在国际贸易中有着举足轻重的地位，不仅是国际贸易的重要标的之一，更是推动国际贸易发展的关键因素。随着全球经济的不断发展和科技的不断进步，知识产权的交易日益频繁，成为国际贸易中不可或缺的一部分。

知识产权作为国际贸易的标的，具有其独特价值和特点。首先，知识产权是一种无形的资产，不像传统的商品那样具有物理形态，但价值却往往远超有形商品。例如，一项专利技术的转让或许可使用，可能为企业带来巨大的经济效益和市场竞争力。其次，知识产权的交易往往伴随着技术的转移和知识的传播，有助于促进全球范围内的技术创新和产业升级。

在国际贸易中，知识产权的交易形式多种多样，包括专利的转让、商标的许可使用、著作权的交易等。这些交易不仅促进了知识产权的国际化流动，也推动了国际贸易的繁荣和发展。同时，知识产权的交易还带动了相关产业的发展，如知识产权服务业、技术评估业等，为国际贸易注入新的活力。

（二）知识产权对国际贸易竞争力的提升

知识产权对国际贸易竞争力的提升具有显著作用。拥有自主知识产权的企业在国际贸易中往往更具竞争力，能够占据更有利的市场地位。

首先，知识产权是企业技术创新的重要体现。通过自主研发和创新，企业可以获得专利、商标等知识产权，从而保护自己的技术成果和品牌形象。这些知识产权不仅有助于企业在国内市场上获得竞争优势，还能在国际市场上树立企业的良好形象，提升企业的国际知名度。

其次，知识产权是企业开拓国际市场的重要工具。在国际贸易中，拥有知识产权的企业可以通过技术转让、许可使用等方式与其他国家的企业进行合作，共同开拓市场。这种合作不仅有助于企业扩大市场份额，还能促进技术的传播和知识的共享，推动全球范围内的技术创新和产业升级。

最后，知识产权还能为企业带来额外的经济收益。通过知识产权的转让、许可使用等方式，企业可以获得专利费、商标使用费等收入，从而增加企业的经济效益。这些收入可以用于企业的研发和创新，进一步提升企业的竞争力。

（三）知识产权对国际贸易规则的塑造

知识产权在国际贸易规则的塑造中发挥着重要作用。随着知识产权在国际贸易中的地位日益凸显，各国纷纷加强对知识产权的保护和管理，推动了国际贸易规则的完善和发展。

一方面，知识产权的保护要求促使各国在国际贸易规则中加强对知识产权的保护条款。例如，世界贸易组织的《与贸易有关的知识产权协定》就为全球范围内的知识产权保护提供了统一的标准和规则。这些规则不仅要求各国在国内法律中加强对知识产权的保护，还要求各国在国际贸易中遵守知识产权的相关规定，确保知识产权的合法性和有效性。

另一方面，知识产权的交易和合作也推动了国际贸易规则的创新和发展。例如，随着数字技术的不断发展，知识产权的数字化交易和跨境流动日益频繁。这就要求国际贸易规则能够适应这种新的发展趋势，为知识产权的数字化交易和跨境流动提供便利和保障。

（四）知识产权对国际贸易可持续发展的促进

知识产权对国际贸易的可持续发展具有积极的促进作用。通过加强知识产权的保护和管理，可以推动国际贸易的绿色发展、创新发展和包容性发展。

在绿色发展方面，知识产权可以鼓励企业研发和应用环保技术，推动绿色产品的生产和贸易。例如，通过专利保护环保技术的创新成果，可以激发企业研发环保技术的积极性，促进绿色产业的发展。

在创新发展方面，知识产权可以保护企业的创新成果，鼓励企业进行持续的创新活动。这种创新不仅有助于提升企业的竞争力，还能推动国际贸易的技术进步和产业升级。

在包容性发展方面，知识产权可以促进技术的传播和知识的共享，使更多国家和地区能够受益于技术创新和知识产权的保护。这有助于缩小国际间的技术差距和贫富差距，推动国际贸易的可持续发展。

三、知识产权国际贸易规则的制定与实施

（一）制定机制与参与主体

知识产权国际贸易规则的制定是一个复杂而严谨的过程，涉及多个参与主体和一系列程序。制定机制的核心在于确保规则的公正性、合理性和有效性，以平衡各国在知识产权领域的利益诉求。

参与主体主要包括各国政府、国际组织、企业以及非政府组织等。各国政府作为规则制定的主要推动者，通过外交渠道、国际会议等方式，就知识产权国际贸易规则的制定进行协商和谈判。国际组织如世界贸易组织（WTO）、世界知识产权组织（WIPO）等，在规则制定过程中发挥着重要的协调和推动作用，提供平台供各国进行交流与合作。企业作为知识产权的主要创造者和使用者，其利益诉求和实际需求也是规则制定的重要参考。非政府组织则可以通过提供咨询、建议等方式，参与规则制定的过程。

在制定机制方面，通常包括提案、讨论、修改、审议和通过等步骤。提案阶段，各国政府或国际组织提出关于知识产权国际贸易规则的初步设想或建议。讨论阶段，各方就提案进行深入的交流和探讨，提出修改意见和建议。修改阶段，根据讨论结果，对提案进行修改和完善。审议阶段，对修改后的提案进行全面审查和评估，确保其符合各方的利益诉求和实际

需求。最后，在通过阶段，各方就最终规则达成一致意见，并签署相关协议或文件。

（二）规则内容与核心条款

知识产权国际贸易规则的内容涵盖了知识产权的各个方面，包括专利权、商标权、著作权等。核心条款通常包括知识产权的保护标准、权利行使方式、争端解决机制等。

在保护标准方面，规则会明确各国在知识产权保护方面的最低要求，以确保知识产权在国际范围内的有效保护。例如，规定专利权的保护期限、商标权的注册条件等。这些标准有助于维护知识产权的合法性和有效性，促进知识产权的国际贸易。

在权利行使方式方面，规则会规定知识产权权利人如何行使其权利，包括许可使用、转让、侵权诉讼等。这些规定有助于明确权利人的权利与义务，保障其合法权益不受侵犯。

争端解决机制是知识产权国际贸易规则的重要组成部分。当各国在知识产权领域发生争端时，可以通过该机制进行协商、调解或仲裁，以寻求公正、合理的解决方案。争端解决机制的存在有助于维护国际知识产权秩序，促进知识产权的国际贸易健康发展。

（三）实施机制与监督体系

知识产权国际贸易规则的实施需要建立有效的机制和监督体系。实施机制主要包括国内立法转化、行政执行以及司法保障等方面。

各国政府需要将知识产权国际贸易规则的规定转化为国内法律，确保国内法律与规则保持一致。同时，各国政府还需要通过行政手段来执行规则的规定，如设立专门的知识产权管理机构、制定相关政策和措施等。司法保障则是通过法院等司法机关来审理和裁决知识产权侵权纠纷，确保规则的规定得到有效执行。

监督体系则是对实施情况进行监督和评估的机制。国际组织、各国政府以及非政府组织等都可以参与监督过程。国际组织可以通过定期审查、评估报告等方式来监督各国对规则的执行情况；各国政府可以相互监督，确保彼此遵守规则的规定；非政府组织则可以通过提供信息、提出建议等方式来参与监督过程。

为了确保实施机制和监督体系的有效性，还需要建立相应的反馈和调整机制。当发现实施过程中存在问题或不足时，可以及时进行调整和改进，确保规则的规定得到持续、有效的执行。

（四）挑战与应对措施

知识产权国际贸易规则的制定与实施面临着诸多挑战，如法律差异、文化差异、经济利益冲突等。这些挑战可能导致规则的执行效果不佳，甚至引发纠纷和冲突。

为了应对这些挑战，需要采取一系列措施。首先，需要加强法律协调和统一，减少各国法律之间的差异和冲突。这可以通过制定统一的国际知识产权规则、加强法律解释和适用的一致性等方式来实现。其次，需要尊重各国的文化差异和多样性，避免一刀切的做法。这可以通过加强文化交流和理解、制定灵活多样的实施措施等方式来实现。最后，需要平衡各国的经济利益，确保规则的执行能够惠及各方。这可以通过建立公平合理的利益分配机制、加强经济交流与合作等方式来实现。

另外，还需要加强国际合作与协调，共同应对知识产权国际贸易中的挑战和问题。各国可以通过签订双边或多边协议、加强信息共享和交流等方式，共同推动知识产权国际贸易规则的制定与实施，促进全球知识产权保护的进步和发展。

四、知识产权国际贸易规则的争议与解决

（一）争议类型与成因分析

知识产权国际贸易规则在实施过程中，不可避免地会引发各类争议。

这些争议主要源自规则本身的复杂性、各国法律制度的差异以及经济利益的不同诉求。

首先，规则本身的复杂性是导致争议的重要原因。知识产权国际贸易规则涉及专利权、商标权、著作权等多个领域，每个领域都有其独特的法律原则和技术要求。这些规则在制定时往往需要考虑多方面因素，包括各国的法律传统、经济发展水平以及技术创新能力等，因此难以做到完全统一和明确。这种复杂性使得规则在解释和适用时容易产生歧义，从而引发争议。

其次，各国法律制度的差异也是导致争议的关键因素。不同国家在法律体系、法律原则以及法律实践等方面存在显著差异。这些差异可能导致在知识产权国际贸易中，各国对同一规则的理解和适用产生分歧。例如，某些国家可能认为某项技术属于可专利的范围，而其他国家则可能持相反观点。这种法律制度的差异使得争议难以避免。

最后，经济利益的不同诉求也是引发争议的重要原因。知识产权国际贸易涉及巨大的经济利益，各国都希望通过规则的实施来保护本国的知识产权，并获取最大的经济利益。然而，由于各国在经济发展水平、产业结构以及创新能力等方面存在差异，因此对规则的利益诉求也不尽相同。这种利益诉求的差异可能导致各国在规则的实施过程中产生摩擦与争议。

（二）争议解决机制与程序

为了有效解决知识产权国际贸易规则引发的争议，需要建立相应的解决机制与程序。这些机制与程序应确保争议得到公正、及时和有效的解决。

首先，协商是解决争议的首选方式。当争议发生时，各国可以通过外交渠道或专门机构进行协商，寻求双方都能接受的解决方案。协商具有灵活性和自主性的特点，有助于维护争议双方的友好关系，并促进争议的和平解决。

其次，调解也是一种有效的争议解决方式。调解通常由第三方中立机构或专家主持进行，他们通过倾听争议双方的诉求和意见，提出公正、合理的解决方案。调解具有非强制性和保密性的特点，有助于争议双方在不损害彼此利益的前提下达成和解。

再次，仲裁是解决争议的重要法律手段。当协商与调解无法达成一致时，争议双方可以选择将争议提交给仲裁机构进行裁决。仲裁机构将根据相关法律和规则，对争议进行公正、客观的审理，并作出具有法律约束力的裁决。仲裁具有终局性和可执行性的特点，有助于确保争议得到及时有效的解决。

最后，在必要时，争议双方还可以将争议提交给国际法院或其他国际司法机构进行诉讼。诉讼是一种具有强制性和权威性的争议解决方式，但通常作为最后的手段使用，因为诉讼过程往往耗时耗力，且可能损害争议双方的友好关系。

（三）国际合作与协调的重要性

在知识产权国际贸易规则的争议解决中，国际合作与协调发挥着至关重要的作用。各国应加强在知识产权领域的交流与合作，共同应对争议与挑战。

一方面，国际合作有助于促进各国在知识产权法律制度上的趋同与协调。通过加强交流与合作，各国可以相互借鉴和学习彼此在知识产权立法、执法和司法方面的经验和做法，从而推动各国法律制度的完善和发展。这种趋同与协调有助于减少因法律制度差异而引发的争议。

另一方面，国际合作还有助于建立更加公正、有效的争议解决机制。各国可以共同制定和完善争议解决规则，提高争议解决的效率和公正性。同时，国际合作还可以促进争议解决机构的建立和发展，为争议双方提供更加专业、高效的争议解决服务。

（四）争议预防与规则完善

除了争议解决，预防争议的发生和完善知识产权国际贸易规则也是至关重要的。各国应采取措施预防争议的发生，并不断完善规则以适应新的形势和需求。

在争议预防方面，各国可以加强知识产权的宣传和教育，提高公众对知识产权的认识和保护意识；加强知识产权的审查和管理，确保知识产权的合法性和有效性。此外，各国还可以建立知识产权预警机制，及时发现和应对潜在的知识产权风险。

在规则完善方面，各国应积极参与国际知识产权规则的制定和修订工作，推动规则的更新和完善。同时，各国还可以加强在知识产权领域的国际交流与合作，共同推动全球知识产权保护的进步和发展。通过不断完善规则和加强合作，可以有效减少争议的发生，促进知识产权国际贸易的健康发展。

第四节　企业海外知识产权风险防范

一、企业海外知识产权风险的主要类型与特点

（一）企业海外知识产权风险的主要类型

企业在海外经营过程中，面临的知识产权风险类型多样且复杂，这些风险不仅可能源自法律制度的差异，还可能涉及市场竞争、技术合作等多个层面。其中，最为主要的风险类型包括侵权风险、权属纠纷风险以及法律执行风险。

侵权风险是企业在海外最为常见的知识产权风险之一。由于不同国家和地区的法律对知识产权的保护范围、侵权认定标准以及赔偿机制存在差异，企业可能在不知不觉中侵犯他人的知识产权，或者自身的知识产权被他人侵犯。这种侵权可能涉及专利权、商标权、著作权等多个方面。例如，企业在海外使用某一商标时，可能因未进行充分的商标检索而侵犯了

他人的在先权利；或者企业在研发新产品时，可能因技术路线的相似性而侵犯了他人的专利权。这些侵权行为不仅可能导致企业面临巨额的赔偿，还可能损害企业的声誉和市场地位。

权属纠纷风险也是企业在海外需要高度关注的知识产权风险。权属纠纷通常源自知识产权的归属不清或权利冲突。在海外，由于法律制度的差异和知识产权登记制度的不完善，企业可能面临知识产权权属的争议。例如，企业在合作研发过程中，可能因未明确知识产权的归属而导致后续的权利纠纷；或者企业在并购过程中，可能因未对目标公司的知识产权进行充分的尽职调查而陷入权属纠纷。这些权属纠纷不仅可能耗费企业大量的时间和精力，还可能影响企业的正常经营和发展。

法律执行风险则是企业在海外知识产权保护中面临的另一大挑战。由于不同国家和地区的法律执行力度和司法效率存在差异，企业可能在海外知识产权侵权案件中面临执行难的问题。即使企业获得了有利的判决或裁决，也可能因对方当事人的拒不执行或当地法律执行机构的不作为而无法实现自身的权益。这种法律执行风险不仅可能削弱企业知识产权保护的效果，还可能降低企业对海外知识产权保护的信心。

（二）企业海外知识产权风险的特点

企业海外知识产权风险具有跨国性、复杂性、隐蔽性和长期性等特点，这些特点使得企业在海外知识产权保护中面临更大的挑战和困难。

跨国性是企业海外知识产权风险的首要特点。由于知识产权的地域性特征，企业在海外经营时必须遵守不同国家和地区的法律规定。这种跨国性不仅增加了企业知识产权保护的难度，还可能使企业陷入法律冲突的困境。例如，企业在某一国家获得的知识产权可能无法在其他国家得到承认和保护，从而增加了企业知识产权被侵犯的风险。

复杂性是企业海外知识产权风险的另一大特点。这种复杂性不仅体现在法律制度的差异上，还体现在知识产权类型的多样性、侵权行为的隐蔽性以及权属纠纷的复杂性等多个方面。企业在海外知识产权保护中需要面对各种复杂的法律问题和商业环境，这要求企业必须具备高度的法律素养和专业知识。

隐蔽性则是企业海外知识产权风险的一大隐患。由于侵权行为的隐蔽性和跨国调查的困难性，企业可能难以及时发现和制止侵权行为。这种隐蔽性不仅可能使企业遭受巨大的经济损失，还可能损害企业的声誉和市场地位。因此，企业在海外经营中必须保持高度的警惕性，加强知识产权的监测和维权工作。

长期性则是企业海外知识产权风险的又一显著特点。知识产权保护是一个长期的过程，需要企业持续投入资源和精力。在海外，由于法律制度的差异和司法效率的问题，企业可能面临漫长的诉讼和执行过程。这种长期性不仅可能耗费企业大量的时间和精力，还可能影响企业的正常经营和发展。因此，企业在海外知识产权保护中必须具备坚定的决心和持久的耐力。

二、企业海外知识产权风险防范的策略与措施

（一）强化知识产权意识与内部管理体系建设

企业海外知识产权风险防范的首要策略在于强化知识产权意识与内部管理体系建设。这要求企业从高层到基层，全面树立知识产权保护的重要性认识，将知识产权管理纳入企业战略规划的核心部分。通过定期的知识产权培训和教育活动，提升员工对知识产权法律法规、国际规则以及企业知识产权政策的认知，形成全员参与、共同维护知识产权的良好氛围。

在内部管理体系建设方面，企业应构建完善的知识产权管理制度和流程，明确各部门在知识产权创造、运用、保护和管理中的职责与权限。设立专门的知识产权管理部门或岗位，负责知识产权的日常管理、监测、维权等工作，确保知识产权管理工作的专业化和高效化。同时，建立知识产

权档案和数据库，对企业的知识产权进行全面梳理和记录，为知识产权的评估、运用和保护提供有力支持。

此外，企业还应注重知识产权文化的培育，将知识产权理念融入企业文化之中，鼓励员工积极创新、勇于创造，形成尊重知识、崇尚创新的企业氛围。通过知识产权文化的引领，激发员工的创新活力和创造力，为企业的持续发展注入强大动力。

（二）加强海外知识产权布局与申请策略

企业海外知识产权风险防范的另一重要策略是加强海外知识产权布局与申请策略。这要求企业在进入海外市场前，进行充分的市场调研和知识产权分析，了解目标市场的知识产权法律环境、保护范围以及侵权风险等情况。根据市场调研结果，制定针对性的知识产权布局和申请策略，确保企业在海外市场的知识产权得到有效保护。

在知识产权布局方面，企业应注重核心技术的专利布局，通过申请专利、实用新型、外观设计等多种类型的知识产权，形成完整的知识产权保护体系。同时，关注新兴技术和产业的发展趋势，提前进行知识产权布局，抢占技术制高点。在申请策略上，企业应选择合适的申请时机和申请途径，根据目标市场的法律要求和审查标准，制定详细的申请计划和材料准备清单，确保申请工作的顺利进行。

此外，企业还应注重海外知识产权的维持和管理。定期缴纳知识产权费用，确保知识产权的有效性；及时关注知识产权的审查进度和授权情况，对审查意见进行积极回应和修改；加强知识产权的监测和维权工作，及时发现和制止侵权行为，维护企业的合法权益。

（三）建立知识产权风险预警与应对机制

企业海外知识产权风险防范还需要建立知识产权风险预警与应对机制。这要求企业密切关注国际知识产权法律动态和海外市场变化，及时获取知识产权风险信息，对可能发生的知识产权风险进行预警和评估。通过建立知识产权风险预警指标体系，对知识产权风险进行量化分析和判断，为企业的决策提供参考依据。

在应对机制方面，企业应制定详细的知识产权风险应对预案，明确应对流程、责任分工和应对措施。一旦发生知识产权风险事件，企业能够迅速启动应对预案，采取有效措施进行应对和处置。同时，企业应加强与专业知识产权服务机构的合作，借助其专业知识和经验，为企业提供全方位的知识产权风险应对服务。

此外，企业还应注重知识产权风险的转化和利用。通过知识产权的转让、许可等方式，将知识产权风险转化为企业的经济收益；通过技术创新和产业升级，降低知识产权风险对企业的影响程度；通过加强与国际知识产权组织的交流与合作，提升企业在国际知识产权领域的话语权和影响力。

（四）提升知识产权国际交流与合作能力

企业海外知识产权风险防范的最后一项策略是提升知识产权国际交流与合作能力。这要求企业积极参与国际知识产权交流与合作活动，加强与各国政府、国际组织、企业以及研究机构之间的沟通与协作。通过参加国际知识产权会议、研讨会等活动，了解国际知识产权法律动态和最新技术发展趋势；通过与国际知识产权组织建立合作关系，获取更多的知识产权信息和资源支持。

在国际交流与合作中，企业应注重知识产权的互认和协同保护。推动各国之间建立知识产权互认机制，降低企业在海外市场的知识产权申请和维护成本；加强与国际知识产权组织的协同保护合作，共同打击跨国知识产权侵权行为，维护公平竞争的市场秩序。

此外，企业还应注重知识产权人才的引进与培养。招聘具有国际视野和专业知识的人才加入企业知识产权管理团队；与国际知名知识产权服务机构建立合作关系，引进先进的知识产权管理理念和方法；加强内部培训和交流学习，提升企业员工的知识产权素养和能力水平。通过这些措施的实施，为企业的海外知识产权风险防范提供有力的人才保障和支持。

三、企业海外知识产权侵权纠纷的应对与处理

（一）纠纷预防与前期准备

企业海外知识产权侵权纠纷的预防与前期准备是应对纠纷的首要环节。在这一阶段，企业应着重从内部管理和外部合作两方面入手，构建全面的纠纷预防机制。在内部管理上，企业需建立健全知识产权管理制度，明确知识产权的归属、使用、保护等流程，确保员工对知识产权的尊重和保护意识深入人心。通过定期的知识产权培训，提升员工对知识产权法律法规的认知，减少因无知而引发的侵权行为。同时，企业应加强对研发、生产、销售等各环节的知识产权审查，确保产品和技术不侵犯他人的知识产权。

在外部合作方面，企业应积极与专业的知识产权服务机构建立合作关系，获取专业的知识产权咨询和代理服务。这些机构不仅能帮助企业了解目标市场的知识产权法律环境，还能协助企业进行知识产权的申请、维护和维权工作。此外，企业还应加强与行业组织、商会等机构的联系，通过集体行动来增强自身在知识产权侵权纠纷中的议价能力和应对能力。

在前期准备中，企业还应注重证据的收集和保存。一旦发生知识产权侵权纠纷，证据将是决定胜负的关键。因此，企业应建立完善的证据收集机制，确保在纠纷发生时能够迅速提供有力的证据支持。同时，企业还应加强对知识产权文档的管理，确保文档的完整性和可追溯性。

（二）纠纷应对策略与选择

当企业面临海外知识产权侵权纠纷时，应根据纠纷的性质、规模和影响程度，制定合适的应对策略。企业应对纠纷进行全面的评估，包括纠纷的法律性质、双方当事人的实力对比、纠纷可能带来的经济损失和声誉影

响等。基于这些评估结果，企业可以选择协商、调解、仲裁或诉讼等不同的纠纷解决方式。

协商是解决纠纷的首选方式，具有灵活性和高效性。通过双方当事人的直接沟通，可以迅速找到问题的症结所在，并寻求双方都能接受的解决方案。调解则是在第三方的主持下，促使双方当事人达成和解协议。这种方式通常适用于纠纷较为复杂或双方当事人关系较为紧张的情况。仲裁则是一种更为正式的纠纷解决方式，由专业的仲裁机构根据双方当事人的约定进行裁决。仲裁结果具有法律约束力，且通常比诉讼更为迅速和灵活。诉讼则是通过法院来解决纠纷的方式，具有最高的法律效力和强制执行力。但诉讼过程通常较为漫长和复杂，且成本较高。

在选择纠纷解决方式时，企业应综合考虑各种因素，包括纠纷的性质、双方当事人的意愿、法律环境等。同时，企业还应注重纠纷解决方式的灵活性和多样性，根据纠纷的发展变化及时调整策略。

（三）纠纷处理过程中的法律支持与资源整合

在纠纷处理过程中，企业应充分利用法律支持和资源整合来增强自身的应对能力。在法律支持方面，企业应寻求专业的知识产权律师或法律团队的帮助，确保在纠纷处理过程中能够遵循正确的法律程序和策略。律师或法律团队不仅能帮助企业分析纠纷的法律性质，还能协助企业制定合适的纠纷解决方案，并在必要时代表企业进行诉讼或仲裁。

在资源整合方面，企业应积极调动内部和外部资源来支持纠纷处理。内部资源包括企业的人力、物力和财力等，企业应确保这些资源在纠纷处理过程中得到充分的利用。外部资源则包括专业的知识产权服务机构、行业组织、商会等，企业应加强与这些机构的合作，共同应对知识产权侵权纠纷。此外，企业还可以考虑通过国际合作来增强自身的纠纷处理能力，如与国际知识产权组织或其他国家的知识产权机构建立合作关系，共同打击跨国知识产权侵权行为。

（四）纠纷解决后的总结与反思

在纠纷解决后，企业应进行全面的总结与反思，以吸取经验教训，提升未来的纠纷应对能力。首先，企业应对纠纷处理过程进行回顾和分析，总结纠纷发生的原因、处理过程中的得失以及未来改进的方向。通过这一过程，企业可以更加清晰地认识到自身在知识产权管理和纠纷应对方面存在的不足，从而有针对性地制定改进措施。

其次，企业应对纠纷解决结果进行评估和反思。如果纠纷处理结果对企业有利，企业应分析成功的原因，并考虑如何将这些成功经验应用到未来的纠纷应对中。如果纠纷处理结果对企业不利，企业则应深入分析失败的原因，并制定相应的改进策略。

最后，企业还应将纠纷解决过程中的经验教训分享给内部员工和外部合作伙伴，以提升整个组织的知识产权意识和纠纷应对能力。通过不断的总结与反思，企业可以逐渐完善自身的知识产权管理体系和纠纷应对机制，为未来的海外经营提供更加坚实的保障。

|第七章|
知识产权与创新体系建设

第一节　知识产权与创新体系的关系

一、知识产权对创新体系建设的推动作用

（一）激发创新活力与提升创新动力

知识产权在激发创新活力与提升创新动力中扮演着至关重要的角色。它作为创新激励的基石，为创新活动提供了源源不断的动力。知识产权制度通过赋予创新者对其创新成果的独占权，确保了创新者能够从其创新活动中获得经济回报，从而激发了个人和企业的创新积极性。

首先，知识产权的独占性为创新者提供了市场优势。在知识产权的保护下，创新者可以独占其创新成果，防止他人未经授权的使用和模仿。这种独占性使得创新者能够在市场上获得竞争优势，进而实现经济价值的最大化。例如，专利制度为发明者提供了对其发明的独占权，使得发明者能够通过专利许可或转让等方式获得经济收益，从而鼓励其进行更多的创新活动。

其次，知识产权的保护期限也为创新者提供了足够的时间窗口来回收创新成本并获取利润。在保护期限内，创新者可以充分利用其创新成果，

通过市场推广和商业化运作来实现经济价值的转化。这种时间窗口的存在，使得创新者有足够的动力去投入更多的资源进行研发和创新。

最后，知识产权制度还通过设立奖励机制来进一步激励创新。例如，一些国家和地区设立了专利奖、科技进步奖等，对在创新领域做出杰出贡献的个人和企业进行表彰和奖励。这些奖励机制不仅提高了创新者的社会声誉和地位，还为其带来了额外的经济收益，从而进一步激发了创新活力。

（二）促进技术转移与扩散，加速创新成果转化

知识产权在促进技术转移与扩散方面也发挥着重要作用。通过知识产权的交易和许可，技术得以在不同主体之间流动和共享，从而推动了技术的广泛应用和产业升级。

首先，知识产权的交易为技术转移提供了有效的市场机制。在知识产权交易中，技术所有者可以将其技术通过出售、许可等方式转让给其他企业或个人，从而实现技术的价值最大化。这种交易机制使得技术能够迅速流向最需要它的地方，提高了技术的利用效率。

其次，知识产权的许可为技术扩散提供了便利条件。通过许可协议，技术所有者可以授权其他企业或个人使用其技术，而无须将技术所有权转让给对方。这种许可方式使得技术能够在更广泛的范围内得到应用，促进了技术的扩散和普及。

最后，知识产权制度还通过设立技术交易市场、提供技术评估服务等措施来进一步促进技术转移与扩散。这些措施为技术交易双方提供了更加便捷、高效的交易平台和服务，降低了技术交易的成本和风险，从而推动了技术的广泛应用和产业升级。

（三）推动创新资源整合，提高创新效率

知识产权在推动创新资源整合方面也发挥着重要作用。通过知识产权的运作和管理，可以实现对创新资源的有效配置和整合，提高创新效率和

质量。

首先，知识产权可以作为创新资源的标识和纽带。在创新活动中，各种资源如资金、人才、技术等都需要得到有效的整合和协调。知识产权作为创新成果的体现，可以作为这些资源的标识和纽带，将各种资源紧密地联系在一起，形成有机的创新整体。

其次，知识产权的运作和管理可以实现对创新资源的优化配置。通过知识产权的评估、交易和许可等方式，可以将创新资源从低效领域向高效领域转移，实现资源的优化配置和高效利用。这种优化配置不仅提高了创新效率和质量，还促进了产业结构的优化和升级。

最后，知识产权制度还通过设立知识产权管理机构、提供知识产权服务等措施来进一步推动创新资源整合。这些措施为创新主体提供了更加专业、高效的知识产权管理和服务，降低了创新成本和风险，从而提高了创新效率和质量。

（四）支撑创新生态体系建设，营造良好创新环境

知识产权在支撑创新生态体系建设方面也发挥着不可或缺的作用。创新生态体系是一个复杂的系统，包括创新主体、创新资源、创新环境等多个方面。知识产权作为创新生态体系的重要组成部分，为创新活动提供了良好的法律环境和制度保障。

首先，知识产权制度为创新主体提供了明确的权利边界和利益保障机制。在创新活动中，创新主体需要明确其创新成果的权利归属和利益分配方式，以确保其创新积极性得到有效激发。知识产权制度通过设立专利权、商标权、著作权等权利类型，为创新主体提供明确的权利边界和利益保障机制，使得创新主体能够放心地进行创新活动。

其次，知识产权制度为创新环境提供了良好的法律秩序和竞争规则。在创新生态体系中，各种创新主体之间需要进行广泛的合作和竞争。知识产权制度通过设立侵权惩罚机制、禁止不正当竞争行为等措施，为创新环

境提供良好的法律秩序和竞争规则，确保了创新活动的公平、公正和有序进行。

最后，知识产权制度还通过促进国际交流与合作、推动创新文化建设等措施来进一步支撑创新生态体系建设。这些措施为创新主体提供了更加广阔的创新空间和资源，促进了创新文化的传播和普及，从而推动了创新生态体系的不断完善和发展。

二、创新体系对知识产权发展的支撑作用

（一）创新体系为知识产权创造提供动力源泉

创新体系作为推动社会进步和经济发展的核心力量，为知识产权的创造提供了源源不断的动力源泉。在创新体系的驱动下，各类创新主体积极开展研发活动，不断探索新技术、新产品和新服务，从而催生出大量的知识产权成果。

首先，创新体系中的科研机构、高校和企业等创新主体，是知识产权创造的主要力量。这些主体通过投入大量的人力、物力和财力，进行前沿技术研究和应用开发，不断突破技术瓶颈，取得创新成果。这些创新成果通过专利申请、商标注册等方式转化为知识产权，为创新主体带来经济回报的同时，也推动了知识产权的繁荣发展。

其次，创新体系中的创新文化和创新氛围，激发了创新主体的创造力和积极性。在鼓励创新、宽容失败的文化氛围下，创新主体更加敢于尝试、勇于探索，不断挑战自我、超越自我。这种创新文化和氛围为知识产权的创造提供了良好的土壤，使得创新成果如雨后春笋般涌现。

最后，创新体系中的政策支持和资金投入，也为知识产权的创造提供了有力保障。政府通过制定相关政策和措施，鼓励创新主体进行研发活动，提供资金支持、税收优惠等激励措施，降低创新成本，提高创新效率。这些政策和措施为创新主体营造了良好的创新环境，促进了知识产权

的创造和发展。

（二）创新体系促进知识产权的运用与转化

创新体系不仅为知识产权的创造提供了动力，还促进了知识产权的运用与转化。在创新体系的推动下，知识产权得以更好地融入经济发展和社会进步，发挥其应有的价值。

首先，创新体系中的产学研合作机制，促进了知识产权的运用与转化。科研机构、高校和企业等创新主体通过产学研合作，实现资源共享、优势互补，共同推动创新成果的转化和应用。这种合作机制使得知识产权能够更快地进入市场，实现其价值。

其次，创新体系中的技术转移和成果转化平台，为知识产权的转化与运用提供了便利条件。这些平台通过提供技术评估、交易撮合、融资支持等服务，帮助创新主体将知识产权转化为实际生产力。同时，这些平台还促进了知识产权的跨领域、跨行业应用，推动了不同领域之间的技术融合和创新。

最后，创新体系中的市场需求和竞争机制，也推动了知识产权的转化与运用。在市场竞争的推动下，创新主体更加注重知识产权的运用和转化，通过不断推出新产品、新服务来满足市场需求，提高市场竞争力。这种市场需求和竞争机制促使创新主体更加积极地转化和运用知识产权，推动了知识产权的繁荣发展。

（三）创新体系提升知识产权的保护与管理水平

创新体系在推动知识产权创造和运用的同时，也提升了知识产权的保护与管理水平。在创新体系的支撑下，知识产权的保护和管理更加科学、规范、高效。

首先，创新体系中的法律法规和制度建设，为知识产权的保护提供了有力保障。政府通过制定和完善知识产权相关法律法规，明确知识产权的权利归属、保护范围和保护措施，为创新主体提供了明确的法律指引和保障。同时，政府还加强了对知识产权侵权行为的打击力度，维护了市场秩序和公平竞争环境。

其次，创新体系中的知识产权管理机构和服务体系，提高了知识产权的管理效率和服务质量。这些机构和服务体系通过提供知识产权申请、审查、维护等一站式服务，简化了办事流程，降低了办事成本，提高了管理效率。同时，这些机构和服务体系还加强了与创新主体的沟通和联系，及时了解创新主体的需求和问题，提供了更加精准、高效的服务。

最后，创新体系中的知识产权教育和培训机制，提高了创新主体的知识产权意识和能力。通过开展知识产权教育和培训活动，创新主体更加了解知识产权的重要性和价值，掌握了知识产权的申请、保护和运用技巧。这种教育和培训机制提高了创新主体的知识产权保护和管理能力，促进了知识产权的繁荣发展。

（四）创新体系推动知识产权的国际交流与合作

创新体系在推动知识产权国内发展的同时，也促进了知识产权的国际交流与合作。在全球化背景下，知识产权的国际交流与合作对于提升国家创新能力和国际竞争力具有重要意义。

首先，创新体系中的国际科技合作和交流机制，促进了知识产权的国际交流与合作。通过参与国际科技交流与合作项目，创新主体可以与国际同行进行技术交流与合作，共同推动创新成果的应用和转化。这种交流与合作机制不仅促进了知识产权的跨国流动和共享，还提高了创新主体的国际视野和创新能力。

其次，创新体系中的国际知识产权规则和制度建设，为知识产权的国际交流与合作提供了有力保障。各国政府通过参与国际知识产权规则的制定和修订工作，推动国际知识产权规则的完善和发展。同时，各国政府还加强了对国际知识产权侵权行为的打击力度，维护了国际市场秩序和公平竞争环境。

最后，创新体系中的国际知识产权服务机构和平台，为知识产权的国际交流与合作提供了便利条件。这些机构和平台通过提供国际知识产权申请、审查、维护等一站式服务，帮助创新主体更好地融入国际市场，提高国际竞争力。同时，这些机构和平台还促进了不同国家和地区之间的知识产权交流和合作，推动了全球知识产权的繁荣发展。

三、知识产权与创新体系的互动机制

（一）知识产权与创新体系的协同演进

知识产权与创新体系之间存在着密切的协同演进关系。随着创新体系的不断发展和完善，知识产权制度也需要不断适应新的形势和需求，进行相应的调整和完善。同时，知识产权制度的完善也为创新体系的发展提供了更加有力的支撑和保障。

一方面，创新体系的发展推动了知识产权制度的创新。随着新技术、新产业、新业态的不断涌现，创新体系对知识产权制度提出了新的挑战和要求。为了适应这些挑战和要求，知识产权制度需要不断进行创新和完善，如加强网络环境下的知识产权保护、完善新兴领域的知识产权规则等。这些创新和完善不仅提高了知识产权制度的适应性和灵活性，也推动了创新体系的进一步发展。

另一方面，知识产权制度的完善也促进了创新体系的优化和升级。通过加强知识产权保护和管理、提高知识产权转化和运用效率等措施，知识产权制度为创新体系提供了更加良好的法律环境和制度保障。这种保障使得创新主体能够更加放心地进行创新活动，提高创新效率和质量，推动了创新体系的优化和升级。

（二）知识产权与创新体系共同构建创新生态

知识产权与创新体系共同构建了一个良好的创新生态。在这个生态中，知识产权作为创新成果的重要体现和保障，为创新活动提供了法律支撑和经济激励；而创新体系为知识产权的创造、运用和保护提供了广阔的空间和强大的动力。

首先，知识产权与创新体系共同营造了鼓励创新、宽容失败的文化氛围。在这种氛围下，创新主体更加敢于尝试、勇于探索，不断挑战自我、超越自我。这种文化氛围不仅激发了创新主体的创造力和积极性，也促进了知识产权的创造和运用。

其次，知识产权与创新体系共同推动了创新资源的优化配置和高效利用。通过知识产权的交易、许可和转让等方式，创新资源得以在不同主体之间流动和共享，实现了资源的优化配置和高效利用。同时，创新体系中的产学研合作机制、技术转移和成果转化平台等也为创新资源的优化配置和高效利用提供了有力支撑。

最后，知识产权与创新体系共同促进了创新成果的转化和应用。通过加强知识产权的保护和管理、提高知识产权运用和转化效率等措施，知识产权与创新体系共同推动了创新成果向实际生产力的转化和应用。这种转化和应用不仅提高了创新成果的价值和影响力，也推动了经济社会的持续发展和进步。

第二节　创新体系中的知识产权战略

一、知识产权战略在创新体系中的定位与目标

（一）知识产权战略作为创新体系的核心驱动力

知识产权战略在创新体系中占据着核心驱动力的地位。它不仅是激励创新的重要手段，更是推动科技成果向现实生产力转化的关键桥梁。在知识经济时代，创新已成为国家竞争力的核心要素，而知识产权战略则是保护创新成果、激发创新活力的重要保障。通过构建完善的知识产权战略，

可以明确创新的方向和重点，引导资源向关键领域和核心技术集聚，从而加速创新进程，提升创新效率。

知识产权战略的核心在于其能够赋予创新者以独占性的权利，使其能够从创新活动中获得经济回报，进而形成持续创新的内在动力。这种独占性权利不仅保护了创新者的利益，也鼓励了更多的主体投身于创新活动，形成了良性循环。同时，知识产权战略还通过专利布局、商标注册等手段，为创新成果提供全方位的保护，降低了创新风险，增强了创新者的信心。

在创新体系中，知识产权战略还扮演着协调各方利益、促进创新合作的重要角色。它能够通过明确的知识产权归属和利益分配机制，协调创新者、投资者、使用者等各方之间的利益关系，促进创新资源的优化配置和高效利用。此外，知识产权战略还能够推动产学研用深度融合，加速科技成果的转化和应用，为经济社会发展注入新的活力。

（二）知识产权战略的目标：提升国家创新能力和竞争力

知识产权战略的根本目标是提升国家的创新能力和竞争力。在全球化背景下，国际竞争日益激烈，而创新能力和知识产权实力已成为衡量一个国家综合国力的重要指标。通过实施知识产权战略，可以加强国家创新体系建设，提高自主创新能力，培育具有国际竞争力的创新型企业和创新人才，从而在全球创新格局中占据有利地位。

具体而言，知识产权战略的目标包括：一是提高知识产权的创造质量。通过优化知识产权政策环境，激发创新主体的创造活力，提高专利权、商标权、著作权等知识产权的申请量和授权量，特别是高质量、高价值的知识产权。二是加强知识产权的运用和保护。推动知识产权的转化实施，促进知识产权与产业、金融、贸易等深度融合，提高知识产权的经济价值和社会效益。同时，加强知识产权执法力度，严厉打击侵权行为，维护良好的市场秩序和创新环境。三是完善知识产权服务体系。建立健全知识产权服务机构，提高知识产权代理、评估、交易、咨询等服务水平，为创新主体提供全方位、一站式的知识产权服务。四是培养知识产权人才。加强知识产权教育和培训，提高全社会的知识产权意识和素养，培养一批具有国际视野、熟悉国际规则、具备创新能力的知识产权专业人才。

（三）知识产权战略与创新生态的协同发展

知识产权战略与创新生态之间存在着密切的协同发展关系。创新生态是一个由创新主体、创新资源、创新环境等要素构成的复杂系统，而知识产权战略则是这个系统中的重要组成部分。通过实施知识产权战略，可以优化创新生态的结构和功能，提高创新生态的整体效能。

一方面，知识产权战略能够引导创新资源的合理配置。通过专利导航、商标品牌培育等手段，可以明确创新的方向和重点，引导资金、人才、技术等创新资源向关键领域和核心技术集聚，形成创新资源的集群效应。另一方面，知识产权战略能够促进创新主体之间的交流与合作。通过知识产权的转让、许可、交叉许可等方式，可以打破创新主体之间的壁垒，实现创新资源的共享和优势互补，推动创新成果的快速转化和应用。

同时，创新生态的完善也为知识产权战略的实施提供了有力支撑。一个充满活力、开放包容的创新生态能够激发创新主体的创造活力，提高知识产权的创造质量；加强知识产权的运用和保护力度，提高知识产权的经济价值和社会效益；完善知识产权服务体系，提高知识产权服务的效率和质量。因此，知识产权战略与创新生态之间形成了相互促进、协同发展的良好局面。

（四）知识产权战略在推动高质量发展中的作用

知识产权战略在推动高质量发展中发挥着重要作用。高质量发展是新时代我国经济发展的基本特征，而知识产权战略则是实现高质量发展的关键支撑。通过实施知识产权战略，可以推动产业结构优化升级，提高经济发展的质量和效益。

一方面，知识产权战略能够引导产业向高端化、智能化、绿色化方向发展。通过加强关键核心技术攻关和知识产权保护，可以推动产业技术创新和转型升级，提高产业的附加值和竞争力。另一方面，知识产权战略能够促进区域协调发展。通过加强区域知识产权交流与合作，可以打破区域壁垒，实现创新资源的优化配置和共享，推动区域经济的协同发展。

同时，知识产权战略还能够提升企业的核心竞争力。在市场竞争日益激烈的今天，拥有自主知识产权和核心技术是企业立于不败之地的关键。通过实施知识产权战略，企业可以加强自主创新能力建设，提高产品质量和服务水平，增强品牌影响力和市场竞争力。因此，知识产权战略在推动高质量发展中具有不可替代的作用。

二、知识产权战略的制定与实施路径

（一）知识产权战略制定的基础与原则

知识产权战略的制定是一个系统而复杂的过程，其基础在于对国内外知识产权法律环境、技术发展趋势以及市场竞争态势的深入洞察。企业需全面分析自身在知识产权方面的优势与劣势，明确知识产权战略的目标与定位，确保战略既符合企业长远发展规划，又能有效应对当前市场挑战。在制定过程中，应遵循以下原则：一是前瞻性原则，即战略应着眼于未来技术发展和市场竞争的变化，提前布局，抢占先机；二是系统性原则，即战略应涵盖知识产权的创造、运用、保护和管理等各个环节，形成完整的战略体系；三是可操作性原则，即战略应具体、明确，便于执行和考核，确保各项措施能够落到实处。

为确保战略制定的科学性和合理性，企业还需广泛征求内外部意见，进行充分的调研和论证。内部意见主要来自企业高层管理者、研发部门、法务部门等关键岗位人员，他们对企业自身情况有深入了解，能够提供宝贵的建议。外部意见则可通过咨询知识产权专家、行业组织、竞争对手等方式获取，以了解行业最新动态和最佳实践。通过综合各方意见，企业可以制定出更加符合实际、具有可操作性的知识产权战略。

（二）知识产权战略的核心内容与框架

知识产权战略的核心内容包括专利战略、商标战略、著作权战略以及商业秘密战略等。专利战略是企业通过申请专利来保护技术创新成果，防止他人模仿和侵权，同时利用专利进行技术交易和合作，实现技术价值的最大化。商标战略则是企业通过注册商标来保护品牌形象，提升品牌知名度和美誉度，增强市场竞争力。著作权战略主要关注文学、艺术和科学领域内作品的创作、传播和保护，确保企业的创意成果得到合法认可和保护。商业秘密战略则是企业通过采取保密措施来保护未公开的技术信息和经营信息，防止信息泄露和不当使用。

这些核心内容共同构成了知识产权战略的框架，即一个以企业为主体、以市场需求为导向、以法律保护为支撑、以技术创新为核心的知识产权战略体系。在这个体系中，各个战略内容相互关联、相互促进，共同推动企业的知识产权工作向更高水平发展。

（三）知识产权战略的实施步骤与措施

知识产权战略的实施是一个循序渐进的过程，需要企业按照既定的步骤和措施逐步推进。首先，企业应制定详细的实施计划，明确各项任务的责任人、时间节点和预期成果。其次，企业应加强组织领导和协调配合，确保各项措施得到有效执行。在实施过程中，企业还应注重以下几点：一是加强知识产权培训和教育，提高全员的知识产权意识和能力；二是完善知识产权管理制度和流程，确保知识产权工作的规范化和标准化；三是加强知识产权的创造和运用，鼓励员工积极创新，推动科技成果的转化和应用；四是加强知识产权的保护和管理，防止侵权行为的发生，维护企业的合法权益。

为确保战略实施的顺利进行，企业还应建立有效的监督和评估机制。

通过定期检查和评估战略实施情况，及时发现问题并采取相应措施进行整改，确保战略始终沿着正确的方向前进。同时，企业还应根据市场变化和企业发展情况，适时调整战略内容和实施措施，以适应新的形势和需求。

（四）知识产权战略实施的保障与支持

知识产权战略的实施需要企业从多个方面提供保障和支持。首先，企业应加大资金投入，确保知识产权工作有足够的经费支持。这包括专利申请费、商标注册费、著作权登记费以及知识产权维权费用等。其次，企业应加强人才队伍建设，培养一批具有专业知识和实践经验的知识产权人才。这些人才应具备扎实的法律基础、敏锐的市场洞察力和良好的沟通协调能力，能够为企业知识产权战略的实施提供有力保障。

此外，企业还应加强与外部机构的交流与合作。这包括与知识产权服务机构、律师事务所、行业协会等建立合作关系，共同开展知识产权研究、咨询、培训等工作。通过外部机构的支持和帮助，企业可以更加高效地开展知识产权工作，提高知识产权战略的实施效果。同时，企业还应积极参与国际知识产权交流与合作活动，了解国际知识产权最新动态和趋势，为企业的国际化发展提供有力支持。

三、知识产权战略与创新政策的协同与整合

（一）协同与整合的必要性及基础

知识产权战略与创新政策的协同与整合，是新时代推动国家创新体系建设和经济高质量发展的必然要求。在全球化竞争日益激烈的背景下，知识产权已成为国家竞争力的核心要素，而创新政策则是激发创新活力、优化创新环境的关键手段。两者之间的协同与整合，不仅能够提升创新效率，还能增强创新成果的转化和应用能力，进而推动产业升级和经济发展。

协同与整合的基础在于知识产权战略与创新政策在目标上的一致性。

知识产权战略旨在通过保护创新成果、促进知识传播和应用，推动科技进步和经济发展；而创新政策则致力于营造有利于创新的环境，激发创新主体的积极性和创造力。两者都服务于国家创新体系建设的总体目标，因此在政策制定和实施过程中具有天然的协同性。

此外，协同与整合还基于知识产权战略与创新政策在功能上的互补性。知识产权战略通过法律手段保护创新成果，为创新者提供独占性的权利，从而鼓励其持续创新；而创新政策则通过财政、税收、金融等手段，为创新活动提供资金支持和政策保障，降低创新风险，提高创新成功率。两者在功能上相互补充，共同构成了推动创新发展的政策体系。

（二）协同与整合的路径与机制

实现知识产权战略与创新政策的协同与整合，需要构建有效的路径与机制。首先，应建立政策协调机制，加强知识产权部门与创新政策制定部门之间的沟通与协作，确保政策之间的衔接和配合。通过定期召开联席会议、建立信息共享平台等方式，加强政策制定过程中的沟通与协调，避免政策冲突和重复。

其次，应完善政策配套措施，确保知识产权战略与创新政策能够相互支撑、相互促进。例如，在创新政策中增加对知识产权创造、运用和保护的激励措施，提高创新主体对知识产权的重视程度；在知识产权战略中明确创新政策的方向和重点，引导创新资源向关键领域和核心技术集聚。

最后，还应建立政策评估与调整机制，定期对知识产权战略与创新政策的实施效果进行评估，根据评估结果及时调整政策内容和实施方式。通过政策评估与调整，确保政策始终适应创新发展的需求，提高政策的针对性和有效性。

（三）协同与整合在推动创新发展中的作用

知识产权战略与创新政策的协同与整合，在推动创新发展中发挥着重要作用。一方面，协同与整合能够提升创新效率。通过政策之间的衔接和配合，可以优化创新资源配置，减少创新过程中的障碍和阻力，提高创新活动的成功率。例如，在知识产权战略中明确对创新成果的奖励和保护措施，可以激发创新主体的积极性和创造力；在创新政策中增加对知识产权运用的支持措施，可以促进创新成果的转化和应用。

另一方面，协同与整合能够增强创新成果的转化和应用能力。通过知识产权战略与创新政策的协同作用，可以推动创新成果与产业、市场等要素的深度融合，加速创新成果的商业化进程。例如，通过政策引导和支持，鼓励企业加强知识产权的运用和保护，推动创新成果向现实生产力转化；通过搭建产学研用合作平台，促进创新成果在产业链上的共享和应用。

（四）协同与整合面临的挑战与应对策略

尽管知识产权战略与创新政策的协同与整合具有诸多优势，但在实施过程中也面临着一些挑战。例如，政策制定过程中的部门利益博弈、政策执行过程中的监管不到位、政策评估与调整机制的不完善等。针对这些挑战，应采取以下应对策略。

一是加强部门间的沟通与协作，打破部门壁垒，形成政策合力。通过建立跨部门协调机制、加强信息共享和沟通等方式，确保政策制定和执行过程中的顺畅和高效。

二是完善政策执行和监管机制，确保政策得到有效落实。通过加强政策宣传和培训、建立政策执行考核机制等方式，提高政策执行者的责任意识和执行能力；通过加强监管和执法力度，确保政策得到严格遵守和执行。

三是完善政策评估与调整机制，提高政策的针对性和有效性。通过建立科学的政策评估指标体系、定期开展政策评估工作等方式，及时发现政策中存在的问题和不足；根据评估结果及时调整政策内容和实施方式，确保政策始终适应创新发展的需求。

通过以上应对策略的实施，可以有效克服协同与整合过程中面临的挑战，推动知识产权战略与创新政策更加紧密地协同与整合，为创新发展提供更加有力的政策支撑。

第三节 知识产权促进产学研合作

一、知识产权在产学研合作中的桥梁作用

（一）促进技术转移与知识共享

知识产权在产学研合作中扮演着至关重要的角色，作为技术转移与知识共享的桥梁，有效地连接了科研机构、高校与企业之间的技术流动和知识传播。在产学研合作中，科研机构与高校往往拥有大量的前沿技术研究成果，而企业则具备将这些技术成果转化为实际产品的能力。知识产权制度通过赋予创新者对其创新成果的独占权，确保了技术转移过程中的权益保障，从而促进了技术的顺利转移。

一方面，知识产权的明晰权属关系为技术转移提供了法律基础。科研机构与高校在研发过程中产生的技术成果，通过专利申请等方式获得知识产权保护后，可以明确其权利归属，进而为技术转移提供明确的法律指引。企业可以通过购买、许可等方式获得这些技术成果的使用权或所有权，从而实现技术的有效转移。

另一方面，知识产权的公开性促进了知识的共享。专利文献等知识产权信息是公开的，任何人都可以查阅和了解。这使得企业能够及时了解科研机构与高校的研究动态和技术成果，为企业的技术创新提供灵感和借鉴。同时，科研机构与高校也可以通过知识产权的公开性，吸引更多的企业关注其研究成果，从而推动技术的广泛应用和产业化。

（二）激发创新与合作动力

知识产权制度通过设立奖励机制和权益保障机制，极大地激发了产学研合作中的创新与合作动力。在知识产权的保护下，创新者能够从其创新成果中获得经济回报，从而激发其持续创新的积极性。同时，知识产权的独占性也促使创新者寻求与其他主体的合作，以实现技术的最大化利用和价值的最大化实现。

对于科研机构与高校而言，知识产权的奖励机制可以激发科研人员的创新热情，推动其积极开展前沿技术研究和应用开发。通过专利申请和成果转化，科研人员可以获得经济收益和学术声誉的双重回报，从而进一步激发其创新动力。

对于企业而言，知识产权的权益保障机制可以确保其技术投入与合作成果得到应有的回报。在与科研机构与高校的合作中，企业可以通过知识产权的许可、转让等方式获得技术成果的使用权或所有权，并将其转化为实际产品推向市场。这种权益保障机制使得企业更加愿意投入资源进行技术研发和合作，从而推动了产学研合作的深入发展。

（三）优化资源配置，提高合作效率

知识产权在产学研合作中还发挥着优化资源配置和提高合作效率的重要作用。通过知识产权的运作和管理，可以实现技术、人才、资金等创新资源的有效配置和整合，提高产学研合作的针对性和实效性。

一方面，知识产权可以作为创新资源的标识和纽带。在产学研合作中，各种资源如技术、人才、资金等都需要得到有效的整合和协调。知识产权作为创新成果的体现，可以作为这些资源的标识和纽带，将各种资源紧密地联系在一起，形成有机的创新整体。这种整合不仅提高了创新资源的利用效率，还促进了产学研合作的协同和合作。

另一方面，知识产权的运作和管理可以实现对创新资源的优化配置。通过知识产权的评估、交易和许可等方式，可以将创新资源从低效领域向高效领域转移，实现资源的优化配置和高效利用。这种优化配置不仅提高了产学研合作的效率和质量，还促进了产业结构的优化和升级。

（四）构建合作信任，降低合作风险

知识产权在产学研合作中还发挥着构建合作信任与降低合作风险的重要作用。在产学研合作中，由于各方利益诉求和背景差异较大，合作过程中难免会出现信任问题和风险。知识产权制度通过提供明确的法律保障和权益分配机制，有助于构建合作信任并降低合作风险。

一方面，知识产权的法律保障为合作各方提供了明确的权益分配依据。在产学研合作中，各方对技术成果的权益分配往往存在争议。知识产权制度通过设立专利申请、商标注册等法律程序，为合作各方提供了明确的权益分配依据，从而避免了权益纠纷和合作风险。

另一方面，知识产权的信誉机制有助于构建合作信任。在产学研合作中，拥有知识产权的创新者往往具有更高的信誉和声誉。这种信誉机制使得合作各方更加愿意与拥有知识产权的创新者进行合作，从而促进了产学研合作的顺利开展。同时，知识产权的信誉机制还可以激励创新者更加注重技术创新和成果转化质量，提高产学研合作的整体水平。

二、知识产权与产学研合作

（一）知识产权许可与转让模式促进产学研深度融合

知识产权许可与转让模式是产学研合作中最为直接且有效的方式之一，通过明确的知识产权归属和权益分配，促进了科研机构、高校与企业之间的深度融合。在这种模式下，科研机构与高校作为技术的源头，通过专利申请等方式获得知识产权后，可以将这些技术成果以许可或转让的方式提供给企业，实现技术的商业化应用。

首先，知识产权许可为企业提供了灵活的技术获取方式。企业可以根据自身的需求和发展战略，选择适合的技术成果进行许可使用，而无须承担研发的全部风险和成本。这种灵活性使得企业能够更加快速地响应市场变化，推出新产品或服务，增强市场竞争力。

其次，知识产权转让实现了技术成果的彻底转移。科研机构与高校将知识产权的所有权转让给企业，企业可以自主决定技术的后续开发和应用，甚至进行二次创新，形成自己的核心竞争力。这种转让不仅促进了技术的广泛应用，还推动了产业结构的优化和升级。

最后，知识产权许可与转让模式还促进了产学研之间的长期合作。通过许可或转让协议，科研机构与高校可以获得经济回报，用于支持后续的研发工作；企业则可以获得先进的技术成果，提升自身的创新能力。这种互利共赢的合作模式使得产学研各方更加紧密地联系在一起，形成稳定的合作关系。

（二）产学研联合研发模式强化知识产权创造与运用

产学研联合研发模式是一种通过整合科研机构、高校与企业的资源，共同开展技术研发和创新的合作模式。在这种模式下，各方充分发挥自身的优势，共同承担研发风险，共享研发成果，从而强化了知识产权的创造与运用。

首先，联合研发模式促进了知识产权的创造。科研机构与高校拥有雄厚的研发实力和丰富的科研资源，而企业则具备敏锐的市场洞察力和强大的产业化能力。通过联合研发，各方可以相互借鉴、相互启发，共同攻克技术难题，创造出更多的知识产权成果。

其次，联合研发模式也提高了知识产权的运用效率。在联合研发过程中，各方可以共同制定知识产权战略，明确知识产权的归属和权益分配，避免后续的权益纠纷。同时，各方还可以共同探索知识产权的商业化应用途径，推动技术成果的快速转化和产业化。

最后，联合研发模式还促进了创新人才的流动和培养。通过联合研发项目，科研人员可以与企业技术人员进行深入的交流与合作，了解市场需求和技术发展趋势，提高自身的创新能力和实践能力。这种人才的流动和培养为产学研合作提供了源源不断的人才支持。

（三）知识产权作价入股模式激发产学研合作活力

知识产权作价入股模式是一种将知识产权作为资本投入企业，参与企业利润分配的合作模式。在这种模式下，科研机构与高校可以将拥有的知识产权作价入股企业，成为企业的股东之一，从而激发产学研合作的活力。

首先，知识产权作价入股为科研机构与高校提供了多元化的收益渠道。除了传统的专利转让、许可等方式，作价入股使得科研机构与高校可以通过股权分红等方式获得长期的经济回报。这种多元化的收益渠道提高了科研机构与高校参与产学研合作的积极性。

其次，知识产权作价入股也增强了企业的创新动力。科研机构与高校的知识产权入股为企业带来了先进的技术和创新能力，有助于企业提升产品竞争力、拓展市场份额。同时，知识产权作价入股还使得企业与科研机构、高校之间形成了更加紧密的利益共同体，促进了产学研合作的深入发展。

最后，知识产权作价入股模式还促进了科技与金融的深度融合。通过知识产权作价入股，企业可以获得更多的融资机会和融资渠道，为企业的创新发展提供有力的资金支持。同时，这种融合也推动了知识产权金融产品的创新和发展，为产学研合作提供了更加多元化的金融服务。

（四）知识产权服务平台模式优化产学研合作环境

知识产权服务平台模式是一种通过搭建知识产权服务平台，为产学研合作提供全方位、一站式服务的合作模式。在这种模式下，知识产权服务机构可以整合各类资源，为产学研合作提供知识产权咨询、评估、交易、维权等全方位的服务。

首先，知识产权服务平台为产学研合作提供了便捷的信息获取渠道。

通过平台，科研机构、高校与企业可以及时了解最新的知识产权政策、法规和技术动态，为合作提供有力的信息支持。同时，平台还可以提供知识产权查询、分析等服务，帮助各方更好地了解技术成果的市场前景和商业化潜力。

其次，知识产权服务平台也促进了产学研合作的规范化发展。平台可以提供知识产权合同范本、交易规则等服务，帮助各方规范合作行为，降低合作风险。同时，平台还可以提供知识产权维权服务，保护各方的合法权益，为产学研合作营造良好的法治环境。

最后，知识产权服务平台还促进了产学研合作的国际化发展。通过平台，科研机构、高校与企业可以与国际知识产权服务机构进行交流和合作，了解国际知识产权规则和市场动态，为合作提供国际化的视野和资源支持。这种国际化发展有助于提升产学研合作的水平和影响力，推动技术创新和产业升级。

三、知识产权在产学研合作中的转化与应用

（一）知识产权作为技术转移的核心载体

在产学研合作中，知识产权作为技术转移的核心载体，发挥着至关重要的作用。科研机构与高校在研发过程中产生的大量技术成果，往往以知识产权的形式存在，如专利权、商标权、著作权等。这些知识产权不仅代表了技术的创新性和先进性，更是技术转移的关键要素。

首先，知识产权的明晰权属关系为技术转移提供了法律保障。通过专利申请等方式，科研机构与高校可以明确其技术成果的权益归属，进而为技术转移提供明确的法律基础。企业可以通过购买、许可等方式获得这些知识产权的使用权或所有权，从而实现技术的合法转移和应用。

其次，知识产权的公开性促进了技术的传播和扩散。专利文献等知识产权信息是公开的，使得企业能够及时了解科研机构与高校的研究动态和

技术成果，为企业的技术创新提供灵感和借鉴。同时，这种公开性也促进了技术的广泛应用和产业化，推动了产学研合作的深入发展。

最后，知识产权的评估与定价机制为技术转移提供了合理的价值衡量标准。通过专业的知识产权评估机构，可以对技术成果的价值进行客观、公正的评估，为技术转移提供合理的定价依据。这有助于降低技术转移的风险和成本，提高技术转移的效率和成功率。

（二）知识产权促进产学研合作中的技术集成与创新

知识产权在产学研合作中不仅作为技术转移的核心载体，还促进了技术集成与创新。在产学研合作过程中，各方通过整合各自的技术资源和知识产权，实现技术的优势互补和协同创新。

首先，知识产权的交叉许可与合作开发促进了技术的集成。科研机构与高校之间、科研机构与企业之间、高校与企业之间可以通过知识产权的交叉许可，实现技术的共享和互补。同时，各方还可以共同开展合作开发项目，共同创造新的知识产权成果，推动技术的集成和创新。

其次，知识产权的运作和管理促进了技术的商业化应用。通过知识产权的转让、许可等方式，科研机构与高校可以将技术成果转化为实际生产力，实现技术的商业化应用。企业则可以通过获得知识产权的使用权或所有权，将技术成果融入自身的产品和服务中，提升产品的竞争力和市场价值。

最后，知识产权的保护机制为技术集成与创新提供了法律保障。在产学研合作中，各方通过签订知识产权协议等方式，明确各自的知识产权权益和义务，保护各方的合法权益。这有助于降低技术集成与创新的风险和成本，提高合作的稳定性和可持续性。

（三）知识产权推动产学研合作中的产业升级与转型

知识产权在产学研合作中还发挥着推动产业升级与转型的重要作用。随着科技的不断进步和市场的不断变化，传统产业面临着巨大的挑战和机遇。通过产学研合作中的知识产权转化与应用，可以推动传统产业的升级与转型，实现产业的可持续发展。

首先，知识产权的技术溢出效应促进了产业升级。科研机构与高校的技术成果通过知识产权的转化与应用，可以渗透到传统产业中，推动其技术创新和产业升级。例如，新材料、新能源等领域的技术成果可以应用于传统产业中，提高其生产效率和产品质量，推动其向高端化、智能化方向发展。

其次，知识产权的产业化应用促进了产业转型。通过知识产权的转让、许可等方式，科研机构与高校的技术成果可以转化为实际生产力，推动新兴产业的发展和壮大。同时，这些新兴产业的发展也可以带动传统产业的转型和升级，形成新的产业增长点和发展动力。

最后，知识产权的国际化战略为产业升级与转型提供了更广阔的空间。通过参与国际知识产权合作和交流，科研机构与高校可以了解国际技术发展趋势和市场需求，为产业升级与转型提供国际化的视野和资源支持。同时，企业也可以通过国际知识产权的运作和管理，拓展国际市场，提升国际竞争力。

（四）知识产权构建产学研合作中的利益共享与风险共担机制

在产学研合作中，知识产权还构建了利益共享与风险共担的机制。通过知识产权的转化与应用，各方可以实现利益的共享和风险的共担，促进产学研合作的深入发展。

一方面，知识产权的收益分配机制实现了利益的共享。在产学研合作中，各方通过签订知识产权协议等方式，明确知识产权的收益分配比例和方式。当技术成果转化为实际生产力并产生经济效益时，各方可以按照协议约定的比例分享收益，实现利益的共享。

另一方面，知识产权的风险共担机制降低了合作的风险。在产学研合作中，各方共同承担技术研发和创新的风险。当技术成果未能达到预期效果或市场反应不佳时，各方应共同承担损失和风险。这种风险共担机制有助于降低各方的合作风险，提高合作的稳定性和可持续性。

第四节 知识产权支撑创新创业

一、知识产权对创新创业的激励与保障作用

（一）知识产权激发创新创业的内在动力

知识产权制度通过赋予创新者以独占性的权利，为创新创业活动提供了强大的内在动力。在知识产权的保护下，创新者能够确保其创新成果不被他人非法复制或盗用，从而能够从创新活动中获得经济回报。这种经济激励是创新创业活动持续进行的重要驱动力。当创新者预期其创新成果能够得到有效的知识产权保护时，他们更愿意投入时间、精力和资金进行研发和创新，以期在市场竞争中占据有利地位。

知识产权的独占性还意味着创新者可以通过许可、转让等方式将其创新成果商业化，进一步实现创新价值的最大化。这种商业化的过程不仅为创新者带来了直接的经济收益，还促进了技术的传播和应用，推动了整个行业的技术进步和产业升级。因此，知识产权制度通过激发创新者的内在动力，为创新创业活动提供了源源不断的创新源泉。

此外，知识产权制度还通过设立奖励机制、提供创新资助等方式，进一步激励创新创业活动。例如，政府可以设立知识产权奖励基金，对在技术创新、产品开发等方面取得突出成绩的创新者给予奖励；同时，还可以提供知识产权质押融资等金融服务，帮助创新者解决资金短缺问题，降低创新风险。这些措施都有助于激发创新者的创新热情，推动创新创业活动的蓬勃发展。

（二）知识产权为创新创业提供法律保障

知识产权制度为创新创业活动提供了全面的法律保障。在知识产权的保护下，创新者的创新成果得到了法律的认可和保护，任何侵犯知识产权的行为都将受到法律的制裁。这种法律保障为创新者提供了一个公平、公正的市场环境，使他们能够放心地进行创新活动，不用担心其创新成果被他人非法侵占。

同时，知识产权制度还通过设立专门的执法机构、加强执法力度等方式，确保知识产权得到有效保护。这些执法机构负责处理知识产权侵权纠纷，打击假冒伪劣产品，维护市场秩序。通过加强执法力度，可以形成对知识产权侵权行为的强大威慑力，降低侵权行为的发生率，为创新创业活动营造一个良好的法治环境。

此外，知识产权制度还通过国际交流与合作，加强了对跨国知识产权侵权行为的打击力度。随着全球化的深入发展，跨国知识产权侵权行为日益增多。通过加强国际交流与合作，可以共同应对跨国知识产权侵权问题，维护全球创新秩序和公平竞争环境。

（三）知识产权促进创新创业资源的优化配置

知识产权制度通过其独特的价值评估和市场机制，促进了创新创业资源的优化配置。在知识产权的评估下，创新成果的价值得到了准确衡量，这为创新资源的投入和分配提供了重要依据。创新者可以根据知识产权的价值评估结果，有针对性地投入资源，提高创新效率。

同时，知识产权的市场机制也促进了创新资源的流动和整合。通过知识产权的转让、许可等方式，创新资源可以从低效领域向高效领域流动，实现资源的优化配置。这种流动与整合不仅提高了创新资源的利用效率，还促进了技术的传播与应用，推动了整个行业的技术进步和产业升级。

此外，知识产权制度还通过设立知识产权交易平台、提供知识产权信息服务等方式，进一步促进了创新资源的优化配置。这些平台和机构为创新者提供了便捷的知识产权交易和信息获取渠道，降低了交易成本，提高了交易效率。通过这些措施的实施，可以形成创新资源的良性循环，推动创新创业活动的持续发展。

（四）知识产权提升创新创业的国际竞争力

在全球化的背景下，知识产权已成为衡量一个国家或企业国际竞争力的重要指标。拥有自主知识产权和核心技术是企业在国际市场上立足的关键。通过加强知识产权保护和运用，可以提升企业的国际竞争力，使其在国际市场上获得更多的话语权和定价权。

知识产权制度还通过促进国际技术交流与合作，提升了创新创业的国际水平。通过与国际先进企业和研究机构的交流与合作，可以引进先进技术和管理经验，提高自主创新能力。同时，还可以通过国际知识产权申请和保护，拓展国际市场，提升企业的国际影响力。

此外，知识产权制度还通过加强国际知识产权规则制定和话语权争夺，为创新创业活动营造了更加有利的国际环境。通过积极参与国际知识产权规则的制定和修改，可以争取更多有利于创新创业的政策和措施，为创新创业活动提供更加广阔的国际舞台。

二、知识产权在创新创业中的转化与运用

（一）知识产权转化的内涵与重要性

知识产权转化是指将创新成果从知识形态转变为具有市场价值的产品或服务的过程，是创新创业活动中的关键环节。这一过程不仅涉及技术层面的研发与突破，更包括市场定位、商业模式设计、资源整合等多个方面。知识产权转化的重要性在于，它能够将创新者的智慧结晶转化为实际的经济效益，推动科技进步与产业升级，促进经济社会的持续发展。

在创新创业的语境下，知识产权转化是实现创新价值最大化的必由之路。通过有效的转化机制，创新成果能够迅速进入市场，满足消费者需

求，同时为企业带来丰厚的利润回报。此外，知识产权转化还能够促进技术扩散和知识共享，提升整个社会的创新能力和竞争力。因此，构建高效的知识产权转化体系，对于激发创新创业活力、推动经济高质量发展具有重要意义。

为了实现知识产权的有效转化，需要政府、企业、科研机构等多方共同努力。政府应出台相关政策，提供资金支持、税收优惠等激励措施，降低创新成果转化成本，提高转化效率。企业应加强与科研机构的合作，建立产学研用深度融合的创新体系，加速科技成果的转化进程。科研机构则应注重市场需求导向，加强技术研发的针对性和实用性，提高创新成果的市场转化率。

（二）知识产权运用的策略与模式

知识产权运用是创新创业活动中的另一重要环节，涉及如何将知识产权转化为实际的生产力，实现其价值最大化。在运用过程中，需要采取多种策略和模式，以适应不同的市场环境和创新需求。

一种常见的策略是知识产权许可。通过许可他人使用自己的知识产权，企业可以获得额外的收入来源，同时扩大技术的影响力和应用范围。另一种策略是知识产权转让，即将知识产权的所有权或使用权转让给其他企业或个人，以实现技术的快速扩散和价值的最大化。此外，还可以通过知识产权质押融资、作价入股等方式，将知识产权转化为资金或股权，为企业的创新发展提供有力支持。

在运用模式上，企业可以根据自身情况选择适合的方式。例如，对于拥有核心技术的企业，可以通过自主研发和产业化相结合的方式，将知识产权转化为具有市场竞争力的产品或服务；对于技术实力较弱但市场敏锐度高的企业，则可以通过引进、消化、吸收再创新的方式，利用他人的知识产权进行二次开发和创新，实现技术的跨越式发展。

（三）知识产权转化与运用的市场机制

市场机制在知识产权转化与运用中发挥着决定性作用。通过市场竞争和价格机制，可以引导知识产权向最具效率和效益的方向流动，实现资源的优化配置。同时，市场机制还能够激发创新者的积极性和创造力，推动他们不断追求技术创新和知识产权的创造。

在知识产权转化过程中，市场机制主要体现在对创新成果的价值评估和定价上。通过市场供求关系和竞争状况，可以形成合理的价格体系，反映创新成果的真实价值。这有助于创新者获得与其贡献相匹配的回报，同时也为投资者提供了明确的投资信号和风险评估依据。

在知识产权运用方面，市场机制则体现在对知识产权的流通和交易上。通过建立健全的知识产权交易市场体系，可以促进知识产权的自由流通和高效配置。这有助于降低交易成本，提高交易效率，同时也为创新者提供更多的融资渠道和合作机会。

（四）知识产权转化与运用的政策支持与保障

政策支持与保障是知识产权转化与运用不可或缺的重要条件。政府应出台一系列政策措施，为知识产权转化与运用提供有力的支持与保障。

首先，政府应加大对知识产权转化与运用的资金投入和税收优惠力度。通过设立专项基金、提供贷款贴息等方式，降低转化成本，提高转化效率。同时，对从事知识产权转化与运用的企业给予税收减免等优惠政策，鼓励其积极参与创新活动。

其次，政府应加强对知识产权转化与运用的法律保障和监管力度。完善相关法律法规体系，明确知识产权的权属关系、保护范围和侵权责任等，为知识产权转化与运用提供坚实的法律基础。同时，加强对知识产权市场的监管力度，打击侵权行为，维护市场秩序和公平竞争环境。

最后，政府还应加强知识产权公共服务体系建设，为创新者提供便捷、高效的知识产权服务。通过建立健全的知识产权信息平台、提供知识产权咨询和评估服务等，帮助创新者更好地了解市场需求和技术发展趋势，提高知识产权转化与运用的成功率和效益。

三、知识产权支撑创新创业的政策与措施

（一）政策制定与战略规划的引领作用

在支撑创新创业的过程中，政策制定与战略规划起着至关重要的引领作用。政府通过制定明确的知识产权政策，为创新创业活动提供了清晰的方向和指引。这些政策不仅涵盖了知识产权的创造、运用、保护和管理等各个环节，还针对创新创业的不同阶段和需求，提出了具体的扶持措施和目标。

战略规划的制定则进一步强化了政策的引领效果。通过深入分析国内外知识产权发展形势和创新创业需求，政府可以制定出具有前瞻性和针对性的战略规划，明确知识产权支撑创新创业的总体目标、重点任务和保障措施。这种战略规划不仅有助于整合各方资源，形成政策合力，还能够引导社会资本投向创新创业领域，推动知识产权与创新创业的深度融合。

在政策制定与战略规划的引领下，创新创业主体能够更加明确自身的定位和发展方向，有针对性地开展研发和创新活动。同时，政府还可以通过政策引导和激励，鼓励创新创业主体加强知识产权的创造和运用，提高自主创新能力，从而推动整个创新创业生态的良性发展。

（二）财政投入与税收优惠的激励作用

财政投入与税收优惠是支撑创新创业的重要政策工具。政府通过加大财政投入，为创新创业活动提供了必要的资金支持和保障。这些资金可以用于支持创新创业项目的研发、试验、示范和推广，降低创新创业的风险和成本，提高创新创业的成功率。

税收优惠则进一步减轻了创新创业主体的负担，激发了其创新活力。政府可以通过减免税收、提高税收起征点、实行税收抵扣等方式，为创新

创业主体提供税收减免和优惠。这种税收优惠不仅有助于降低创新创业的成本，还能够提高创新创业主体的盈利能力和市场竞争力，从而推动其更加积极地开展创新创业活动。

财政投入与税收优惠的激励作用还体现在对创新创业生态的培育上。政府可以通过设立创新创业基金、提供创业孵化服务、建设创新创业平台等方式，为创新创业主体提供更加全面和专业的支持与服务。这些措施有助于营造良好的创新创业氛围，吸引更多的创新创业人才和资源集聚，推动创新创业活动的蓬勃发展。

（三）人才培养与引进的支撑作用

人才培养与引进是支撑创新创业的关键环节。政府通过加强知识产权教育和培训，提高创新创业主体的知识产权意识和能力。这包括开展知识产权普及教育、举办知识产权培训班、建立知识产权人才库等方式，为创新创业主体提供全方位的知识产权人才支持。

同时，政府还积极引进国内外优秀的知识产权人才和创新创业团队。通过提供优惠政策、建设人才公寓、解决子女入学等方式，吸引更多的知识产权人才和创新创业团队来本地发展。这些人才和团队的引入不仅有助于提升本地的创新能力和竞争力，还能够为创新创业活动注入新的活力。

（四）服务体系建设与平台搭建的保障作用

服务体系建设与平台搭建是支撑创新创业的重要保障。政府通过建立健全知识产权服务体系，为创新创业主体提供便捷、高效的知识产权服务。这包括设立知识产权服务机构、提供知识产权咨询和评估服务、开展知识产权维权援助等方式，为创新创业主体提供全方位的知识产权保障。

同时，政府还积极搭建创新创业平台，为创新创业主体提供交流、合作和展示的机会。通过建设科技园区、孵化器、加速器等创新创业载体，为创新创业主体提供优质的办公环境和配套设施。这些平台不仅有助于降低创新创业的成本和风险，还能够促进创新创业主体之间的交流与合作，推动创新创业活动的协同发展。

第五节　企业商业秘密保护与创新竞争力提升

一、商业秘密保护对企业创新竞争力的重要性

（一）商业秘密保护是创新成果的核心保障

商业秘密作为企业创新成果的重要组成部分，其保护直接关系到企业的核心竞争力。在激烈的市场竞争中，企业的创新成果往往体现在独特的技术、配方、工艺或经营策略上，这些成果一旦泄露，将直接削弱企业的市场优势，甚至导致企业陷入困境。因此，商业秘密保护不仅是企业法律合规的必然要求，更是企业维护自身创新成果、确保市场领先地位的关键手段。

商业秘密保护通过法律手段，对企业的创新成果进行严格的保密和管控，防止其被非法获取或滥用。这种保护机制不仅涵盖了技术秘密，还包括了经营秘密、管理秘密等多个方面，为企业的全面创新提供了坚实的法律屏障。在商业秘密的保护下，企业可以更加放心地进行研发投入，不用担心创新成果被窃取或模仿，从而激发企业的创新活力，推动企业的持续发展。

此外，商业秘密保护还能够促进企业的技术积累和创新能力的提升。通过保护企业的核心技术秘密，企业可以在此基础上进行持续的技术改进和升级，形成技术壁垒，提高市场准入门槛。这种技术积累和创新能力的提升，将进一步增强企业的核心竞争力，使企业在市场竞争中立于不败之地。

（二）商业秘密保护促进创新资源的有效配置

商业秘密保护在促进创新资源的有效配置方面发挥着重要作用。在商

业秘密的保护下，企业可以更加明确自身的创新方向和重点，将有限的资源投入到最具潜力和价值的创新项目中。这种有针对性的资源配置，不仅提高了创新效率，还降低了创新风险。

同时，商业秘密保护还能促进创新资源的共享和合作。在保护商业秘密的前提下，企业可以与合作伙伴进行技术交流和合作，共同开展研发活动，实现资源的优化配置和互利共赢。这种合作模式不仅有助于企业获取外部创新资源，还能促进企业内部创新能力的提升，形成创新资源的良性循环。

此外，商业秘密保护还能引导创新资源向关键领域和核心技术集聚。通过保护企业的核心技术秘密，企业可以吸引更多的创新资源向这些领域集聚，形成创新集群效应，推动产业技术的整体进步和升级。这种集聚效应不仅提高了创新资源的利用效率，还促进了产业结构的优化和升级。

（三）商业秘密保护增强企业的市场议价能力

通过商业秘密保护，企业可以形成差异化竞争优势，提高产品或服务的附加值。这种差异化竞争优势不仅有助于企业提高市场份额和盈利能力，还能够增强企业的品牌影响力和市场地位。在市场竞争日益激烈的今天，拥有强大的市场议价能力是企业保持竞争优势、实现可持续发展的关键。

此外，商业秘密保护还能够促进企业的国际化发展。在全球化背景下，企业的商业秘密保护能力直接关系到其在国际市场上的竞争力。通过加强商业秘密保护，企业可以更加自信地参与国际竞争，拓展海外市场，实现国际化发展战略。

（四）商业秘密保护构建企业创新文化的基石

商业秘密保护在构建企业创新文化方面发挥着基石作用。一个重视商业秘密保护的企业，往往能够营造出一种尊重知识、鼓励创新的企业文化氛围。在这种氛围下，员工会更加积极地参与创新活动，勇于尝试新的技术和方法，为企业的发展贡献自己的力量。

商业秘密保护还能够增强员工的归属感和忠诚度。当员工意识到自己的创新成果能够得到有效保护时，他们会更加珍惜自己的工作机会，愿意为企业的发展付出更多的努力。这种归属感和忠诚度的提升，将进一步激发员工的创新活力，推动企业的创新文化不断繁荣发展。

此外，商业秘密保护还能够促进企业与外部创新主体的交流与合作。在保护商业秘密的前提下，企业可以与高校、科研机构等外部创新主体进行深度合作，共同开展研发活动，实现创新资源的共享和互补。这种合作模式不仅有助于企业获取外部创新资源，还能够促进企业内部创新文化的形成和发展，为企业的持续创新提供源源不断的动力。

二、企业商业秘密保护的主要措施与策略

（一）完善内部保密制度与管理机制

企业商业秘密保护的首要措施是完善内部保密制度与管理机制。这一体系应涵盖商业秘密的界定、分类、标识、存储、传输、使用及销毁等全生命周期，确保每一个环节都有明确的操作规范和责任主体。通过制定详细的保密制度，明确员工在商业秘密保护中的职责与义务，以及违反保密规定的处罚措施，从而构建起一道坚实的制度防线。

在保密制度的基础上，企业还需建立有效的管理机制。这包括设立专门的保密管理机构或指定专人负责商业秘密保护工作，定期对保密制度执行情况进行检查和评估，及时发现并纠正存在的问题。同时，通过培训和教育，提高全体员工的保密意识和能力，使其能够自觉遵守保密规定，形成全员参与、共同维护商业秘密的良好氛围。

此外，企业还应注重保密制度的更新与完善。随着市场环境的变化和技术的不断进步，商业秘密的形式和内容也在不断变化。因此，企业需要定期对保密制度进行审查和修订，确保其能够适应新的形势和需求。通过

不断完善内部保密制度与管理机制，企业可以为商业秘密保护提供有力的制度保障。

（二）强化物理与技术防护措施

物理与技术防护措施是企业商业秘密保护的重要手段。在物理防护方面，企业可以通过设置门禁系统、监控摄像头、防盗报警装置等措施，限制无关人员进入涉密区域，防止商业秘密被非法获取或泄露。同时，对涉密场所进行定期的安全检查和维护，确保其处于良好的安全状态。

在技术防护方面，企业可以采用加密技术、访问控制技术、数据备份与恢复技术等手段，对商业秘密进行加密存储和传输，防止其被非法窃取或篡改。同时，通过建立完善的网络安全体系，防范网络攻击和病毒入侵等安全威胁。此外，企业还可以利用大数据、人工智能等先进技术，对商业秘密的使用情况进行实时监控和分析，及时发现并处理潜在的安全风险。

通过强化物理与技术防护措施，企业可以大大提高商业秘密的安全性，降低泄露风险。然而，这些措施并非一劳永逸，企业需要不断关注新技术的发展和应用，及时更新和升级防护措施，以应对日益复杂的安全挑战。

（三）构建合同与协议保护体系

合同与协议保护体系是企业商业秘密保护的重要法律手段。在与合作伙伴、供应商、客户等外部主体进行业务往来时，企业应通过签订保密协议、竞业禁止协议等法律文件，明确双方的保密义务和责任，防止商业秘密在合作过程中被泄露或滥用。

在签订保密协议时，企业应详细列明商业秘密的范围、保密期限、保密措施及违约责任等条款，确保协议具有可操作性和约束力。同时，对于涉及核心商业秘密的合作项目，企业还可以考虑要求合作方提供额外的担保或保证措施，以进一步降低泄露风险。

此外，企业还应注重合同与协议的执行和监督。在合作过程中，定期对合作方的保密义务履行情况进行检查和评估，及时发现并纠正存在的问题。对于违反保密协议的行为，企业应依法追究其法律责任，以维护自身的合法权益。

（四）建立应急响应与危机处理机制

尽管企业采取了多种措施来保护商业秘密，但泄露事件仍有可能发生。因此，建立应急响应与危机处理机制至关重要。这一机制应包括泄露事件的报告、调查、处理及后续改进等环节，确保企业在面对泄露事件时能够迅速、有效地应对。

在泄露事件发生后，企业应立即启动应急响应程序，组织专业人员对事件进行调查和分析，确定泄露的原因、范围及影响程度。同时，采取必要的措施来防止泄露事件的进一步扩大与恶化，如通知相关方、加强监控等。

在处理泄露事件的过程中，企业应注重与相关部门和机构的沟通与协作，共同应对危机。同时，对泄露事件进行总结和深入反思，找出存在的问题和不足，及时完善保密制度和管理机制，防止类似事件再次发生。

通过建立应急响应与危机处理机制，企业可以在泄露事件发生时迅速应对，降低损失和影响，维护自身的商业秘密安全和市场竞争优势。

三、商业秘密保护与创新竞争力的互动关系

（一）商业秘密保护为创新竞争力提供法律屏障

商业秘密保护通过法律手段为企业的创新竞争力构筑了一道坚实的屏障。在激烈的市场竞争中，企业的创新成果往往面临着被窃取、模仿或滥用的风险。这些行为不仅损害了企业的经济利益，更削弱了企业的创新动力和市场地位。商业秘密保护制度的存在，使得企业能够依法维护自身的创新成果，防止其被非法获取或利用。

具体而言，商业秘密保护通过界定商业秘密的范围、明确侵权行为的法律责任、提供法律救济途径等方式，为企业的创新成果提供全方位的法律保护。这种保护不仅涵盖了技术秘密、经营秘密等核心创新内容，还延伸到与创新活动相关的各类信息和资料。

此外，商业秘密保护还能够促进企业的技术积累和创新能力的提升。通过保护企业的核心技术秘密，企业可以在此基础上进行持续的技术改进和升级，形成技术壁垒，提高市场准入门槛。这种技术积累和创新能力的提升，将进一步增强企业的核心竞争力，使企业在市场竞争中立于不败之地。

（二）创新竞争力推动商业秘密保护制度的完善

企业的创新竞争力不仅受益于商业秘密保护制度的庇护，同时也反过来推动商业秘密保护制度的完善。随着企业创新活动的不断深入和拓展，商业秘密的形式和内容也在不断变化和丰富，这对商业秘密保护制度提出了更高的要求。

为了满足企业创新活动的需求，商业秘密保护制度需要不断进行调整和完善。例如，随着信息技术的快速发展，商业秘密的存储、传输和使用方式发生了巨大变化，这就要求商业秘密保护制度在保护手段和技术上进行相应的更新和升级。同时，随着企业国际化程度的提高，商业秘密保护制度还需要与国际接轨，适应国际规则和惯例的要求。

企业的创新竞争力还促进了商业秘密保护意识的提升。在激烈的市场竞争中，企业越来越意识到商业秘密保护的重要性，纷纷加强了对商业秘密保护的投入和管理。这种意识的提升不仅有助于企业更好地保护自身的创新成果，还推动了整个社会对商业秘密保护的重视和关注，为商业秘密保护制度的完善提供了有力的支持。

（三）商业秘密保护与创新竞争力形成良性循环

商业秘密保护与创新竞争力之间存在着密切的良性循环关系。一方面，商业秘密保护为企业的创新活动提供了法律保障和动力支持，使得企业能够更加放心地进行研发投入和创新实践；另一方面，企业的创新竞争力又推动了商业秘密保护制度的完善和发展，为商业秘密保护提供了更加坚实的法律基础和社会环境。

在这种良性循环中，企业的创新活动不断激发出新的商业秘密和知识产权，这些成果又通过商业秘密保护制度得到了有效的保护和利用。同时，商业秘密保护制度的完善又进一步激发了企业的创新活力，推动了企业创新竞争力的不断提升。这种良性循环不仅促进了企业自身的持续发展，还推动了整个行业的技术进步和产业升级。

（四）商业秘密保护与创新竞争力共同促进产业升级

商业秘密保护与创新竞争力在推动产业升级方面发挥着重要作用。通过保护企业的创新成果和商业秘密，商业秘密保护制度为企业的技术创新和产业升级提供了有力的法律保障。同时，企业的创新竞争力又通过不断的技术创新和产品升级，推动了整个行业的技术进步和产业升级。

在商业秘密保护和创新竞争力的共同作用下，企业可以更加积极地投身于新技术、新产品的研发和应用中，推动产业向高端化、智能化、绿色化方向发展。这种产业升级不仅提高了企业的市场竞争力和盈利能力，还促进了整个经济社会的可持续发展。

此外，商业秘密保护与创新竞争力还有助于培育新兴产业和新的经济增长点。通过保护企业的创新成果和商业秘密，可以激发企业的创新活力，推动新兴产业的快速发展和壮大。这些新兴产业不仅为经济增长提供了新的动力源泉，还促进了产业结构的优化和升级，为经济社会的持续发展注入了新的动力。

第八章

知识产权教育与人才培养

第一节 知识产权教育的重要性与目标

一、知识产权教育对创新发展的推动作用

知识产权教育在推动创新发展方面具有不可替代的作用。随着知识经济时代的到来，创新已成为国家竞争力的核心要素，而知识产权作为创新成果的重要保护形式，其教育对于激发创新活力、提升创新能力具有深远意义。

首先，知识产权教育能够增强创新主体的法律意识。通过系统的知识产权教育，创新者可以更加清晰地认识到自身创新成果的法律地位和价值，从而更加积极地投入到创新活动中。这种法律意识的提升，不仅有助于保护创新者的合法权益，还能有效遏制侵权行为，为创新活动营造一个良好的法律环境。

其次，知识产权教育能够培养创新者的战略思维。在知识产权的框架下，创新者需要思考如何布局专利权、商标权等知识产权，以最大化地实现创新成果的商业价值。这种战略思维的培养，使得创新者不仅仅关注技术本身的突破，还更加注重技术成果的市场转化和应用，从而推动创新活动的持续深入。

再次，知识产权教育能够促进创新资源的优化配置。通过知识产权的运作和管理，创新资源可以更加高效地流向具有创新潜力和市场前景的领域和项目。知识产权教育可以帮助创新者更好地理解和运用知识产权制度，从而实现创新资源的有效整合和高效利用，推动创新活动的蓬勃发展。

最后，知识产权教育能够提升国家的整体创新能力。一个国家的知识产权教育水平，直接反映其创新能力和科技实力。通过加强知识产权教育，可以培养出具有创新意识和知识产权素养的高素质人才，为国家的创新发展提供源源不断的动力支持。

二、知识产权教育的目标与任务

知识产权教育的目标在于培养具有知识产权意识和能力的高素质人才，推动创新活动的持续深入和知识产权制度的完善发展。为实现这一目标，知识产权教育承担着多重任务。

首先，知识产权教育要普及知识产权知识。通过广泛的知识产权教育，使公众了解知识产权的基本概念、法律制度和保护方式，提高全社会的知识产权意识。这有助于形成尊重知识、崇尚创新的社会氛围，为创新活动提供良好的社会环境。

其次，知识产权教育需要培养创新者的知识产权运用能力。这包括帮助创新者了解如何申请专利、注册商标等知识产权，以及如何运用知识产权进行技术转移、合作开发等商业活动。通过提升创新者的知识产权运用能力，可以推动创新成果的有效转化和应用，实现创新价值的最大化。

最后，知识产权教育需要加强国际交流与合作。在全球化的背景下，知识产权已成为国际竞争的重要领域。通过加强国际交流与合作，可以借鉴国外先进的知识产权教育经验和管理模式，提升我国知识产权教育的水平和质量，推动我国知识产权事业的国际化发展。

三、知识产权教育的发展趋势与挑战

随着知识经济的不断发展和创新活动的日益活跃，知识产权教育也呈现出一些新的发展趋势和挑战。

一方面，知识产权教育将更加注重实践性和应用性。未来的知识产权教育将更加注重培养学生的实际操作能力和解决问题的能力，使他们能够更好地将知识产权知识应用于实际工作和生活中。这要求知识产权教育必须紧密结合实际需求，不断更新教学内容和方法，提高教学的针对性和实效性。

另一方面，知识产权教育将面临更加复杂多变的国际环境。随着全球化的深入发展，知识产权已成为国际竞争的重要领域。未来的知识产权教育需要更加注重国际视野和跨文化交流能力的培养，使学生能够更好地适应国际竞争的需求。同时，还需要加强与国际知识产权组织的交流与合作，借鉴国外先进的知识产权教育经验和管理模式。

然而，知识产权教育也面临着一些挑战。例如，如何平衡知识产权保护与公共利益的关系、如何提高知识产权教育的普及率和质量、如何加强知识产权教育的师资队伍建设等。这些问题需要我们在未来的知识产权教育工作中不断探索和解决，以推动知识产权教育的持续健康发展。

第二节　知识产权教育的内容与体系

一、知识产权教育的主要内容

（一）知识产权基础知识教育

知识产权基础知识教育是知识产权教育的基石，涵盖了知识产权的基本概念、分类、性质及其在经济社会发展中的重要作用。通过系统的基础

知识教育，可以使学习者对知识产权有一个全面而深入的理解，为后续的学习和实践打下坚实的基础。

首先，需要明确知识产权的定义和范围。知识产权是指人们对其智力成果所享有的专有权利，包括专利权、商标权、著作权（版权）、商业秘密等各类知识产权。这些权利不仅保护了创新者的合法权益，还促进了技术的传播和应用，推动了经济社会的持续发展。

其次，要介绍知识产权的分类和特点。不同类型的知识产权具有不同的保护对象、保护期限和保护方式。例如，专利权主要保护发明创造，具有排他性和地域性；商标权则保护商品或服务的标识，具有显著性和可识别性。通过了解这些分类和特点，学习者可以更好地把握知识产权的实质和内涵。

再次，要阐述知识产权在经济社会发展中的重要作用。知识产权制度通过赋予创新者专有权利，激发人们的创新热情，推动科技进步和文化繁荣。同时，知识产权的转化和应用也促进了产业升级和经济发展，提高了国家的整体竞争力。

最后，还应包括知识产权的国际保护原则。随着全球化的深入发展，知识产权的国际保护日益重要。学习者需要了解国际知识产权公约和协定，以及各国在知识产权保护方面的合作与协调机制，以便更好地应对跨国知识产权侵权纠纷和挑战。

（二）知识产权法律法规教育

知识产权法律法规教育是知识产权教育的重要组成部分，旨在使学习者了解和掌握与知识产权相关的法律法规，提高法律意识和法律素养。

首先，要系统介绍国内外知识产权法律法规的体系和框架。包括专利法、商标法、著作权法等基本法律，以及相关的实施细则、司法解释等。通过了解这些法律法规，学习者可以明确知识产权的取得、保护、管理和运用等方面的法律要求。

其次，要深入解读知识产权法律法规的具体内容和适用条件。例如，专利法中关于专利申请、审查、授权和维持的规定，商标法中关于商标注册、使用、转让和许可的规定等。通过详细解读这些规定，学习者可以掌握知识产权法律法规的实际操作和运用技巧。

再次，还需要关注知识产权法律法规的更新和变化。随着经济社会的发展和科技的进步，知识产权法律法规也在不断完善和调整。学习者需要及时了解这些更新和变化，以便更好地适应新的法律环境。

最后，法律法规教育还应包括知识产权侵权纠纷的处理和解决机制。学习者需要了解知识产权侵权纠纷的解决途径和方式，如协商、调解、仲裁和诉讼等，并掌握相关的法律程序和技巧，以便在发生纠纷时能够有效维护自己的合法权益。

（三）知识产权管理与运营教育

知识产权管理与运营教育是知识产权教育的核心内容之一，旨在培养学习者的知识产权管理和运营能力，提高知识产权的创造、运用、保护和管理水平。

首先，要介绍知识产权管理的基本理念和方法。包括知识产权战略规划、知识产权组织架构、知识产权管理制度等方面的内容。通过了解这些理念和方法，学习者可以构建完善的知识产权管理体系，提高知识产权管理的效率和效果。

其次，要讲解知识产权运营的策略和技巧。包括知识产权的评估、定价、转让、许可和融资等方面的内容。通过掌握这些策略和技巧，学习者可以更好地实现知识产权的价值，推动知识产权的转化和应用。

再次，还需要关注知识产权管理与运营中的风险防控。知识产权的创造、运用、保护和管理过程中存在着各种风险，如侵权风险、市场风险、技术风险等。学习者需要了解这些风险的特点和防范措施，以便在知识产权管理与运营中有效地规避和应对风险。

最后，还应包括知识产权的国际化运营。随着全球化的深入发展，知识产权的国际化运营日益重要。学习者需要了解国际知识产权市场的动态和趋势，掌握跨国知识产权运营的策略和技巧，以便更好地参与国际竞争和合作。

（四）知识产权文化与伦理教育

知识产权文化与伦理教育是知识产权教育的重要组成部分，旨在培养学习者的知识产权文化意识和伦理素养，促进知识产权的健康发展。

首先，要弘扬知识产权文化。知识产权文化是一种尊重知识、崇尚创新、保护创新成果的文化氛围。通过弘扬知识产权文化，可以激发人们的创新热情，提高全社会的知识产权意识，为知识产权的创造、运用、保护和管理提供良好的社会环境。

其次，要加强知识产权伦理教育。知识产权的创造、运用、保护和管理过程中涉及各种伦理问题，如学术不端、侵权盗版、恶意抢注等。学习者需要了解这些伦理问题的特点和危害，掌握相关的伦理原则和规范，以便在知识产权活动中遵守伦理道德，维护良好的学术和社会秩序。

再次，还需要关注知识产权文化与伦理教育的实践应用。通过组织各种知识产权文化活动和实践项目，如知识产权讲座、知识产权竞赛、知识产权志愿服务等，可以使学习者在实践中深化对知识产权文化和伦理的理解和认识，提高知识产权文化和伦理素养。

最后，还应包括知识产权的国际交流与合作中的文化与伦理问题。在跨国知识产权交流与合作中，不同国家和地区的知识产权文化和伦理观念存在差异。学习者需要了解这些差异和冲突，掌握跨文化交流与合作的技巧和方法，以便更好地促进知识产权的国际交流与合作。

二、知识产权教育的课程体系与教学方法

（一）知识产权教育课程体系构建

知识产权教育课程体系的构建是确保教育质量的关键。一个全面、系

统的课程体系应涵盖知识产权的各个方面，从基础知识到高级应用，从理论学习到实践操作，形成多层次、多维度的知识结构。

首先，课程体系应包含知识产权基础理论课程。这些课程旨在为学习者提供知识产权的基本概念、原理和法律框架，如"知识产权法概论""专利法""商标法"等。通过这些课程的学习，学习者能够建立起对知识产权的全面认识，理解其在经济社会发展中的重要作用。

其次，课程体系应设置知识产权应用技能课程。这些课程注重培养学习者的实际操作能力，如"知识产权检索与分析""知识产权评估与交易""知识产权管理实务"等。通过这些课程的学习，学习者能够掌握知识产权的检索、分析、评估、交易和管理等技能，为未来的职业发展打下坚实的基础。

再次，课程体系还应包括知识产权前沿与交叉学科课程。随着科技的进步和知识产权领域的不断拓展，新的知识产权问题和挑战不断涌现。因此，课程体系应设置如"知识产权与科技创新""知识产权与金融""知识产权与国际竞争"等前沿与交叉学科课程，以拓宽学习者的视野，增强其应对复杂问题的能力。

最后，课程体系应注重实践环节的设置。通过组织知识产权模拟法庭、知识产权案例分析、知识产权实习实训等实践活动，让学习者在实际操作中加深对知识产权的理解和掌握，提高其解决实际问题的能力。

（二）知识产权教育教学方法创新

知识产权教育教学方法的创新是提高教学效果的重要途径。传统的教学方法往往注重知识的灌输，而忽视了学习者的主体性和创造性。因此，需要探索新的教学方法，以激发学习者的学习兴趣和主动性。

首先，应采用案例教学的方法。通过引入真实的知识产权案例，让学习者分析、讨论和解决问题，培养其批判性思维和解决实际问题的能力。案例教学可以使抽象的知识产权理论变得生动具体，易于理解和接受。

其次，应推广互动式教学方法。通过小组讨论、角色扮演、在线互动等方式，鼓励学习者积极参与教学过程，提高其学习积极性和参与度。互动式教学方法可以营造轻松愉快的学习氛围，促进教师与学习者之间的交流和合作。

再次，还可以利用现代信息技术手段辅助教学。如利用在线课程平台、虚拟实验室、多媒体教学软件等，为学习者提供丰富的学习资源和便捷的学习途径。现代信息技术手段可以打破时间和空间的限制，使学习更加灵活和高效。

最后，应注重实践教学与理论教学的结合。通过组织实地考察、实习实训、项目研究等实践活动，让学习者将所学知识应用于实际中，加深其对知识产权的理解和掌握。同时，实践教学也可以为学习者提供宝贵的职业经验和人脉资源，为其未来的职业发展打下坚实的基础。

（三）知识产权教育师资队伍建设

知识产权教育师资队伍的建设是确保教育质量的重要保障。一支高素质、专业化的师资队伍能够为学习者提供优质的教学服务，促进其全面发展。

首先，应加强师资队伍的选拔和培养。选拔具有丰富知识产权实践经验和教学经验的教师担任知识产权教育课程的教学工作。同时，通过组织培训、进修、学术交流等活动，不断提高教师的专业素养和教学能力。

其次，应建立激励机制，鼓励教师积极参与知识产权教育教学改革和创新。对于在知识产权教育教学方面取得突出成绩的教师给予表彰和奖励，激发其教学热情和创造力。

再次，还应加强师资队伍的团队建设。通过组织教学团队、科研团队等活动，促进教师之间的交流和合作，形成合力，共同推动知识产权教育事业的发展。

最后，应注重师资队伍的国际化发展。通过引进海外优秀知识产权教育人才、组织国际学术交流等活动，拓宽教师的国际视野，提高其国际竞争力。

（四）知识产权教育评价体系完善

知识产权教育评价体系的完善是确保教育质量的重要手段。一个科学、合理的评价体系能够全面、客观地反映学习者的学习情况和教师的教学效果，为教学改进和决策提供有力支持。

首先，应建立多元化的评价指标。除了传统的考试成绩，还应考虑学习者的课堂表现、作业完成情况、实践活动参与度等因素，全面评价学习者的学习效果。同时，对于教师的教学评价也应包括教学内容、教学方法、教学效果等多个方面。

其次，应注重评价过程的公正性和透明度。确保评价标准的明确和统一，避免主观性和随意性。同时，及时向学习者和教师反馈评价结果，促进其改进和提高。

再次，还应加强评价结果的运用。将评价结果作为学习者学习成绩评定、奖学金评选、教师职称评定等的重要依据，激励学习者和教师积极参与知识产权教育教学活动。

最后，应不断完善评价体系。根据知识产权教育的发展和变化，及时调整评价指标和方法，确保评价体系的科学性和有效性。同时，加强与其他高校和机构的交流与合作，借鉴先进的评价经验和方法，不断提高知识产权教育评价水平。

第三节 知识产权人才培养的途径

一、高校知识产权人才培养的模式与机制

高校作为知识产权人才培养的重要基地，承担着培养具备扎实理论基

础和实践能力的知识产权专业人才的重任。高校知识产权人才培养的模式与机制，需紧密围绕知识产权领域的实际需求，构建多层次、立体化的培养体系。

在培养模式上，高校应注重理论与实践相结合。一方面，通过开设"知识产权法""专利代理""商标管理"等专业课程，系统传授知识产权领域的基础理论和前沿知识，使学生具备扎实的专业功底。另一方面，加强实践教学环节，如组织模拟法庭、专利撰写与申请实训、企业知识产权管理案例分析等，让学生在实践中深化对理论知识的理解，提升解决实际问题的能力。

在培养机制上，高校应建立与知识产权行业紧密对接的合作机制。通过与知识产权局、专利代理机构、律师事务所等建立合作关系，共同制定人才培养方案，邀请行业专家参与教学指导，为学生提供实习实训机会，实现人才培养与行业需求的无缝对接。

此外，高校还应建立科学的评价体系，对学生的学习成果进行全面、客观的评价。除了传统的考试成绩，还应注重学生的实践能力、创新能力、团队协作能力等方面的评价，以全面反映学生的综合素质和发展潜力。

二、企业知识产权人才培养的实践与探索

企业作为市场竞争的主体，对知识产权人才的需求更为直接和具体。因此，企业在知识产权人才培养方面应注重实践性和针对性。

企业可以通过内部培训、外部进修、岗位轮换等方式，提升员工的知识产权意识和能力。内部培训可以邀请知识产权专家或律师开讲座，普及知识产权法律法规和实务操作知识；外部进修可以选派员工参加知识产权领域的专业培训或研讨会，拓宽视野，更新知识；岗位轮换则可以让员工在不同岗位上锻炼，了解企业知识产权管理的全流程，提升综合管理

能力。

同时，企业还应注重知识产权人才的激励机制建设。通过设立知识产权奖励基金、提供晋升机会、给予股权激励等方式，激发员工参与知识产权工作的积极性和创造性。此外，企业还可以建立知识产权人才库，对表现优秀的知识产权人才进行重点培养和跟踪管理，为企业的知识产权战略实施提供有力的人才保障。

三、知识产权服务机构人才培养的途径与特点

知识产权服务机构是知识产权市场的重要组成部分，其人才培养途径与特点具有鲜明的行业特色。知识产权服务机构应注重培养具备专业技能和服务意识的知识产权人才。

在培养途径上，知识产权服务机构可以通过招聘具有相关专业背景的人才，进行系统的岗前培训，使其快速融入机构文化，掌握服务流程和技能。同时，机构还可以与高校、研究机构等建立合作关系，共同开展人才培养项目，引进外部智力资源，提升机构的整体服务水平。

知识产权服务机构人才培养的特点在于其注重实践性和服务性。机构应鼓励员工参与实际项目，通过实践锻炼提升专业技能和服务能力。同时，机构还应注重培养员工的服务意识，使其能够以客户为中心，提供高效、优质的知识产权服务。此外，知识产权服务机构还应建立人才梯队建设机制，通过老带新、传帮带等方式，促进人才的成长和传承。

四、知识产权人才培养的国际交流与合作

在全球化背景下，知识产权人才培养的国际交流与合作显得尤为重要。通过国际交流与合作，可以引进国外先进的知识产权教育理念和教学资源，提升我国知识产权人才培养的国际化水平。

国际交流与合作的方式多种多样，如开展国际联合培养项目、举办

国际研讨会、邀请国外专家讲学等。这些活动不仅可以拓宽学生的国际视野，提升其跨文化交流能力，还可以促进国内外知识产权领域的学术交流与合作，推动知识产权理论的创新和发展。

同时，我国还应积极参与国际知识产权规则的制定和修订工作，提升在国际知识产权领域的话语权和影响力。通过参与国际竞争与合作，培养一批具有国际竞争力的知识产权人才，为我国知识产权事业的发展提供有力的人才支撑。

此外，加强知识产权人才培养的国际交流与合作，还可以促进不同国家和地区之间的知识产权资源共享和优势互补，推动全球知识产权事业的共同发展。

第四节　知识产权教育师资建设

一、知识产权教育师资的现状与问题

当前，知识产权教育师资建设在取得一定进展的同时，也面临着诸多挑战与问题。从现状来看，知识产权教育师资队伍正在逐步扩大，越来越多的高校和培训机构开始重视知识产权教育，并引入相关专业人才充实师资队伍。然而，与知识产权事业快速发展的需求相比，师资力量的不足仍然是一个突出问题。

具体而言，知识产权教育师资的现状表现为以下几个方面：一是师资数量相对不足，尤其是在一些新兴领域和交叉学科方面，专业师资的匮乏制约了知识产权教育的深入开展；二是师资结构不够合理，部分教师缺乏实践经验，难以将理论知识与实际案例相结合，影响教学效果；三是师资水平参差不齐，一些教师虽然具备扎实的理论基础，但在知识产权实务操作、国际规则理解等方面存在短板。

这些问题的存在，直接影响了知识产权教育的质量和效果。一方面，师资数量的不足导致教学规模难以扩大，无法满足社会对知识产权人才的需求；另一方面，师资结构和水平的问题使得教学内容与实际需求脱节，学生难以获得全面、深入的知识产权教育。因此，加强知识产权教育师资建设，提升师资质量和水平，已成为当前知识产权教育事业发展的紧迫任务。

二、知识产权教育师资的培养与提升

针对知识产权教育师资的现状与问题，必须采取有效措施加强师资的培养与提升。这包括完善师资培养体系、加强实践锻炼、推进国际交流等多个方面。

在完善师资培养体系方面，应构建多层次、立体化的培养机制。一方面，加强高校知识产权专业的建设，优化课程设置，注重理论与实践相结合，培养具备扎实理论基础和实践能力的知识产权专业人才；另一方面，开展在职教师培训，定期组织教师参加知识产权领域的研讨会、培训班等活动，更新知识结构，提升教学水平。

加强实践锻炼是提升师资水平的关键。应鼓励教师参与知识产权实务工作，如专利代理、商标审查、知识产权诉讼等，通过实践积累丰富经验，提高解决实际问题的能力。同时，建立教师与企业、知识产权服务机构的合作机制，共同开展科研项目和教学实践，促进产学研深度融合。

推进国际交流也是提升师资水平的重要途径。应积极开展国际交流与合作项目，选派教师赴国外知名高校或研究机构进修学习，引进国外先进的知识产权教育理念和教学方法。同时，邀请国外专家来校讲学或开展合作研究，拓宽教师的国际视野，提升其在国际知识产权领域的影响力。

三、知识产权教育师资的激励机制与保障措施

为了吸引和留住优秀的知识产权教育师资，必须建立完善的激励机制

与保障措施。这包括提高教师待遇、完善评价体系、加强职业发展支持等多个方面。

在提高教师待遇方面，应建立与知识产权教育特点相适应的薪酬体系，合理确定教师薪酬水平，并设立专项奖励基金，对在知识产权教育领域做出突出贡献的教师给予表彰和奖励。这有助于激发教师的工作积极性和创造性，提高其职业认同感和归属感。

完善评价体系是激励教师的重要手段。应建立科学、公正、全面的教师评价体系，注重教学实绩、科研成果、社会贡献等多方面的评价。同时，引入第三方评价机制，确保评价结果的客观性和公正性。这有助于引导教师注重教学质量和科研水平提升，形成良性竞争氛围。

加强职业发展支持是保障教师长期发展的重要举措。应建立教师职业发展通道，为教师提供晋升机会和职业发展空间。同时，加强教师培训与进修支持，鼓励教师参加国内外学术会议和培训课程，不断提升自身专业素养和综合能力。此外，还应关注教师的身心健康和工作生活平衡，为教师提供良好的工作条件。

通过构建完善的激励机制与保障措施，可以吸引更多优秀人才投身知识产权教育事业，提升师资整体质量和水平，为知识产权事业的发展提供有力的人才保障。

参考文献

［1］郭桂峰，刘桂芝．企业知识产权合规与管理［M］．北京：中国法治出版社，2022．

［2］金明浩．中国（湖北）自由贸易试验区知识产权服务业开放与发展创新研究［M］．武汉：湖北科学技术出版社，2022．

［3］董玉鹏．知识产权与标准协同发展研究［M］．杭州：浙江大学出版社，2020．

［4］中华全国律师协会知识产权专业委员会作．知识产权商用化实务研究［M］．北京：中国法治出版社，2021．

［5］杨燮蛟，陈南成．知识产权犯罪学的建构及其应用［M］．杭州：浙江大学出版社，2021．

［6］韩秀成．知识产权：理念、制度与国家战略［M］．杭州：浙江大学出版社，2020．

［7］徐慧丽．知识产权制度下人工智能主体拟制路径研究［M］．武汉：华中科技大学出版社，2022．

［8］管荣齐，孙佑海．知识产权司法保护专题研究［M］．北京：法律出版社，2020．

［9］崔起凡．论知识产权诉讼中的证据收集［M］．上海：上海交通大学出版社，2020．

［10］高莉．大数据创新发展与知识产权保护［M］．北京：人民出版社，2021．

［11］盈科律师事务所，隋洪明，隋秉汝．知识产权保护新趋势［M］．北京：法律出版社，2021．

［12］杨智华．知识产权保护与中国出口贸易［M］．南昌：江西人民出版社，2021．

［13］周贺微．知识产权法政治学研究［M］．北京：中国政法大学出版社，2021．

［14］赵丽莉．新技术变革与知识产权保护［M］．青岛：中国海洋大学出版社，2022．

［15］王春明，裘钢．专业图书馆知识产权研究与服务［M］．广州：广东科技出版社，2022．

［16］李小草．电商平台知识产权治理新思维［M］．北京：中国法治出版社，2022．